頼朝と義時
武家政権の誕生

呉座勇一

講談社現代新書
2636

はじめに

源頼朝と北条義時。歴史教科書に太字で名前が載る重要人物である。頼朝は平家を滅ぼし、最初の武家政権である鎌倉幕府を創設した人物、そして義時は承久《じょうきゅう》の乱で後鳥羽《ごとば》上皇方に勝利することによって幕府と朝廷の力関係を劇的に転換し、武家政治の流れを確立した人物である。頼朝と義時という二人の人物がいなければ、中世、さらには近世も武士中心の社会にはならず、日本の歴史はまったく異なる展開をたどったかもしれない。

そのような偉業を成し遂げた二人であるが、彼らに対する後世の評価は芳しいものではない。頼朝は異母弟義経《よしつね》を死に追いやったために、江戸時代の庶民にも嫌われた。義時もまた後鳥羽ら三上皇を流罪にした逆臣として近世段階から批判され、天皇の権威を絶対視する近代においては特に強く非難された。

いわゆる源平合戦（学界では「治承《じしょう》・寿永《じゅえい》の内乱」と呼ぶ）において、頼朝と義時の実戦経験は実は少ない。頼朝が陣頭で指揮をとったのは挙兵した治承四年（一一八〇）の間だけであり、以後、平家が滅びるまで基本的に鎌倉を離れなかった。義時も旗揚げ時こそ各地を転戦したが、その後は鎌倉にいることが多かったようである。元暦《げんりゃく》元年（一一八四）には平家討伐のため、源範頼《のりより》（頼朝の異母弟）に従って西国に向かったが、特筆するような戦功を立てていない。承久の乱の時も、義時は鎌倉に留まった。戦場で華々しい活躍をしたことがないまま最高権力者に上り詰めた二人には、どうしても暗い雰囲気がつきまとう。

現代においても二人のイメージは基本的には「冷酷な策謀家」というものだろう。両人が権謀術数を駆使したことは事実である。しかし、そうした行動は必ずしも彼らの生来の性格に起因するものではない。

頼朝は源氏の御曹司ではあるが、父義朝《よしとも》が謀反人として殺された後は、わずかな庇護者と家臣を頼りに、二十年の間、一介の流人として過ごした。平清盛《たいらのきよもり》の温情によって助命された頼朝だが、平家全盛の世にあって、身の安全の保障などない。誰が味方か、誰が信用できないか、常に周囲の人間の言動に注意を払う習慣を身につけたことだろう。

そうした不安定な環境は挙兵後も変わらない。譜代の家臣を持たない頼朝の立場は、現代人が思う以上に脆弱なものだった。極端に言えば、有力な東国武士たちの御輿《みこし》の上に乗っているにすぎない。勢力のバランスが崩れれば、頼朝は転落しかねないのだ。頼朝が猜疑心の強い人物になったのは当然であり、自分の立場を守るために粛清を繰り返したのは止むを得ないことだった。

義時にも権力闘争を幾度も仕掛ける事情があった。最近は北条氏を「田舎武士」とみなす通説への批判が強まっているが、三浦氏や千葉氏といった有力御家人に比して弱小な御家人であったことは間違いない。義時の強みは、姉の政子《まさこ》が頼朝の正室であるというだけである。北条氏が並み居る有力御家人を押しのけて筆頭御家人の地位を占めるには、相当の無理が必要だった。

もっとも、頼朝と義時には大きな相違点がある。身分である。伊豆の流人として挙兵したとはいえ、流罪になる前の頼朝は京都育ちの名門武士であり、貴族社会の一員であった。そうした高い身分・出自が備わっていたからこそ、頼朝は朝廷に対して巧みな政治的交渉を行うことができたのである。朝廷と対立して自滅した木曾義仲《きそよしなか》とは対照的と言える。

けれども、貴族的であるがゆえに頼朝には限界もあった。朝廷に仕える「王家の侍大将」という自己認識が強く、朝廷と大きな軋轢《あつれき》を起こしてまで武士たちの権利を擁護するという意識は希薄だった。結果、鎌倉幕府成立後も、公家が武家に優越する体制は続いた。この体制を覆したのが承久の乱であり、その勝者が義時である。東国武士として生まれ、かつ義兄頼朝の政治（と権謀術数）を学んだ義時という人物が、頼朝の後継者として必要だった。

武士一般の利益を代弁する組織としての鎌倉幕府が成立するには、頼朝と義時という二人の政治家が不可欠だった。どちらか一人だけでは不十分なのだ。本書が武家政治の創始者として、頼朝と義時の二人を取り上げる所以である。

もう一つ見落としてはならないのは、単に冷酷で謀略に長けているだけでは、権力の頂点に登ることなどできないという点である。冷たいだけ、恐れられるだけの自己中心的な人間は、決して人の上には立てない。本書で縷々《るる》触れるように、頼朝・義時には情に厚い面があった。さらに、彼らの性格以上に重要なのは、彼らの政治姿勢が時代の要請に合致したという事実である。二人の政治活動は決して私利私欲に基づくものではなかった。治承・寿永の内乱や承久の乱は、「朝廷に対する武士の独立戦争」と表現できるほど単純なものではない。しかしながら、武士がその実力に見合った政治的・社会的評価を受けていなかったことは事実である。治承・寿永の内乱や承久の乱といった戦争を経て、武士が政治的・社会的に正当に位置づけられるに至った。治承・寿永の内乱の勝者である頼朝、承久の乱の勝者である義時の功績は測り知れない。

もちろん、平氏政権の方向性で武士たちの権利が擁護された可能性はある。だがともあれ、現実の歴史は、鎌倉幕府の成立・発展というかたちで武士の政治的・社会的地位を高めた。頼朝・義時に「武士の世をつくる」といった明確な政治理念はなかったと思うが、彼らの行動は結果的に武士たちに多大な利益をもたらし、ゆえに同時代の武士たちからは慕われたのである。

中国や朝鮮半島の王朝は原則的に文官優位であった。なぜ日本では武士優位の社会が生まれたのか。この大きな謎は歴史学界でも十分に解き明かされているとは言えないが、源頼朝と北条義時の政治的軌跡を追うことで、何らかのヒントをつかむことができるかもしれない。

本書は伝記、偉人伝のスタイルをとらず、彼らが朝廷、貴族社会といかに対峙し、武家政治を切り開いていったかという点を重視する。公家と武家の対立関係を宿命的なものとみなす公武対立史観にとらわれず、朝廷と交渉しつつ、したたかに武士の権利を拡大していった二人の奮闘にご注目いただきたい。

目次

第五章　頼朝の「家子専一」　179

第八章　承久の乱　279

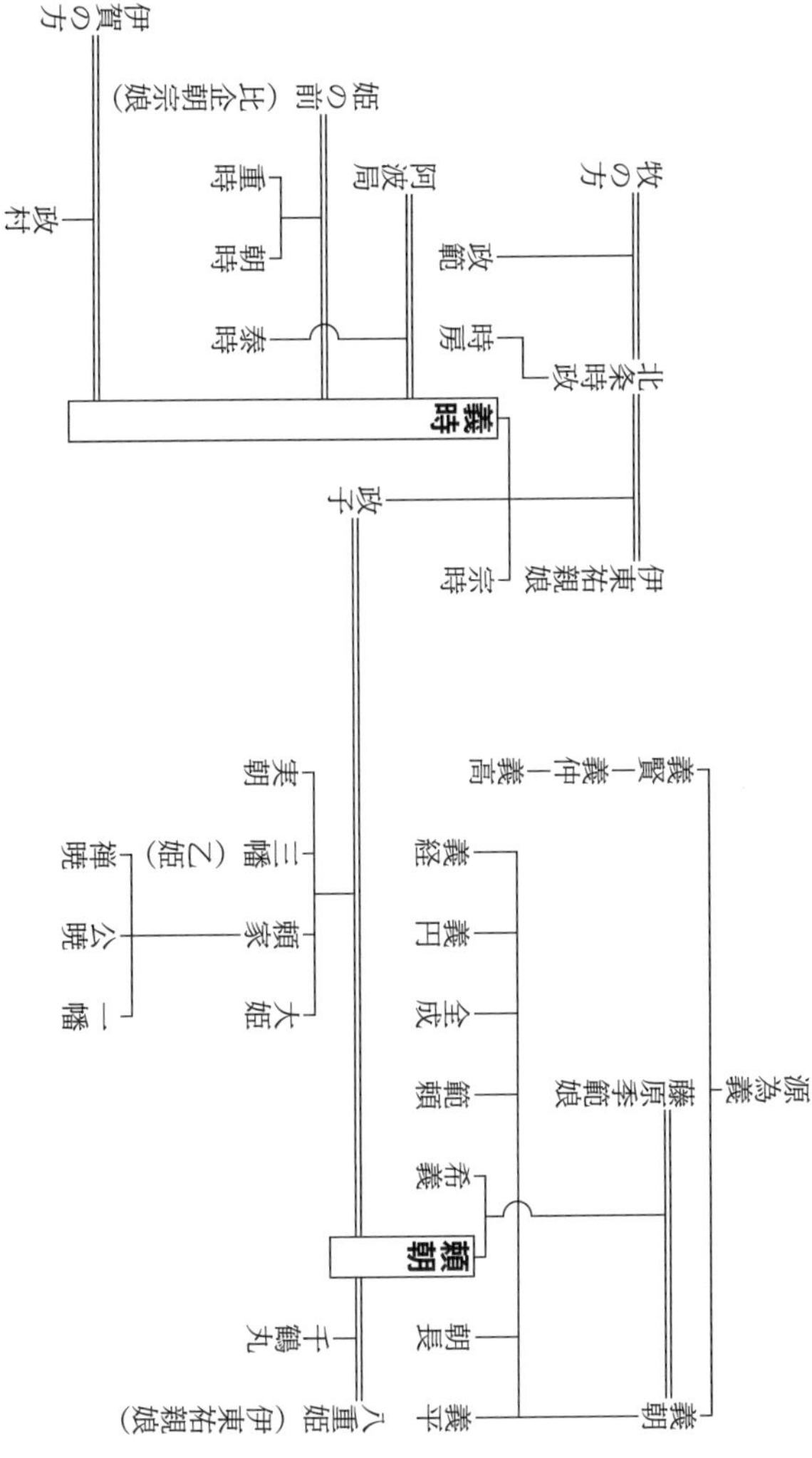

源頼朝・北条義時関係系図

第一章　伊豆の流人

1　御曹子から流人へ

源氏の御曹子

源頼朝は久安《きゅうあん》三年（一一四七）に生まれた。父は源義朝、母は熱田大宮司藤原季範《すえのり》の娘であった。父の義朝は八幡太郎義家《はちまんたろうよしいえ》から数えて三代目にあたる河内源氏の棟梁である。かつては、義朝は父為義《ためよし》の嫡男と見られていた。だが近年の研究では、義朝は長男ではあるものの、為義と不仲だったため廃嫡され、弟の義賢《よしかた》が為義の嫡男になったと考えられている。しかし義朝は東国に下って勢力拡大に努め、二十代で三浦氏や上総《かずさ》氏、大庭《おおば》氏ら東国の有力武士を傘下に加え、郎党（家来）として組織した。

南関東の武士団を糾合した義朝の武名は京都にも伝わった。義朝は長男義平《よしひら》（頼朝の異母兄）に郎党の統率を任せて上洛した。そして京都で熱田大宮司藤原季範の娘と結婚した。したがって、頼朝は京都生まれ、京都育ちである。

頼朝の母の姉妹は鳥羽《とば》法皇の后や娘（後述の統子《とうし》）に仕えていた。義朝はこの縁を利用して鳥羽院に接近し、仁平《にんぺい》三年（一一五三）には三十一歳で従五位下《じゅごいげ》に叙され、下野守《しもつけのかみ》に任じられた。これによって義朝は父為義の地位を抜き、河内源氏の棟梁と目されるに至った。久寿《きゅうじゅ》二年(一一五五)には、義平が武蔵国大蔵館《おおくらやかた》を襲撃して義賢を討っており(大蔵合戦)、義朝と為義の関係は険悪になっていった。

保元《ほうげん》元年(一一五六)に保元の乱が勃発すると、源為義は崇徳《すとく》上皇方、義朝は後白河《ごしらかわ》天皇方についた。よく知られているように同乱は後白河方の勝利に終わり、平清盛と源義朝が躍進した。左馬頭《さまのかみ》に任官した義朝は河内源氏の棟梁の地位を確立させた。父為義らの助命はかなわなかったが、ライバルでもあった父や弟たちを葬ったことで義朝の立場が強化された側面もある。

まだ幼少だった頼朝は保元の乱に参戦しなかったが、乱後は父義朝のおかげで順調に出世していく。保元三年(一一五八)、十二歳の頼朝は後白河天皇准母《じゅんぼ》として立后《りっこう》した統子《とうし》内親王(後白河の姉)の皇后宮権少進となっている。この任官の直前に元服したものと思われる。さらに保元四年二月に統子内親王が院号宣下を受けて上西門院《じょうさいもんいん》になると、上西門院蔵人《くろうど》に任命されている。兄たちと比べて三男である頼朝の昇進は早く、正室の子である頼朝が嫡男として扱われていたことが分かる。頼朝はまさに源氏の御曹子だった。

平治の乱

ところが、順風満帆に見えた頼朝の人生はにわかに暗転する。平治《へいじ》の乱である。平治元年（一一五九）十二月、源義朝は後白河上皇側近の藤原信頼《のぶより》と結んでクーデターを起こす。十三歳の頼朝も父に従って参戦した。信頼・義朝は、いったんは朝廷を掌握し、義朝は従四位下播磨守、頼朝は従五位下右兵衛権佐となった。だが平清盛の挙兵によってクーデター政権は三週間ほどで崩壊してしまう。

敗れた義朝は東国に逃れ再起を図ろうとした。頼朝は途中で義朝らとはぐれ、平家の武士に捕らえられた。頼朝次兄（異母兄）の朝長《ともなが》は戦傷が悪化し、一行の足手まといになることを恐れて自害した。義朝は尾張国野間《のま》（現在の愛知県知多郡美浜町）で長田忠致《おさだただむね》の裏切りに遭って殺された。義朝の命で別れた義平も後に捕らえられて処刑された。

京都に連行された頼朝は謀反人として死刑になるはずだった。けれども頼朝は減刑され、伊豆への流罪となる。軍記物『平治物語』や歴史書『愚管抄《ぐかんしょう》』によれば、清盛の継母である池禅尼《いけのぜんに》（平宗子《むねこ》）が清盛に頼朝の助命を嘆願したという。また、上西門院の働きかけがあった可能性を指摘する説が提出されている。

当時の朝廷では、一般に貴族（五位以上）は重罪であっても減刑された。そうした背景を考慮すると、頼朝が死罪を免れたのは順当と言えなくもない。しかし武士の世界では、勝者が敗者を斬首するという私的制裁は広く行われていた。幼少の男子であっても、斬ることで将来の報復を防止するのだ。まして頼朝は年若いとはいえ、戦場に立っているのである。

つまり、武士の私刑の論理では頼朝の斬罪は当然である。逆に言えば、平清盛が頼朝の死罪を望まないのであれば、朝廷が極刑を強行する理由もない。やはり清盛の温情によって頼朝が命を救われた、と見るべきだろう。

流人生活を支えた人たち

伊豆は古来より重罪人の流刑地と定められた遠流の地であった。貞観《じょうがん》八年（八六六）に起こった応天門《おうてんもん》の変の首謀者である伴善男《とものよしお》も死罪から減刑され、伊豆に流されている。なお頼朝の同母弟である希義《まれよし》も、平治の乱に連座して遠流の地である土佐に流されている。

流罪は牢屋に閉じ込められるような刑罰ではなく、監視はつくものの配所での生活は比較的自由であった。反面、生活の保障はまったくないので、支援者の有無によって流人生活は極楽にも地獄にもなり得た。

源頼朝の場合、幸いにして支援者がいた。最大の支援者は比企尼《ひきのあま》であった。比企尼は頼朝の乳母《めのと》である。この時代の乳母は単に授乳のみを行うのではなく、夫である乳父《めのと》とともに、生活全般にわたって奉仕を行う。乳母の一族は家族同然に親密な存在であり、最も信頼できる家臣であった。

頼朝が流罪になると、比企尼は夫の比企掃部允《かもんのじょう》とともに京都から武蔵国比企郡に下り、頼朝が挙兵するまでの二十年間、仕送りを続けた。養君《ようくん》（乳母に育てられる貴人の子）と乳母の絆は実の母子のように固いものではあるが、罪人となった養君に長期にわたって尽くすのは異例である。草創期の幕府で比企氏が重用されたのは、この時の恩に頼朝が報いたからである。

比企尼は物だけでなく人も頼朝に送っている。比企尼の娘婿である安達盛長《あだちもりなが》（218頁を参照）は比企尼の命で伊豆の頼朝の側近くに仕えた（『吉見系図』）。

もう一人重要な支援者は三善康信《みよしやすのぶ》だろう。康信は朝廷に仕える下級官人だった。保延《ほうえん》六年（一一四〇）の生まれで、応保《おうほう》二年（一一六二）正月に右少史に任官、同年二月に二条《にじょう》天皇（後白河皇子）の中宮である藤原育子《いくし》に仕える中宮少属を兼任した。さらに同年十月には従五位下に昇叙し（叙爵）、右少史を辞している。しかし承安《しょうあん》三年（一一七三）に育子が亡くなると、康信は散位《さんに》（位階のみを有し対応する官職を持たない者）となった。以後、康信に目立った官歴は見えず、朝廷で不遇をかこっていたものと思われる。

康信の母は、頼朝の乳母の妹だった。康信は乳母の甥という縁から、月に三回、頼朝に京都の情勢を伝えたという（『吾妻鏡』）。

なぜ伊豆に流された頼朝が、頻繁に京都の情報を求めたのだろうか。挙兵の準備にしては時間がかかりすぎである。京都生まれ、京都育ちの頼朝が京都のことを知りたいというのは分かるが、知れば余計に京都が恋しくなるだろう。

頼朝は京都に帰りたかった、そして帰れるかもしれない、と思っていたのではないか。これは強《あなが》ち頼朝の希望的観測ではない、と筆者は考える。

当時の流罪は無期刑ではない。平治の乱への関与により頼朝と同時に流罪（死罪からの減刑）となった藤原惟方《これかた》（長門に配流）・藤原経宗《つねむね》（阿波に配流）は後に赦免され、京都に戻っている。経宗に至っては最終的に左大臣に昇っている。

もちろん藤原惟方・経宗は公家であり、源頼朝は武士である。両者を同列には扱えない。武士である頼朝が簡単に赦免されるはずがない。けれども、既に頼朝は死罪を免じられているのである。頼朝は武士として扱われずに流罪で済んだのだから、再び貴族待遇で赦免される可能性はある。少なくとも頼朝が、平清盛の重病・病死などの際に恩赦を与えられることに期待しても不思議ではない。頼朝が京都情勢に深い関心を寄せたのは、赦免の可能性を意識していたからだと思われる。しかし結果的に、三善康信との交流が、頼朝を挙兵へと突き動かすことになる。

2　頼朝の結婚

最初の結婚

軍記物の真名本《まなぼん》『曾我《そが》物語』や延慶本《えんぎょうぼん》『平家物語』、『源平闘諍録《げんぺいとうじょうろく》』などによれば、平家の命を受けて頼朝の監視に当たったのは、伊豆国伊東（現在の静岡県伊東市）の豪族である伊東祐親《すけちか》である（ただし当初は祐親の異母兄である工藤祐継《すけつぐ》が監視し、祐継没後に祐親が引き継いだとの説もある）。しかし祐親が内裏大番役《だいりおおばんやく》（皇居の警備）を務めるために上洛している間に、頼朝は祐親の娘の八重《やえ》と通じ、八重は千鶴丸という名の男子を出産した。嘉応《かおう》元年（一一六九、頼朝二十三歳）七月（『源平闘諍録』による）、三年の大番役を終えて帰郷した祐親はこれを知って驚愕する。祐親は平家の怒りを恐れて千鶴丸を殺害し、八重を江間《えま》の小次郎（仮名本『曾我物語』は「江間小四郎」とする）に嫁がせた。

祐親はさらに頼朝本人の殺害を図った。しかし祐親の次男の祐清《すけきよ》が頼朝に通報したため、頼朝は祐清の烏帽子親（元服の際に烏帽子をかぶせる役）である北条時政《ときまさ》の邸に逃れたという。なお、祐清が頼朝を救ったのは、祐清が比企尼の三女を妻としていたからである。

以上はあくまで軍記類に依拠した説明である。右に挙げた軍記類は鎌倉時代末期以降に成立した物語であり、どこまで歴史的事実を反映しているかは疑わしい。しかし鎌倉幕府の準公式歴史書である『吾妻鏡《あづまかがみ》』には、安元元年《あんげん》（一一七五、頼朝二十九歳）の九月頃、祐親が頼朝を殺害しようとしたが、祐清がそのことを告げたため、頼朝が走湯権現《はしりゆごんげん》（伊豆山神社）に逃れたという記述がある。頼朝と祐親に確執があったことは事実で、その原因として最もありそうなのは、やはり女性問題だろう。

ただし、伊東祐親が源頼朝の殺害まで考えていたかどうかは疑問が残る。北条時政の先妻は伊東祐親の娘であり、祐親がそこまで激怒していたなら、時政が頼朝を庇護するとは思えない。

いずれにせよ、伊東祐親に代わって、北条時政が源頼朝を預かることになった。真名本『曾我物語』によれば、頼朝は伊豆に流された当初から蛭ヶ島《ひるがしま》（現在の静岡県伊豆の国市四日町字蛭島か）に住んでいたという。けれども蛭ヶ島は北条の所領には近いが、伊東の所領からは遠い。頼朝は当初、伊東氏が用意した屋敷で生活していたと見るべきではないか。蛭ヶ島で暮らしていたとしても、それは北条氏の元に身を寄せて以後のことだろう。

政子との結婚

妻子を失った源頼朝だが、今度は政子に言い寄り、二人は男女の仲になる。北条時政はこの時、大番役のために在京中だったというから、伊東祐親と同じパターンである。延慶本『平家物語』や『源平闘諍録』によれば、故郷への帰路でこのことを知った時政は平家の怒りを恐れて、同道していた平家家人で伊豆目代《もくだい》（39、40頁を参照）の山木《やまき》兼隆《かねたか》に政子を嫁がせると約束し、屋敷に戻ると政子を兼隆のところに送ったという。

ただし真名本『曾我物語』は、二人の関係を知った時政が「源氏を婿に取るのは名誉なことだが、既に山木兼隆に政子をやると約束してしまった」と思い悩む様を描く。政子の継母（後述する牧《まき》の方《かた》）が自分の実の娘を頼朝に嫁がせようとするなど、時政夫婦が頼朝を高く評価している点が真名本『曾我物語』の特徴である。しかしこれは、頼朝が天下を取ったことを知る後世の人間による創作だろう。

兼隆に嫁いだ政子だったが、政子は屋敷を脱出して頼朝とともに伊豆山に逃げ込む。駆け落ちである。伊豆山は多くの大衆《だいしゅ》（いわゆる僧兵）を抱える伊豆第一の宗教的権威であり、兼隆・時政は政子を取り戻すことを諦めた。『源平闘諍録』は時政が政子を勘当したと記すが、真名本『曾我物語』によると、時政は兼隆の権威を恐れて表向きは結婚を許さなかったが、密かに差し入れを続けたという。

この駆け落ちの逸話はいかにも作り話めいている。そもそも、後述するように山木兼隆の伊豆目代就任は、頼朝の挙兵直前である。よって政子の兼隆への嫁入りはあり得ない。頼朝による山木邸討ち入りを知る後世の人間が、頼朝蜂起を劇的に演出するために脚色したのだろう。

ただ『吾妻鏡』にも、政子が静御前《しずかごぜん》（義経側室）の助命を頼朝に嘆願する際に、平家を恐れた時政に幽閉されたものの、脱出して頼朝のところに駆け込んだ、と往時を回顧する記載がある。政子が時政の反対を押し切って頼朝と結婚した事実は認めてもよいだろう。

さて、頼朝と政子が知り合ったのはいつだろうか。『源平闘諍録』によると、頼朝は八重と別れさせられた直後の嘉応元年十一月から、「なお懲りず」政子の元に通ったという。当時の政子は十三歳であり、この時代にしても早すぎる。一方、真名本『曾我物語』によれば、安元二年（一一七六）の三月頃から頼朝は政子の元に通い始め、やがて政子は女子を出産したという。さらに同書は、頼朝と政子が治承二年（一一七八、頼朝三十二歳）に伊豆山で結婚生活を送ったと記す。また仮名本『曾我物語』は、北条政子が二十一歳の時に妹から夢を買い、そのおかげで頼朝と結婚できたという逸話を載せる。政子二十一歳の時という記述に従えば、頼朝と政子の結婚は治承元年である。治承元年ないし二年あたりに結婚したと見るのが自然であろう。

北条時政の思惑

さて『吾妻鏡』を参照すると、駆け落ち後、頼朝夫婦は時政から伊豆国北条（現在の静岡県田方郡）の中心部に屋敷を提供されたようである。

北条時政が最終的に結婚を許したのはなぜか。娘の純愛を成就させてやろうという親心という人情話は、事態の一面しか示していないだろう。時政なりの計算があったはずである。

むろん、時政が平家一門打倒の旗頭として源頼朝を擁立するつもりだった、とは考えられない。そうではなく、貴種（尊い血筋）である頼朝を婿に取ることで、地域社会における北条氏の声望を高めようとしたのだろう。

京都から下ってきた貴族が現地の豪族の娘と結婚して土着するという現象は早くも九世紀から見られ、これが武士発生の前提と考えられている。貴種の権威と豪族の実力を組み合わせることで、武士が生まれたのである。桓武平氏の祖は皇族の高望王《たかもちおう》だが、彼は臣籍降下（皇族の地位を捨て臣下になること）し、平高望となった。高望は上総介に任官して上総に下向した。そして彼の息子たちが地方豪族の娘を娶《めと》ることで桓武平氏の勢力が関東に広がっていく。その末裔が千葉氏や三浦氏などの、いわゆる坂東八平氏である。

千葉氏や三浦氏などは遡れば皇族だが、土着して世代交代を繰り返すうちに貴種性を失っていった。すると新たな貴種が必要になる。三浦義明《よしあき》は娘を源義朝に嫁がせている。こうして生まれたのが、義朝長男の義平である（18頁を参照）。義朝の弟の義賢も武蔵の有力な在庁官人（国衙《こくが》に属し地方行政を担う現地武士。単に「在庁」とも）である秩父重隆《ちちぶしげたか》（秩父平氏）の娘と結婚している。以上の社会的背景を踏まえれば、時政が頼朝を婿に取ることは、ごく自然な行動であることが分かる。

もちろん、頼朝は流人、すなわち罪人である。しかし前述の通り、流人はしばしば赦免されたし、現地勢力による庇護も禁じられていなかったので、罪人であることは必ずしも大きな障害にはならない。

貴族の藤原基成《もとなり》は陸奥守在任中に奥州藤原氏の藤原秀衡《ひでひら》に娘を嫁がせた。帰京後、平治の乱に連座して陸奥に流罪となったが、秀衡の岳父として平泉で厚遇された。

平清盛の義弟の平時忠《ときただ》の次男である時家《ときいえ》は、治承三年の政変（38頁）に連座して上総（千葉県北部）に流罪となったが、上総の有力在庁である上総広常《ひろつね》に気に入られ、その娘婿となっている。また、源義家（18頁）の七男である義隆《よしたか》が平治の乱で義朝に味方して討たれると、その遺児である頼隆《よりたか》は下総《しもうさ》（千葉県中部）に流されたものの、下総の有力在庁である千葉常胤《つねたね》に庇護された。流人の頼朝にも貴種としての価値はあったのだ。

伊東祐親は一族の広がり（工藤・狩野《かのう》・宇佐美《うさみ》・河津《かわづ》など）や婚姻関係の広がり（三浦氏・土肥《どひ》氏・北条氏）を考慮すると、伊豆で屈指の有力在庁と考えられる。平清盛率いる平家一門との関係も良好だっただろう。

これに対して北条時政は、官職も得ていない弱小武士である。平家一門との直接的な結びつきもなかったと思われる。細川重男氏は「伊東氏に飲み込まれまいとジタバタしていた」と推定しており、筆者もこれに従いたい。

伊東祐親のような勝ち組はあえて頼朝という大穴馬券を買おうとはしない。だが北条時政は違う。このままではジリ貧だという危機感から、賭けに出たのだろう。この選択の違いが両者の明暗を分けることになろうとは、まだ誰も知らない。

3　北条氏の性格

小規模な武士団

さて、北条政子の実家である北条氏は、どのような氏族だったのだろうか。挙兵時の源頼朝の兵力は、軍記物『源平盛衰記《せいすいき》』によれば九十騎。そして『吾妻鏡』によると、挙兵直後の頼朝の直参は四十六人（うち北条氏が四人）。この四十六人の大部分は挙兵に参加したはずである。仮に二十人が参加したとして、家臣を一人や二人は率いてきているだろうから、四十〜六十人。これを九十から引くと、北条氏の兵力は三十〜五十人といったところか。この九十人の中には、通常は戦闘員にはカウントしない雑色《ぞうしき》・下人も含まれているので、北条氏の兵力はもっと少なくなる。細川重男氏は三十以下と推定している。三浦氏や千葉氏は数百を率いて馳せ参じているので、北条氏は小規模な武士団と言わざるを得ない。

頼朝挙兵直後に傘下に加わった天野遠景《とおかげ》や仁田《にった》忠常《ただつね》は、北条氏の本拠に近い田方《たがた》郡内を名字の地としている。後に鎌倉幕府の御家人になったことが確認される南条・江間・田代・平井の名字の地も「北条」に近接している。岡田清一氏は、「このように隣接して多くの武士が存在することは、当然のことながら、それぞれの支配領域が狭いということを示している」「『北条』の近辺に、在地名を名のる多くの武士が確認されることは、北条氏の在地領主としての基盤が極めて脆弱であることを意味する」と指摘している。

これに対しては、在地領主としての規模だけで、土豪・田舎武士と決めつけるべきではないとの批判もある。現在の伊豆の国市にある守山と呼ばれる丘陵部一帯と推定される北条氏の本拠は伊豆の国府（三島）に近く、狩野《かの》川を使って駿河湾にも出られる交通の要衝であるから、中央と密接な関係を持っていたはずだというのだ。しかし、交通の要衝を支配しているというだけなら、天野・仁田・南条など近隣領主も同様であり、北条だけを先進的な武士として特別視する理由にはならない。

北条氏は都市的な武士か

前述のように、北条氏を田舎武士とみなす通説に対し、近年、京都と深い関係を持った都市的な武士であるとの新説が提出されている。結論から述べると、筆者は新説には懐疑的である。

北条時政の名乗りは単なる「四郎」であり、叙位任官の形跡が認められない。このため、時政が在庁官人だったとは思えない。

新説の根拠として注目されているのは、『吉口伝《きっくでん》』である。これは、延慶元年（一三〇八）に蔵人頭に就任した吉田隆長《たかなが》が、蔵人頭を務めるにあたって必要なノウハウを、兄の定房《さだふさ》に尋ねたものである。定房の回答のみならず、定房の日記も一部書写している。

この『吉口伝』では、二人の先祖にあたる吉田経房《つねふさ》が源頼朝の信任を受けた経緯を記しているが、ここに北条時政が登場する。伊豆国の在庁官人であった時政が若い頃に不祥事を起こして「国司」（目代の誤りか）に拘禁されたが、吉田経房が助けてくれたという。

これに感心した時政が後に頼朝にこのことを語ったことがきっかけで、頼朝は経房を「賢人」として頼りにするようになったという。これが事実なら、時政は在庁官人を務める有力武士で、京都の貴族である吉田経房とも昔から接点があったことになる。

吉田家で語り継がれてきた伝承なのだろうが、平清盛が権勢をふるい天下の諸人が平家に媚びる中、経房だけは追従しなかったと記すなど（実際には平氏政権で重用されていた）、吉田家の祖である経房を顕彰する意図が明白である。これを鵜呑みにして良いかどうかは疑問である。

吉田経房が伊豆守を務めたのは十歳から十八歳の時であり（兄の信方《のぶかた》が急死したため）、実務を行っていたとは思えない。その後、経房と伊豆との関係は切れるので、時政との交流は疑わしい。周知のように、源氏将軍断絶の後、北条氏が幕府の実権を握ったので、その後で経房と時政の絆を強調する伝説が生み出された可能性がある。

よく知られているように、後醍醐《ごだいご》天皇皇子の護良《もりよし》親王は倒幕を呼びかける令旨（親王が出す命令書）において「伊豆国在庁時政」などと記しているが、これは天下を治めるには北条氏の身分は低すぎると見下す意味で用いたものである。皇族の護良から見れば、在庁であろうとなかろうと北条氏は身分の低い武士である。在庁官人の出身であることをわざわざ確認したわけではないだろうから、あてになる情報ではない。

『吾妻鏡』建久《けんきゅう》四年（一一九三）二月二十五日条には、時政の「眼代（代官）」として在京した北条時定《ときさだ》が京都で亡くなったという記事が見える。同条によれば、時定の父は「北条介時兼《ときかね》」だという。「介」の名乗りから時兼は在庁官人であることが分かる。時定自身も文《ぶん》治《じ》二年（一一八六）七月に左兵衛尉、同五年四月に左衛門尉を歴任している。この任官は時政よりも早い。したがって、時兼―時定の系統が北条氏の本来の嫡流だったと考えられる。娘婿の源頼朝が鎌倉殿になったことで、時政と時定の立場は逆転し、時定は時政の「腹心」になったのだろう。

なお最近、野口実氏が、北条時定は時政の弟であるという説を唱えた。この場合、時政は時兼の息子ということになる。岡田清一氏が指摘するように、時政自身が叙位任官していなくても、父親が在庁官人なら「介四郎」や「大夫四郎」という名乗りになるはずで、単なる「四郎」は不自然である。『吾妻鏡』が時定を時政の弟と紹介しないのも不審だ。

元木泰雄氏は「『吾妻鏡』が、あえて時政を『豪傑』などと曖昧に表現し、彼の官職を示さなかったのは、在庁官人であったことを隠蔽するためと考えられる」と説く。けれども、鎌倉幕府の有力御家人の多くは在庁官人出身であり、隠蔽する理由が見当たらない。仮に隠蔽の意図があるのなら、『吾妻鏡』は時政の高い官位を記して在庁官人より上の身分の軍事貴族であると主張すべきだろう。何も官職を記さなければ在庁官人より下の階層と思われるのは当然であり、事実、時政はそうだったのだろう。

伊豆国北条には北条氏の館跡と考えられている円成寺《えんじょうじ》遺跡があり、発掘調査が進んでいる。中国からの輸入陶磁器や京都系の手づくねかわらけなどが出土し、京都との関係が指摘されている。だがこうした出土品は、頼朝が鎌倉殿となり、北条氏が勢力を伸ばした後に獲得したものとも考えられ、慎重な評価が必要である。

そもそも北条氏に関する系図類は異同が多く、時政の父や祖父の名前も確定できない。野口氏は、信頼できる系図に限れば、時家から時政までの三代はほぼ一致すると主張するが、実際にはそれでも異同が見られる。細川重男氏は「伊豆時代の北条氏は系譜が正確に伝わるような家ではなかったと考えるべきだ」と述べている。従うべき見解であろう。

時政と牧の方の結婚はいつか

北条時政が都市的な武士であるという新説は、時政の結婚をも根拠にしている。時政の後妻は牧の方だが、その出自は長らく不明だった。ところが杉橋隆夫氏が、牧の方は平忠《ただ》盛《もり》（清盛の父）の正室である宗子（池禅尼）の姪であることを明らかにした。牧の方の父である牧宗親《むねちか》は、池禅尼の息子である平頼盛《よりもり》（清盛の異母弟）の所領である駿河国大岡牧（静岡県沼津市・裾野市）の代官を務めていた。

杉橋氏は、保元三年（一一五八）に時政二十一歳、牧の方十五歳の時に結婚したと推定した。五位の位階を持つ貴族の家である牧氏出身の牧の方と結婚できたとすると、時政も相応の身分の武士ということになる。

しかし杉橋氏のシミュレーションに従うと、牧の方は四十六歳の時に政範《まさのり》（義時の異母弟）を出産したことになり、非現実的であるとの批判を受けた。本郷和人氏は、二人の結婚は、治承四年（一一八〇）以降、すなわち頼朝挙兵後と想定した。

最近、山本みなみ氏は、二人の結婚時期を引き上げ、頼朝挙兵以前とした。けれども、山本氏の場合も、頼朝と政子が結婚した治承元年以後を想定している。だとすると、時政が牧の方と結婚できたのは、もともとの身分が高かったからとは必ずしも言えない。むしろ、時政が頼朝の舅になったことが大きく作用したのではないだろうか。

前述の通り、池禅尼は死罪になるはずだった頼朝の助命を清盛に嘆願している（20頁）。その実子が、先に触れた平頼盛である。池禅尼は清盛生母（既に死没）よりはるかに身分が高く、朝廷内に幅広い人脈を持っていたため、清盛にとって頼盛の存在は脅威であった。池禅尼が亡くなると両者の関係は悪化し、清盛は頼盛を一時失脚させている。政界復帰後の頼盛は清盛に従順になったが、清盛と後白河法皇の関係が険悪になると、後白河と親しい頼盛の立場も微妙なものになった。

頼朝と政子が結婚した治承元～二年頃は、平家打倒の陰謀が露見したとされる鹿ヶ谷《ししがたに》事件の直後である。そして平清盛によるクーデターである治承三年の政変で、頼盛は一時失脚している。

以上の状況において、平頼盛に仕える牧宗親の娘と北条時政との身分不釣り合いな結婚が、頼盛と無関係に行われたとは考えにくい。頼朝への接近を図る頼盛の意向が背景にあったと見るべきだろう。むろん頼朝と連携して清盛に反逆するなどという大それた考えはなかっただろうが、何らかの政治的カードになり得るとの期待があったのではないか。

頼朝と政子が結婚した当時、伊豆国の知行国主は源頼政《よりまさ》であった。知行国主とは受領《ずりょう》（国守）の任免権を持つ者のことである。この場合、頼政は伊豆守を任命でき、嫡男仲綱《なかつな》を伊豆守にしている。すなわち、頼政は伊豆国の最高権力者であった。

源頼政は平治の乱で平清盛に味方し、武門源氏の中で最も羽振りが良かった。平清盛と良好な関係を保ち従三位にまで昇叙したが（武門源氏初の公卿）、一方で源義賢（19頁）の遺児仲家《なかいえ》を養子にするなど、源氏一門の生き残りを保護していた。また頼政は八条院《はちじょういん》に奉仕していた。

八条院暲子《しょうし》内親王は鳥羽法皇と美福門院《びふくもんいん》の娘で、亡き鳥羽法皇から膨大な荘園群を相続していた。平頼盛は八条院の乳母の娘を妻に迎えており、多数の八条院領荘園の管理を任されていた。清盛に敵対する意思は八条院本人にはなかったが、八条院の周囲には清盛に対して複雑な感情を抱く政権非主流派が集まっていたのである。

平頼盛—源頼政—源頼朝の提携という政治的な動きの中で、頼朝岳父である北条時政と、牧の方の婚姻は進められた。時政にしてみれば、頼朝への先行投資が早速実を結んだ、といったところだったろう。だが事態は、時政の思惑を超えて急転する。

4　挙兵の決断

以仁王の令旨

治承三年（一一七九）十一月、平清盛は数千騎の軍勢を率いて福原から上洛し、京都を軍事制圧した。清盛は反平氏の貴族を根こそぎ解任し、後白河法皇を幽閉した。これを治承三年の政変という。翌治承四年二月、清盛の娘徳子が出産した高倉《たかくら》皇子の言仁《ときひと》親王が践祚《せんそ》した（安徳《あんとく》天皇）。これにより清盛の権力は盤石なものになった。

こうした平家の専横に憤ったのが、後白河第三皇子で高倉上皇の異母兄である以仁《もちひと》王だった。以仁王は源頼政と打倒平家の陰謀を企て、密かに諸国の源氏に挙兵を呼びかけた。

四月九日のことである。以仁王は八条院の庇護を受けており、頼政は八条院に奉仕していたので、そのつながりで両者は手を結んだのだろう。源行家《ゆきいえ》（頼朝の叔父）が八条院蔵人に任じられ、全国の源氏に以仁王の令旨（33頁を参照）を配って回った。

さて『吾妻鏡』によると、以仁王令旨が頼朝の元に届いたのは四月二十七日のことである。頼朝は武家の礼装である水干《すいかん》に着替えて令旨を拝領した。令旨を読んだ頼朝は「いよいよ挙兵の時だ」と勇躍し、時政を招いて令旨を見せたという。

しかしながら、頼朝と時政はその後、事態を静観しており、この時点で挙兵を決断していたかどうか疑わしい。右の叙述は、『吾妻鏡』の脚色だろう。

以仁王の陰謀は五月十日前後に発覚した。以仁王・源頼政はやむなく準備不足のまま挙兵するが、二十六日の宇治川《うじがわ》合戦で敗北する。頼政は自害し、以仁王も敗走中に討たれたようである。しかし以仁王の死亡をはっきり確認できなかったため、その後も生存説が囁かれた。

以仁王・源頼政の挙兵によって、伊豆の情勢は激変した。先述のように頼政は伊豆の知行国主で、嫡男仲綱が伊豆守である。しかし、当時の慣習では、知行国主と国守は現地に行かず、在京する。代わりに目代（国守の代理）として伊豆に下向したのが、仲綱の息子の有綱《ありつな》である。頼政と仲綱は宇治川合戦で死んだが、有綱は健在である。以仁王の乱を鎮圧した平清盛は、有綱ら頼政の残党を掃討することを検討する。

以仁王・頼政の滅亡から一月余りを経た六月十九日、三善康信（22頁）の使者（康信弟の康清《やすきよ》）から重大な情報がもたらされた。以仁王令旨を受け取った諸国の源氏が追討されるというのである。武門源氏の嫡流である頼朝は特に危険なので、陸奥に逃げるべきだと、康信は勧めている。

同時代の貴族の日記を見る限り、当時の清盛は福原遷都に専念しており、全国の源氏を討伐することを考えていなかった。清盛はあくまで残党狩りを指示していただけである。おそらく康信はこの動向を諸国の源氏の討伐と誤解したのだろう。この早とちりが頼朝を挙兵へと突き動かすことになる。

頼政の死により、新たな知行国主として平清盛の妻の弟である平時忠が就任し、時忠は養子の時兼《ときかね》を伊豆守に任命した。目代には、伊豆に流されていた山木兼隆が抜擢された。兼隆は伊勢平氏の傍流だが、清盛一門からは自立した存在だった。兼隆を清盛の一門、あるいは家人とする『吾妻鏡』や真名本『曾我物語』、『源平闘諍録』の記述は誤りである。こうした曲筆は、源平の宿命の対決を印象づけるためだろう。頼朝が最初に血祭りにあげた敵は、清盛の手下でなければならない。そうしないと話が盛り上がらないからだ。

兼隆は流罪になる前は検非違使右衛門少尉として検非違使別当の時忠の下で働いたこと

もあり、その縁で起用されたと見られる。庇護者がいれば流人も活躍、復権できるという一例である。

兼隆は清盛に直属する武士ではないが、平氏系であることには変わりない。頼朝は清盛の目に見えぬ圧迫を感じ、挙兵計画を具体化させていく。

後白河法皇の院宣はあったか

さて、源頼朝が挙兵を決断した背景に、後白河法皇の平家追討の院宣（上皇・法皇の命令書）がある、という説が存在する。これは『平家物語』に見える逸話を根拠とするものである。伊豆に流されていた文覚《もんがく》上人が頼朝に挙兵を迫るが色良い返事を得られないので、福原の後白河のもとを訪れて、平家追討の院宣を獲得して頼朝にもたらす、という話だ。『平家物語』は物語であり、虚構を多く含むので、この逸話も学界では軽視されてきた。たとえば石井進氏は「後白河院宣の一件は、内容からも、時日からも、まったく信じられないことである」と指摘している。

これに対し、上横手雅敬氏は右の記事に史料的価値を認めた。頼朝と同時代人の慈円《じえん》は、歴史書『愚管抄』で文覚が後白河院宣を獲得したという逸話について「是ハ僻事《ひがごと》也」と否定し、文覚が勝手に言ったのだろうと推測している。上横手氏は「慈円は否定しているものの、法皇の意志が加わっているという説は捨てきれないし、少なくともそういう有力な噂があったことは事実なのである」と指摘する。

上横手氏の指摘を受けて、元木泰雄氏は以前から後白河院宣が出た可能性を述べてきたが、最近は主張のトーンをより強め、後白河の密命の存在を確実視している。元木氏は「文覚が伊豆から福原まで三日で移動し、福原で平氏の監視下にあった後白河と対面したとするなど、非現実的な部分が多い」と脚色の可能性を念頭に置きつつも、大筋では史実と捉えている。

しかし拙著『陰謀の日本中世史』でも論じたように、陰謀成功に何よりも重要なのは秘密の保持である。平家に監視されている後白河にとって、平家打倒の密命を出すことはあまりに危険である。

そもそも後白河院宣の存在を肯定している史料は『平家物語』だけである。後白河の院宣が発給されているのなら同時代史料で確認できるはずだがまったく見えず、しかも『愚管抄』に否定されている。

こう言うと、「平家にばれないように出された密命だから史料に出てこないのだ」という反論が出るかもしれない。だが平家都落ち後も、後白河と頼朝との間で院宣の話題は出ていない。後白河院宣に基づき挙兵したのなら頼朝は大義名分を得ていたことになる。朝廷との交渉を有利に進めるうえで格好の材料だが、頼朝は持ち出していない。

幕府の準公式歴史書である『吾妻鏡』も後白河院宣に言及していない。後白河院宣は以仁王令旨より権威があり、頼朝挙兵の正当性を高めてくれるものなのに、なぜ院宣獲得に触れないのだろうか。

頼朝挙兵時、朝廷は平清盛によって牛耳られていたので、頼朝は朝廷に反逆する「朝敵」に認定され、頼朝追討の宣旨が出された。国文学者の大津雄一氏が説くように、『平家物語』は王権の至高性を主張する作品であり、内乱の最終的勝者である頼朝が一時的とはいえ朝敵であった事実は不都合だった。そこで、頼朝が実は挙兵前に院宣を密かに受けており、ゆえに頼朝は最初から朝敵ではなかった、という説明で正当化したのである。

頼朝の募兵

平清盛が諸国の源氏を討つという三善康信からの情報は、事実かどうか確認できない。だが頼朝にしてみれば、噂として聞き流せるものではない。となると、康信が言うように陸奥に逃げるか、平家と戦うしかない。頼朝はどうせ平家に討たれるぐらいなら先手を打って挙兵しよう、と腹をくくる（『吾妻鏡』による。本項の叙述は、特に史料名を記していない限り『吾妻鏡』に依拠している）。

石井進氏は「かりに逃亡によって一命を保つことができても、それは北条の館での政子との生活、武士としての生活の終末を意味する。見知らぬ他国に放浪し、他人の食客となり、あるいは従者となるなど、およそ頼朝には堪えられぬことであった」と頼朝の心中を推し量る。正鵠《せいこく》を射たものだろう。頼朝と政子の最初の子である長女大姫《おおひめ》は既に誕生していたと考えられている。康信は「陸奥にお逃げください」と気軽に言うが、妻子、まして北条一族を引き連れて陸奥まで逃げるのは困難であり、身一つでの逃亡になる恐れがある。父母や兄を失い孤独を感じていた頼朝は、二十年近い歳月を経てようやく家族を得た。その家族を捨てることは、頼朝にはできなかったのだ。

治承四年(一一八〇)六月二十四日、頼朝はかつて父義朝に仕えた東国武士たちに馳せ参じるよう呼びかけた。安達盛長が使者になった。同二十七日、京都での大番役を終えた三浦義澄《よしずみ》と千葉胤頼《たねより》が北条の頼朝を訪ねた。元木泰雄氏は、両人が後白河の平家打倒の意思を伝えたと説くが、前述の通り従えない。三浦義澄は三浦義明の次男、千葉胤頼は千葉常胤の六男である。義澄と常胤は、かつて義朝に従属していたので、伊豆に流された頼朝と以前から交流があったのかもしれない。

もっとも右の話は、幕府の有力御家人となった三浦氏・千葉氏を顕彰するために後に創作された可能性もある。ただ、挙兵後の頼朝の行動を見る限り、挙兵前に両氏の協力を取り付けていたのは事実と見てよいだろう。

さて安達盛長は、亡き義朝が地盤とした相模国の武士を中心に説いて回ったらしい。七月十日、帰還した盛長は「多くの相模武士が承諾しましたが、波多野義常《はたのよしつね》と山内経俊《やまのうちつねとし》は拒絶した上、暴言を吐きました」と復命している。

暴言の内容を『吾妻鏡』は記していない。だが『源平盛衰記』によると、山内経俊（『盛衰記』は経俊ではなく利氏と記す）は「今の佐殿《すけどの》（頼朝）が平家の世を覆そうとするなど、富士山と背比べをするようなものだ」と嘲笑ったという。

山内経俊は頼朝の乳母（山内尼、頼朝の乳母は複数いる）の息子である。すなわち乳母子《めのとご》である。彼の父と兄は平治の乱で義朝に従い戦死している。一般に乳母子は主君にとって最も信頼できる家人であるが、その乳母子に見限られているのである。いかに頼朝の挙兵が無謀と認識されていたかがうかがえよう。

八月二日、平家家人の相模武士、大庭景親《おおばかげちか》が京都から相模へ下向してきた。彼は本来、源有綱追討のために下向してきたのだが、有綱は既に陸奥に逃亡していた（『玉葉』）。景親の耳には頼朝周辺に不穏な動きがあるという情報が入っていたため、景親の任務は頼朝対策に移行した。

大庭景親は在京中、平家の侍大将である伊藤忠清《ただきよ》と会っている。忠清は「北条四郎（時政）と比企掃部允が頼朝を大将軍に擁立し謀反を起こそうとしている」と長田入道（詳細不明、高橋一樹・菱沼一憲氏らは長田忠致に比定）が通報してきたことを伝え、実否を景親に尋ねている。景親は「北条は頼朝の縁者ですから、何か企んでいるかもしれません。比企は既に亡くなっています」と答えたという。相模武士に広範に呼びかけた結果、頼朝の挙兵計画は平家中枢にまで伝わってしまったのだ。

挙兵計画の進行

八月六日、頼朝は十七日に挙兵することを決意する。攻撃目標は山木兼隆である。北条政子の結婚をめぐって頼朝と兼隆との間に確執があったという話は、先に触れた通り、頼朝の旗揚げをドラマチックにするための、後世の潤色である。頼朝が兼隆に対し「私の意趣」を持っていたという『吾妻鏡』の記述も信じがたい。同書は兼隆を「平家一流の氏族」と紹介しており、軍記類と同様の曲筆を行っているからである。現実には兼隆は平家の一門でも家人でもない。頼朝との因縁を考えれば、むしろ平家家人の伊東祐親の方を狙っても不思議ではない。

一つには、山木兼隆は目代に就任して間もなく、郎党の数も少なかっただろうから、最初の攻撃目標として手頃だった、ということがあるだろう。加えて、目代の兼隆を討つことで、国衙機構を掌握し、伊豆国の行政機能を奪取する意図が想定される。

関東における大規模な反乱の前例は、何と言っても平将門の乱である。将門は坂東諸国の国府を襲撃して受領を追放し、「新皇」と名乗って新たに受領を任命した。当然、頼朝たちはこの前例を参考にしたはずだ。東国に軍事政権を樹立するには、国府を占領し国衙機構を支配下に置くことが不可欠であり、その手始めが伊豆目代の山木兼隆の抹殺であった。

同月九日、大庭景親は京都での伊藤忠清とのやりとりを知己の佐々木秀義《ひでよし》に語っている。秀義は近江源氏で、保元の乱・平治の乱で源義朝に属した。義朝が敗れたため、秀義は本領の近江国佐々木荘（現在の滋賀県近江八幡市）を失った。親類の藤原秀衡を頼って陸奥に逃亡する途中で相模武士の渋谷《しぶや》重国《しげくに》の知遇を得た。秀義は重国の娘を娶り、二十年もの間、重国の庇護を受けていた。食客と言えば聞こえが良いが、ほとんど居候である。

佐々木秀義の息子の定綱《さだつな》や盛綱《もりつな》は伊豆の頼朝に奉仕していた。大庭景親は、佐々木秀義一家が頼朝に連座することを心配して、頼朝から離れるよう忠告したのである。景親は秀義が頼朝につく可能性をまったく考慮していなかったようである。頼朝挙兵について半信半疑だったのだろう。

しかしこれを聞いた秀義は長男定綱を頼朝のもとに派遣した。定綱は十一日に到着し、大庭景親の話を伝えた。挙兵計画が平家方に漏れていることを知った頼朝は、いよいよ後には引けなくなった。翌十二日、挙兵時期を再検討するが、予定通り十七日に決行することにした。頼朝の心情としては一刻も早く決起したいところだが、軍勢を集結させるには時間が必要と考えたのだろう。

山木邸襲撃

八月十三日、使者の役を終えた佐々木定綱は渋谷重国邸に帰ろうとした。頼朝は引き留めたが、甲冑《かっちゅう》を取りに戻るという。頼朝は挙兵前日の十六日までには必ず帰ってくるよう念を押し、渋谷重国への書状を託した。だが約束の十六日になっても定綱は帰ってこず、頼朝は不安になる。定綱の裏切りを疑い、後悔する始末である。

十七日の未の刻（午後二時頃）、佐々木定綱・経高《つねたか》・盛綱・高綱《たかつな》の四兄弟が疲れきった様子で参陣した。頼朝は感涙にむせんだが、主君の威厳を見せようとしたのか、「お前たちが遅れたせいで今朝の出陣ができなかったではないか」と叱責した。定綱らは「大雨による洪水で心ならずも遅くなりました」と謝罪した。頼朝というと冷酷なイメージが強いが、『吾妻鏡』には頼朝が泣いている場面がしばしば描かれており、実は涙もろい人間であることが分かる。

夜、いよいよ出陣の時が来た。頼朝軍は山木邸襲撃のために出陣した。しかし北条時政が佐々木定綱に対し「山木邸のすぐ北に山木兼隆の後見である堤権守信遠《のぶとお》の屋敷がある。信遠は優れた勇士だから、この際、信遠も討つべきだ」と述べ、佐々木兄弟に信遠攻撃に回るよう指示したという。時政たちは山木邸に向かった。

堤信遠は詳細不明の人物だが、現地の豪族と思われる。流人とはいえ、京都で検非違使を務めたこともある山木兼隆の身分に目をつけ、前々から支援していたのだろう。兼隆に屋敷を提供したのも信遠ではなかろうか。目代になったばかりの兼隆は信遠から郎党を何人か借りていたはずで、兼隆を討つのに信遠を放置するという作戦を頼朝が立てるとは考えにくい。もともと信遠も討つつもりだったのだろう。時政の献策により信遠を討伐することにしたという『吾妻鏡』の記述は、時政を顕彰するための脚色と考えられる。

佐々木兄弟は首尾良く信遠を討ち、山木攻めに合流したが、兼隆の郎党の抵抗が激しく、時政たちは苦戦を強いられた。頼朝は戦場に出ず、屋敷に留まっていたが、しびれを切らして、頼朝を護衛していた加藤景廉《かげかど》・佐々木盛綱らに援軍に向かうよう命じた。これにより、頼朝軍はついに兼隆の首を取った。

山木兼隆の敗因は、当日の警備が手薄だった点にある。この日は三島社（現在の三嶋大社、静岡県三島市に所在）の祭礼の日で、兼隆の郎党の多くは三島社に参拝し、帰りに黄瀬川《きせがわ》宿（現在の静岡県沼津市に所在）で宴会をしていたからである。頼朝たちは意図的に祭礼の日を選んだはずで、その意味では朝に出陣するはずだったという話は疑わしい。

それにしても、兼隆が頼朝をまったく警戒していなかったことには驚かされる。頼朝は七月末〜八月頭には山木兼隆攻撃を検討しており、下準備として文士（文筆に長けた吏僚）の藤原邦通《くにみち》を山木邸に送り込んでいる。邦通は邸内に数日逗留し、周辺の地理を偵察している。兼隆は酒宴を開いて邦通を歓待したというから、やはり無警戒である。

兼隆が頼朝の動向を全然察知していなかったはずはないが、まさか自分が標的だとは思わなかったのだろう。大庭景親や伊東祐親ら平家の家人たちとも疎遠で、情報共有ができていなかったのかもしれない。景親も頼朝が挙兵することは予測していたが、攻撃目標がつかめなかった。日本が対米開戦することは分かっていたが、フィリピンなど東南アジア方面を攻撃すると思っており、真珠湾奇襲を許したアメリカのようなものである。

頼朝はめでたく緒戦を勝利で飾った。だがこれは不意打ちにすぎず、平家との戦いはここからが本番である。情勢はとても楽観視できるものではなかった。

第二章　鎌倉殿の誕生

1　頼朝の敗走

以仁王令旨の活用

首尾良く山木兼隆を討った源頼朝は、治承四年（一一八〇）八月十九日、兼隆の親戚である史大夫の中原知親《ともちか》から伊豆国蒲屋御厨《かばやのみくりや》（現在の静岡県下田市・南伊豆町）を没収した。『吾妻鏡』は、この命令を「これ関東の事施行の始めなり」と記す。頼朝が東国で出した最初の行政命令だというのである。

史大夫とは、朝廷の弁官局で史官という事務官を務めた後、五位（大夫）に昇叙した者を指す。つまり、もとは朝廷の下級官人だった人である。山木兼隆は武士なので、文書行政は不得手である。そこで親戚で行政事務に通じた文士の中原知親を招いたのだろう。

頼朝が真っ先に、伊豆国衙の行政事務の責任者である中原知親の権利を否定した意図は明らかだ。すなわち、今後は頼朝が伊豆国衙を掌握するという政治的宣言である。また、頼朝軍の狼藉に対し走湯権現（25頁）が抗議してきたところ、頼朝は関東平定の後に伊豆国で一ヵ所、相模国で一ヵ所の荘園を寄進すると約束してなだめたという。頼朝は早くも伊豆の支配者としてふるまっており、関東全体の支配も視野に入れていた。

国家への反逆者である頼朝が、なぜ行政命令を出すことができるのか。頼朝は正当性の根拠を「親王宣旨」、つまり以仁王の令旨に求めた。以仁王令旨は「東海・東山・北陸三道諸国の源氏ならびに群兵等」に対し「清盛法師並びに従類叛逆の輩《ともがら》」の追討を命じている。したがって、以仁王令旨に応じた頼朝が平家に味方する者を討伐し、その所領を没収することは正当化されるのである。

ここで頼朝が以仁王令旨を持ち出したのは、頼朝の政治構想を考えるうえで興味深い。以仁王が既に亡くなっている公算が高いことは、頼朝も把握していたはずである。死者の令旨に実質的な効力はないのに、なぜ頼朝は令旨を重視したのだろうか。

河内祥輔氏が指摘するように、以仁王令旨には上洛を命じる文言はなく、むしろ各々の武士が根拠地で行動を起こし、近隣の平家方勢力を討つよう促す含みがある。頼朝は平家討伐のためにすぐさま上洛するのではなく、平将門のように東国に地盤を築こうと考えており、この構想を実現するうえで以仁王令旨は都合が良かったのだろう。

なお後白河院宣実在説に立つ元木泰雄氏は、右の行政命令は「伊豆の旧知行国主頼政と結んだ以仁王の権威を利用」したにすぎず、「伊豆を離れ旧後白河知行国の武士たちと合流すると、次第に以仁王の名を用いることはなくなるのである」と説く。けれども、頼朝が以仁王令旨を使わなくなる時期は現存史料からでは明確に定められず、「旧後白河知行国の武士たち」との合流が契機だったという根拠はない。『吾妻鏡』によれば、後述する相模石橋山合戦において、頼朝軍は旗の横の上部に以仁王令旨をくりつけており、さらに相模から安房（現在の千葉県南部）に移動した後も令旨を用いている（60頁）。一年後の養和《ようわ》元年（一一八二）十月になっても、以仁王は相模で生存しているという噂が京都で流れており（『玉葉《ぎょくよう》』）、頼朝勢力がかなり長い間、東国支配のために以仁王の権威を利用していたことがうかがわれる。

そもそも頼朝が死人の令旨を恒久的に用いるつもりだったはずはない。最初からどこかの時点で放棄する予定だったと考えられる。しかし以仁王令旨の効力を伊豆一国に限定して理解する必要はなかろう。元木氏の解釈は、頼朝の手元に後白河院宣があったという認識を前提にしたものに思える。

相模国へ

頼朝の緒戦の勝利を知り、周辺の武士たちが集まってきた。軍勢の規模は三百騎ほどに増えた。一気に三倍以上に増えたことになるが、最大の要因は工藤茂光《もちみつ》が味方になったことだろう。工藤茂光は「工藤介」「狩野介」の名乗りを持つ、同族の伊東祐親（茂光は祐親の叔父）と並ぶ伊豆の有力在庁である。

『吾妻鏡』の山木邸討ち入りの記事には工藤茂光の名は見えず、参加していなかった可能性がある。しかし『吾妻鏡』を読む限りでは、源頼朝は討ち入り以前に工藤茂光と連絡をとり、味方につけていたようである。

『源平盛衰記』によれば、伊豆の工藤四郎・五郎が源仲綱の郎党として頼政の挙兵に参加したという。真名本『曾我物語』の記述からも、工藤茂光は源頼政・仲綱に仕えていたと推測される。頼政が死に、伊豆の新たな知行国主として平時忠が任命されたことで、茂光の立場は悪くなり、平家家人の伊東祐親が台頭した。茂光は情勢を打開するために、頼朝に接近したのだろう。

頼朝にしても、工藤茂光の協力が得られないのに、伊東祐親を討つのは無謀である。頼朝の挙兵は工藤茂光との提携を前提にしたものだったと考えられる。頼朝の挙兵の背景には、伊豆における工藤茂光と伊東祐親との対抗関係が存在したのである。

頼朝の当初の計画では、山木兼隆を滅ぼした後、伊東祐親を討ち、伊豆を完全に制圧するつもりだったと思われる。しかしながら、頼朝たちの挙兵計画は実行前に平家方に漏れてしまった。東国における平家家人のとりまとめ役である大庭景親が既に頼朝討伐のために動きはじめていた。

このため頼朝は相模の有力在庁である三浦氏が援軍として駆けつけることを期待した。前章で触れたように、三浦氏の長老である義明は、頼朝の父義朝の舅にあたる（29頁）。頼朝は挙兵前に三浦氏から参戦の約束をとりつけていたと推測される。

ところが三浦一族は豪雨による増水に阻まれ、進軍が遅れていた。そこで治承四年（一一八〇）八月二十日、頼朝は三浦と合流するため、伊豆を離れ相模に向かうことにした（『吾妻鏡』）。この時、政子を走湯権現に預けているので、いずれ伊豆に戻ってくる気だったのだろうが、一時とはいえ伊豆を捨てるのは、源頼朝・北条時政にとって大きな決断と言える。それほど事態は切迫していたのである。

石橋山合戦

この時点での頼朝軍の主力は、工藤茂光・北条時政・土肥実平《さねひら》らであり、頼朝たちは土肥実平の本拠地である土肥郷まで進出した。しかしながら大庭景親の軍勢三千騎に前方をふさがれ、二十三日、相模湾を見下ろす石橋山に陣を張った。

石橋山は現在の神奈川県小田原市にある丘陵地で、山が海に迫る狭隘《きょうあい》な地形となっている。兵力の不利を補うために、大軍の移動が困難な地に布陣したのだろう。大庭軍は谷一つ隔てたところに布陣したという。また伊東祐親の軍三百騎が頼朝軍の後方に展開し、頼朝の退路を断った。

三浦勢は酒匂《さかわ》川東岸まで到着したものの、日が暮れたため、そこで野営することにした。三浦勢は大庭勢を牽制するため、大庭方の武士の家屋を焼き払ったが、これが逆効果となった。三浦勢が頼朝救援のために接近してきたことを知った大庭景親は、三浦勢が渡河して頼朝に合流する前に決着をつけようと、頼朝軍に夜襲をかけた。これが石橋山合戦である。

頼朝軍は奮戦するが衆寡敵せず、頼朝は土肥の椙山《すぎやま》に逃れた。翌二十四日には、大庭景親・伊東祐親による大規模な掃討戦が行われた。頼朝の主要な郎党たちも四散し、山中を逃げ惑った。

北条時政・義時親子は後述する武田信義《のぶよし》に助けを求めようと、箱根経由で甲斐国（現在の山梨県）に向かったが、「頼朝様の生死が定かでない状態で援軍を出してくれるはずがない」と思い直し、引き返して頼朝の後を追った。時政の狼狽がうかがえる。一方、時政の嫡男で義時の兄である宗時《むねとき》はおそらく伊豆に逃れようとしたが、伊東祐親軍に包囲されて戦死した。また工藤茂光も歩行困難となり自害したという（『吾妻鏡』）。

京都の公家である中山忠親《ただちか》の日記『山槐記《さんかいき》』は頼朝舅である伊豆武士の「北条次郎」と同じく伊豆武士の「薫藤介用光」が討たれたと記す。北条次郎の戦死については、頼朝舅である北条四郎時政と北条宗時を混同したものと思われる。「藁藤介用光」は工藤茂光のことだろう。北条時政と工藤茂光が頼朝軍の中核であったことをうかがわせる。

頼朝が伊豆を離れ、工藤茂光が死んだことで、頼朝挙兵時における茂光の役割の大きさは忘れ去られた。かくして北条氏による貢献のみが後世に強調されることになった。「頼朝の挙兵を主導した北条氏がただの田舎の中小武士であるはずがない」という説も、こうした〝北条氏神話〟の影響下にある。

2　鎌倉入り

安房国へ

頼朝は現地の地理に精通した土肥実平の案内で、一時箱根に身を隠した後、土肥郷の真鶴岬から安房国に渡海した。一方、北条時政・義時、岡崎義実《おかざきよしざね》らは土肥郷岩浦から安房に向かった。時政らは海上で、三浦一族の船に遭遇した。

三浦氏は石橋山での頼朝の敗戦を知り、三浦半島に引き返したが、平家方の武蔵武士である畠山重忠《はたけやましげただ》らが進攻してきた。三浦一族は本拠の衣笠城（現在の神奈川県横須賀市衣笠町）

に籠城するが（衣笠合戦）、劣勢となった。三浦義明は八十九歳の老将であったが、嫡男の義澄以下の一族に、「源氏累代の家人として、源氏再興の時を見ることができて、思い残すことはない。余命わずかな自分は城を枕にして頼朝様に命を捧げるから、その間にお前たちは逃げて頼朝様をお探ししろ」と命じた。

右は『吾妻鏡』に描かれた名場面だが、三浦氏の源氏への忠義という同書の主張を額面通りに受け取るわけにはいかない。相模では平家家人の大庭景親が台頭し、三浦氏は圧迫を受けている。三浦氏は苦境を脱するために頼朝に賭けたと考えられ、かつての御恩に報いるといった感傷的な理由で参戦したわけではないだろう。

さて、頼朝も北条氏も三浦氏も安房国に向かっていることから、負けた場合は安房国に向かうという方針が事前に決まっていたと思われる。安房西部は三浦半島の対岸にあたり、鎌倉時代には安房国に三浦一族の所領が多く確認できる。頼朝挙兵時には既に三浦氏の影響力がある程度及んでいたと見て良いだろう。安房国への退避を進言したのは三浦氏と考えられる。また後述する安房の有力武士である安西景益《あんざいかげます》はかつて源義朝の郎党だった人物で、彼の協力を得るという思惑もあった。

元木泰雄氏は安房の知行国主が吉田経房であることに注目して、北条時政と政治的関係を有する吉田経房の支援に期待して安房に避難したとする。だが前章で説いたように、経房と時政の交流は疑わしい（33頁）。そもそも経房は治承三年の政変でも失脚せず、平家と良好な関係を保っていた。あえて平家に敵対する理由はない。

八月二十九日、頼朝は安房国平北郡猟島（現在の千葉県安房郡鋸南《きょなん》町竜島）に上陸した。先に安房に着いていた北条時政らが出迎えたという。

頼朝は九月一日、安房国安西郷を治める安西景益に対し以仁王令旨の内容を伝え、在庁官人たちを率いて参上すべきこと、京都から安房に下ってきた平家方の目代らを捕らえることを命じている（『吾妻鏡』）。以仁王令旨に基づき、各国の国衙機構を掌握するという頼朝の方針は一貫している。『山槐記』治承四年十月七日条によれば、頼朝軍は国府の倉庫を襲って財物を奪ったというから、頼朝の軍事行動は国家に対する公然たる反逆である。やはり後白河の命を受けての挙兵という見解には無理がある。

同三日、平家方で長狭《ながさ》郡を治める長狭常伴《つねとも》が頼朝を襲撃した。しかし安房に情報網を持つ三浦常澄が襲撃計画を事前につかみ、常伴を迎え撃って勝利を収めた。以前から三浦氏が安房の武士たちを味方につけていたことがうかがえる。翌四日、安西景益が一族と在庁官人を率いて頼朝のもとに参上した（『吾妻鏡』）。

上総広常の臣従

安房を制圧した頼朝は、下総・上総への進出を考える。上総の上総広常には和田義盛《よしもり》を、下総の千葉常胤には安達盛長を使者として派遣し、馳せ参じるよう求めた。『吾妻鏡』によると、この際、広常ははっきりした態度を示さなかったが、常胤は感激して参向を即答したという。

けれども、野口実氏の研究により、右の記述は疑問視されている。野口氏の研究を参照しつつ、私見を交えて広常の実際の行動を復元してみよう。

まず『吾妻鏡』によれば、頼朝は九月十三日には三百の軍勢を率いて安房を発して上総に向かい、十七日には去就不明の広常の到着を待たずに下総に進んでいる。しかし、もし広常が平家についた場合、頼朝軍は背後を襲われることになる。広常が味方になる見通しが立つ前に下総に向かうのは非現実的である。

加えて、『吾妻鏡』を見る限り、頼朝軍は上総で軍事行動を行っていない。各地で平家方勢力を各個撃破していくのが頼朝軍の基本戦略であり、平家方勢力を放置して先に進むことはあり得ない。

ここから導かれることとは、上総広常が頼朝の傘下に入り、上総の平家方勢力を打ち破ったという事実である。『源平闘諍録』が上総で頼朝軍と合流する広常の姿を描いていることも注目される。広常が味方だからこそ頼朝軍は安心して上総を素通りできたのだ。

京都の高山寺《こうざんじ》を開いたことで知られる僧侶の明恵《みょうえ》の生涯を記した「高山寺明恵上人行状」によれば、明恵の父である平重国《しげくに》は治承四年（一一八〇）九月に上総で源氏方に討たれたという。頼朝軍が平重国を討ったのであれば、『吾妻鏡』に記載があるだろう。よって、重国を討ったのは上総広常と考えられる。

さて「高山寺明恵上人行状」によると、重国の本姓は伊藤で、平は養父の姓だという。重国は平家の侍大将である伊藤忠清（45頁）の同族と思われる。治承三年の政変後、忠清は上総介（上総国は親王任国なので、上総介が受領、すなわち国衙のトップである）に就任しており、野口氏が推測するように重国は目代だろう。広常は頼朝方として平家家人の首を取り、上総の国衙機構を奪取した以上、今さら平家につくことはできなかった。

九月十九日、上総広常は二万の軍勢を率いて隅田川のほとりで頼朝軍に合流した。『吾妻鏡』によれば、広常は頼朝が大将の器でなければその首を平家に献じようと思っていたが、大軍を見て喜ぶどころか遅参を叱責する頼朝の威厳に感服し、臣従を誓ったという。だが前述のように広常は既に旗幟《きし》を鮮明にしており、右は頼朝顕彰を目的とした『吾妻鏡』の潤色である。後に粛清される広常の野心を強調する作為も見られよう。

広常の合流が遅れたのは事実である。『吾妻鏡』には、広常が「軍勢を集めているので遅れます」と連絡してきた、という記述が見える。『吾妻鏡』は、広常が大軍の動員に時間がかかるという口実を用いて日和見をしたかのように記すが、現実に上総制圧に苦労していたのだろう。広常は上総の周東郡・周西郡・伊南郡・伊北郡・庁南郡・庁北郡の武士を率いて参陣しているが、国府がある市原郡（市西郡・市東郡）の名は見えない。国府周辺の武士は重国に従い、広常に滅ぼされたのだろう。二万とも言われる大軍（延慶本『平家物語』は一万とする）も最初から広常が率いていた軍勢ではなく、目代を討ち上総の武士たちを広範に糾合した結果と思われる。

では上総広常が頼朝に従った理由は何か。『源平盛衰記』や延慶本『平家物語』は、広常と伊藤忠清に以前から確執があったと述べる。後世に成立した軍記類の逸話をどこまで信じて良いかという問題はあるが、前後の状況を考えれば、新たに上総の受領となった伊藤忠清の圧迫を受けていた蓋然性は高い。後述する富士川合戦では、広常の庶兄である印東常茂が平家方についていることから、忠清は常茂を支援することで広常を抑圧したと考えられる。これに広常が反発し、反平家の挙兵に踏み切ったのだろう。

千葉常胤の思惑

先述の通り、『吾妻鏡』は様子見の上総広常と頼朝への忠義の念に篤い千葉常胤を対照的に描いている。九月十七日に下総国府に参向した常胤に対し、頼朝は「これからはそなたを父と思うぞ」とまで述べたという。けれども『吾妻鏡』の叙述には、鎌倉幕府の有力御家人である千葉氏を顕彰する意図が感じられ、鵜呑みにはできない。

九条兼実《くじょうかねざね》の日記『玉葉』の治承四年九月十一日条には、次のような東国情勢が記されている。頼朝はいったん大庭景親に敗れたが、上総の「介八郎広常」や下野（現在の栃木県）の「足利太郎」（藤姓足利氏の足利忠綱《ただつな》）を味方につけたことで形勢が逆転し、今や景親を脅かしている、と。

足利忠綱が頼朝に味方したという話は誤報だと思うが、上総広常が頼朝に属したという情報は興味深い。元木泰雄氏が推定するように、東国から京都への情報伝達の速度を考慮すると、広常は八月末には挙兵していたはずだ。

『吾妻鏡』は千葉常胤の方が上総広常より先に頼朝に呼応したと記すが、現実には両総平氏（上総・下総の平氏）最大の実力者である広常の決起を見て、常胤は参戦を決意したと思われる。『源平盛衰記』では、常胤は広常に相談したうえで頼朝軍に参加している。

では千葉常胤参戦の理由は何か。これは、常胤が挙兵して真っ先に行ったことが頼朝との合流ではなく、下総目代への攻撃、次いで藤原親政《ちかまさ》の打倒だったこと（『吾妻鏡』）がヒントになる。常胤は下総国衙と敵対していたのである。

藤原親政についても野口実氏の研究に詳しい。親政は京都で皇嘉門院《こうかもんいん》（関白藤原忠通《ただみち》の娘聖子《せいし》）に判官代として仕える一方、下総では千田荘《ちだのしょう》（現在の千葉県香取郡多古町）を経営していた。京都と地方双方に基盤を持ち、行き来する貴族を留住《りゅうじゅう》貴族と言うが、親政はその典型である。

親政の特徴としては、祖父親通《ちかみち》・叔父親方《ちかかた》が下総守を歴任しており、普通の留住貴族と比べて、下総への土着度が高いことが挙げられる。しかも親政は平忠盛（清盛の父）の娘婿であり、かつ資盛《すけもり》（清盛の孫）の母方の伯父であった。親政の家は武士の家ではなかったが、平家との縁を利用して下総の武士たちを組織し、かつての源義朝のような軍事貴族になりつつあった。義朝敗死後、義朝に属していた千葉氏はこの下総藤原氏の圧迫を受けていたのである。さらに言えば、半世紀前に千葉常胤の父である常重は相馬御厨の支配をめぐって下総守藤原親通と対立しており、千葉氏と下総藤原氏は先祖代々の因縁の敵であった。

治承四年当時の下総国の知行国主・受領は不明だが、まったく存在感がないことから、平家関係者ではないと思われる。親平家の公家あたりだろうか。『吾妻鏡』によれば下総目代は平家方だったというから、治承三年の政変以降は藤原親政が下総の国衙機構を実質的に掌握し、下総目代を通じて下総国内の武士たちを指揮していたのではないか。『吾妻鏡』は、千葉常胤が頼朝の安全確保のために平家方の下総目代を討ったかのように記すが、現実には千葉氏自身のために行った軍事行動であろう。もっとも、各国の国衙の行政機能を奪取することは頼朝の当初からの方針であり、千葉氏と頼朝の利害は一致していた。

なお『吾妻鏡』は千葉常胤が単独で藤原親政を破ったと記すが、『源平闘諍録』は上総広常が加勢したと述べている。後者の記述の方が事実だろう。

秩父平氏の降伏と鎌倉入り

房総半島を制圧したことで、頼朝は大庭景親に対して圧倒的に優位に立った。『吾妻鏡』によれば、頼朝に従う武士は九月二十九日には二万七千騎に達したという。

頼朝の次なる目標は武蔵国への進出である。武蔵最大の勢力は畠山・小山田《おやまだ》・河越《かわごえ》・江《え》戸《ど》・葛西《かさい》・豊島《としま》ら秩父平氏（29頁を参照）であり、彼らへの対処が求められた。平治の乱以後、武蔵は平家の知行国となっており、秩父平氏も平家との関係を深めていた。頼朝挙兵時、畠山重能《しげよし》と小山田有重《ありしげ》は平家の家人として大番役を務めるため在京中だった。このため畠山重忠（重能の嫡男）・河越重頼《しげより》・江戸重長《しげなが》ら秩父平氏は平家方につき、頼朝方の三浦氏を攻撃した（58頁）。

しかし元来、秩父平氏は一枚岩ではなく、秩父平氏惣領の地位をめぐって競合関係にあった。加えて、頼朝の急速な勢力拡大に動揺しただろう。こうした秩父平氏の足並みの乱れを利用し、頼朝は巧みな分断工作で秩父平氏を切り崩していき、最終的には彼らを全員降伏させた。十月二日に頼朝は三万の軍勢を率いて隅田川を渡って武蔵に入り、豊島清元《きよもと》・葛西清重《きよしげ》の出迎えを受けた。同四日には畠山重忠・河越重頼・江戸重長が参上した。

畠山重忠らは衣笠合戦で三浦義明を殺したので、三浦一族から見れば仇である。三浦義澄らは重忠たちの助命に反対したが、頼朝は「勢力のある者たちを取り込まなければ、事は成就しない。私への忠義の心があるのなら私怨を捨てよ」と説得したという。いったん敵対した者も降伏すれば許すという寛大な姿勢を示したことで、平家方から頼朝軍に寝返る者が続出し、大庭景親や伊東祐親ら平家家人は孤立していく。

十月五日、頼朝は武蔵国衙の統率を江戸重長に命じた。各国の行政機構を掌握する頼朝の方針は一貫している。翌六日、頼朝はついに相模国へ向けて進軍する。先陣は畠山重忠、後陣は千葉常胤で、軍勢の数は「幾千万を知らず」と『吾妻鏡』は記す。

そして頼朝は鎌倉に入り、ここを根拠地に定めた。数日後、政子も伊豆から呼び寄せている。頼朝は鎌倉に到着すると、真っ先に鶴岡八幡宮を遥拝している。『吾妻鏡』によれば、鶴岡八幡宮は、康平《こうへい》六年（一〇六三）に源頼義《よりよし》が石清水八幡宮を勧請して鎌倉由比郷に社殿を造営したことに始まるという。永保《えいほう》元年（一〇八一）には源義家（頼義の嫡男）が社殿を修復している。まさに河内源氏の守護神と言えよう。

続いて頼朝は、父義朝が居住していた亀谷の邸宅跡を見学した。頼朝はこの跡地に自らの御所を建造しようと考えたが、土地が狭いことから断念した。一連の行動が、頼義―義家―為義―義朝と続いてきた河内源氏の正嫡を継ぐという頼朝の政治的宣伝であることは明らかである。

しかしながら、頼朝が鎌倉を本拠地に選んだのは、父祖ゆかりの地であるからというだけではない。『吾妻鏡』は当時の鎌倉を辺鄙《へんぴ》な村であるかのように説明するが、これは頼朝入部による発展を強調するための文飾と考えられる。

近年の研究が指摘するように、鎌倉は相模国府（現在の神奈川県平塚市か）から三浦半島を経由して房総半島に渡海する際に中継地点となる交通の要衝だった。しかも鎌倉は東京湾海上交通の拠点である六浦《むつら》（現在の神奈川県横浜市金沢区）とも陸路でつながっていた。義朝が活動していた時点で、既に鎌倉には東西に走る二本の幹線道路があったと考えられている。海岸寄りの道を東に行くと三浦半島に抜け、山寄りの道を東に行くと六浦に着いた。この二本の道沿いには複数の寺社が建ち並んだ。頼朝来訪以前から鎌倉は都市的発展を遂げており、南関東を統治するうえで絶好の地理的条件を備えていた。頼朝は政治的・経済的な重要性も勘案して、鎌倉を本拠地としたのである。

3　富士川合戦

甲斐源氏の挙兵と鉢田合戦

以仁王令旨に基づいて挙兵した源氏は、頼朝だけではない。木曾義仲はよく知られているが、ここでは甲斐源氏に注目したい。

甲斐源氏は源義家（18頁）の弟である義光《よしみつ》の庶子、義清《よしきよ》が、常陸国（現在の茨城県）武田郷《たけだ》を本拠とし、武田冠者《かじゃ》を称したことに始まる。義清とその子である清光《きよみつ》は甲斐国に移住し、その子孫は甲斐盆地一帯から富士川流域に勢力を広げた。

甲斐源氏のうち、最初に挙兵したのは甲斐源氏嫡流の武田信義と、その嫡男の一条忠頼《いちじょうただより》である。『吾妻鏡』は、武田信義・忠頼父子が頼朝の挙兵を知って、その傘下に入ろうと挙兵したかのように叙述しているが、これは同書の潤色と考えられる。上野国《こうずけ》（現在の群馬県）の新田義重《にったよししげ》が京都に送った報告には、「義朝の子（頼朝）」が伊豆を、「武田太郎（信義）」が甲斐を占領したと記されている（『山槐記』治承四年九月七日条）。武田信義は頼朝と同時期に、独自の判断で挙兵したのであり、頼朝の指揮下に入ったわけではない。

石橋山合戦に勝利した大庭景親は、弟の俣野《またの》景久《かげひさ》と駿河国目代の橘《たちばなの》遠茂《とおもち》を甲斐に派遣したところ、景久らは八月二十五日に富士北麓の波志太《はした》山で安田《やすだ》義定《よしさだ》（信義の叔父。『尊卑《そんぴ》分脈《ぶんみゃく》』は弟とする）・工藤氏・市川氏らの甲斐勢と遭遇し、敗北した。『吾妻鏡』によれば、甲斐勢は石橋山合戦を知って頼朝の援護に向かったと記すが、これも同書の脚色だろう。

九月八日、北条時政・義時父子が頼朝の使者として安房から甲斐に向かった。時政は十五日、信濃国（現在の長野県）の平家方を撃破して甲斐に帰還した武田信義・忠頼父子と面会した。『吾妻鏡』は、頼朝の命令を武田信義に伝えたという表現になっているが、現実には同盟の申し入れであろう。時政・義時父子はそのまま武田軍と行動をともにし、甲斐源氏の駿河侵攻にも参加している。なお、石橋山合戦の敗北後、甲斐に逃れていた頼朝家人の加藤光員《みつかず》・景廉兄弟も同行している。

武田信義ら甲斐源氏は十月十四日、駿河・甲斐国境の鉢田《はちた》山で橘遠茂・長田入道らを撃破した（鉢田合戦）。橘遠茂らは甲斐に侵攻するつもりが甲斐源氏の逆襲を受け、遠茂は捕らえられ斬首された（『玉葉』）。『玉葉』によれば平家方三千騎、吉田経房の日記『吉記《きっき》』によれば平家方二千騎が包囲殲滅《せんめつ》されたというから、壊滅的な被害である。山岳地帯の地形に知悉《ちしつ》した甲斐源氏の作戦勝ちだろう。この結果、駿河国は甲斐源氏の手中に落ちた。

駿河は平宗盛（清盛の三男）の知行国だから、目代の橘遠茂は平家家人だろう。遠茂が甲斐に攻め込んだのは、平家による源氏追討軍が東国に到着したからである。

平維盛《これもり》（清盛の孫）を総大将とする追討軍が福原を出発したのは九月二十二日、京都六波羅を発ったのは二十九日である。十月十六日には駿河国の高橋宿（現在の静岡市清水区）に着いた（『玉葉』）。追討軍に先んじて甲斐源氏に一撃を加えることが、橘遠茂の役割だった。

十世紀以降、地方反乱に対して京都から追討軍が派遣されても、追討軍は実質的な戦力として十分に機能せず、現地勢力が奮闘することが多かった。現地勢力が反乱軍を鎮圧してしまい、追討軍到着の前に決着がつくことすらあった。平将門を討ったのも下野の豪族であった藤原秀郷《ひでさと》である。

平家による軍事作戦も、この伝統に忠実であった。清盛は全国各地で発生する反乱に対し、まず現地にいる「私の郎等（平家家人）」が打撃を与え、総仕上げとして追討使を派遣するという方針を採っている（『玉葉』）。朝廷の命を受けた追討軍の派遣は、現地勢力の士気を高め、反乱軍を動揺させることが目的だった。

そもそも遠征は莫大な戦費を要する。このため追討軍は京都出発時には小規模で、行路の途中で兵員や食料を徴発するかたちをとった。したがって追討軍は寄せ集めの軍勢であり、順境には強くとも逆境には弱い。戦意旺盛な少数精鋭の平家家人による第一撃が失敗した時点で、追討軍の先行きには暗雲が立ち込めてしまった。

東国平家家人の壊滅

以上で見てきたように、追討軍の第一攻撃目標は甲斐源氏であって、頼朝ではない。けれども追討軍の東下は頼朝にとっても脅威だったので、頼朝は甲斐源氏援護のため自ら兵を率いて鎌倉を発った。十月十六日のことである。『吾妻鏡』は頼朝軍を二十万騎とするが、さすがに誇張であろう。

追討軍の接近を知った東国の平家家人は追討軍への合流を図るが、頼朝軍によって阻止された。十月十七日、頼朝は相模の波多野義常を討つべく派兵し、義常は戦わずして自害した。翌十八日、大庭景親は一千騎の兵を率いて駿河に向かおうとするが、頼朝軍に行く手を遮られ逃亡した。なお景親は富士川合戦後、頼朝に降伏するが、許されず処刑されている。十九日は伊東祐親が捕らえられ、娘婿の三浦義澄が身柄を預かった。ちなみに祐親は後に自害した(以上、『吾妻鏡』)。頼朝挙兵当初、頼朝に敵対した平家家人は全滅した。

それにしても、石橋山合戦の惨敗からわずか二ヵ月で頼朝が南関東を制圧し、平家家人を一掃できたのはなぜだろうか。その背景には平家の南関東支配体制の脆弱性があった。

平治の乱後、源義朝の軍事基盤であった南関東から源氏の影響力を払拭するため、清盛は義朝と深い関係を有していた各国の最有力在庁を抑圧する方針を採用した。この傾向は治承三年の政変以降、より顕著になり、平家関係者や平家家人が最有力在庁の権益を奪うようになった。これにより相模の三浦氏、下総の千葉氏、上総の上総氏らは困窮し、平家への不満を募らせていった。

だが平家家人は一国内で圧倒的な実力を有していたわけではなく、平家家人と互角かそれ以上の武力を持つ最有力在庁を押さえつける体制には、元から無理があった。平時には清盛の権威を後ろ盾にした平家家人に屈従を余儀なくされていた在庁官人らは、内乱状況に乗じて一斉蜂起した。国衙機構を通じた軍事動員が進む前に国衙の統率者である目代を急襲する反乱軍の作戦によって、公権を発動できる平家家人の優位性は打ち消された。

個々の武力は必ずしも卓越していない平家家人側の強みは家人同士の連携であった。相模の大庭景親と伊豆の伊東祐親が共同作戦を展開した石橋山合戦は、その成功例である。しかし南関東全域で同時多発的に反平家闘争が発生すると、平家家人の連携では対応できなくなった。平家側はそこまで広域的な軍事指揮系統を整備していなかったからである。

東国の平家家人を統括する役割を担ったのは「東国の御後見」（『源平盛衰記』）と呼ばれた大庭景親だったが、明らかに力不足であった。景親はかつて源義朝に仕えていた人物で、先祖代々平家に仕えていた譜代の家人ではない。各国の目代クラスを従えられるような実力者でもなく、東国一円の平家家人を指揮する権威を欠いていた。

この意味で、石橋山合戦で頼朝を討ち漏らしたことは致命的な失策であった。頼朝という結集核を持った反乱軍に対し、平家側は統率を欠き、各個撃破されていった。

加えて、追討軍の到着の遅れが、東国の平家家人を結果的に見殺しにした。清盛の上奏により朝廷が頼朝追討の宣旨を出したのは九月五日であったが(『玉葉』)、追討軍の編成は遅々として進まなかった。新都福原の整備に気を取られていた清盛は東国情勢を楽観視しており、対応が後手に回った。平家側が時間を空費している間に頼朝軍や甲斐源氏の勢力は急拡大し、追討軍の手に負える存在ではなくなっていた。

富士川合戦の実像

さて『吾妻鏡』によると、頼朝軍は十月十八日に伊豆・駿河国境の黄瀬川宿に到着した。甲斐源氏や北条時政が二万の軍勢を率いて挨拶にやってきたという。あたかも甲斐源氏が頼朝の麾下《きか》に入ったかのような書きぶりだが、前述の通り、『吾妻鏡』の潤色であろう。現実には富士川合戦は、平家と甲斐源氏との戦いであり、頼朝軍は援軍として後方に控えていただけである。

富士川の西岸に陣を張った追討軍の状況は絶望的だった。ただでさえ飢饉による食料不足で士気が低下しているところに鉢田合戦の敗報が届くと、強制的に動員した兵の多くは四散し、京都から付き従ってきた平家家人ら四千騎しか残っていなかった。着陣後も数百騎が武田方の陣営に投降するなど兵力の減少は続き、一千〜二千騎という惨状に陥った。東岸に展開する武田勢は四万以上と言われており、とても勝負にならなかった。侍大将の伊藤忠清（62頁）が総大将の平維盛に撤退を進言し、追討軍は戦わずして退却した（『玉葉』『吉記』）。

しかし一戦もせずに帰ってきたと知った清盛は激怒し、維盛の入京を禁じた。このため維盛はわずかな供を連れてひっそりと上洛したという（『玉葉』治承四年十一月五日条）。追討軍の醜態によって京都における平家の権威は失墜した。

『吉記』治承四年十一月二日条によると、撤退途中の手越《てごし》宿（現在の静岡県静岡市）で失火が発生し、敵の襲来と勘違いした追討軍は周章狼狽して逃げ帰ったという。また『山槐記』治承四年十一月六日条は、水鳥の羽音を敵の夜襲と誤解した追討軍は潰走したと記す。事実とは思えないが、追討軍のふがいなさに呆れた京都の貴族たちの間で右のような噂が流れたのだろう。武田軍の追撃で被害が生じたといった話に尾ひれがついたのではないだろうか。よく知られているように、水鳥の羽音に驚いて追討軍が敗走した話は、後に『吾妻鏡』や『平家物語』に取り入れられ、人口に膾炙《かいしゃ》することになる。

上洛断念は事実か

『吾妻鏡』によれば、十月二十一日、追討軍の退却を知った頼朝は上洛を命じたが、千葉常胤・三浦義澄・上総広常らが「東国には常陸の佐竹《さたけ》氏ら服従していない勢力が多く存在します。彼らを平定してから上洛すべきです」と諫めたため、頼朝は黄瀬川宿に引き上げたという。そして武田信義を駿河に、安田義定を遠江《とおとうみ》に派遣して守りを固めたとされる。

けれどもこの話には疑問が多い。常陸の佐竹氏の他、上野の新田義重、下野の足利俊綱・忠綱父子など、北関東には頼朝に帰服しない勢力が盤踞《ばんきょ》していた。彼らを無視して大軍を率いて上洛するなど机上の空論であり、頼朝がかくも無謀な命令を出すとは思えない。

そもそも既述の通り、頼朝は富士川合戦の当事者ではない。富士川合戦の勝者は甲斐源氏である。彼らは頼朝の配下ではなく、頼朝と対等な立場にあった（加々美《かがみ》遠光《とおみつ》・長清《ながきよ》父子など一部の甲斐源氏は頼朝に属した）。武田信義・安田義定の駿河・遠江進出も頼朝の指示によるものではなく独自の判断によるものだろう。実際、義定は寿永二年（一一八三）には木曾義仲と呼応して上洛しており（103頁）、頼朝の統制外にあったことがうかがわれる。頼朝軍が上洛するもしないも、前方に展開する甲斐源氏の動向次第であり、頼朝主従だけで議論しても無意味である。

『吾妻鏡』は富士川合戦を頼朝軍の勝利として描いたので、辻褄合わせのために「頼朝は余勢を駆って上洛しようとした」という話を創作したのだろう。とはいえ、右の挿話には一定の事実が反映されているとも考えられる。次章で論じるように、寿永二年閏十月に義経を上洛させるまで、頼朝は鎌倉軍を京に向かわせなかった。実に三年間も動かなかったわけだが、この間、頼朝が一度も上洛を検討しなかったとは考えがたい。上洛の意思を語り、千葉常胤らに反対されたことが一度や二度はあっただろう。富士川合戦後の上洛論は、京都志向の頼朝と、東国支配を重視する東国武士たちとの上洛に対する温度差を象徴するものではないだろうか。

黄瀬川の対面

黄瀬川宿に戻った頼朝の陣を一人の若者が訪れた。若者は頼朝への目通りを願ったが、土肥実平らは不審に思い、取り次ごうとしなかった。このことを耳にした頼朝は「年の頃からすると奥州の九郎ではないか」と思い、若者を呼んだ。はたして弟の義経であった。対面した兄弟は運命的な出会いに涙したという。『吾妻鏡』は、義経が奥州平泉の藤原秀衡の制止を振り切って頼朝の元に駆けつけたと記し、後三年の役で源義家の危急を救うために弟の義光（69頁）が官を辞して奥州に馳せ参じたという美談と重ね合わせている。

しかしながら、義経が秀衡の許可を得ず、わずかな郎党を率いて参上したという『吾妻鏡』の説明には疑問がある。義経に付き従う佐藤継信《つぐのぶ》・忠信《ただのぶ》兄弟は陸奥国信夫《しのぶ》郡（現在の福島市）を支配する佐藤基治《もとはる》の子である。信夫佐藤氏は基衡《もとひら》（秀衡の父）の乳母や秀衡の側室を輩出する奥州藤原氏の重臣であった。『吾妻鏡』は、義経が飛び出していったことを知った秀衡が、継信・忠信に後を追わせて義経を援護させたと記すが、腹心の子を誰も付けずに送り出すはずがない。延慶本『平家物語』では秀衡は義経に軍勢を与えており、こちらの方が事実に即していると思われる。

『吾妻鏡』が秀衡の積極的支援、そして義経の軍勢に言及しないのは、保立道久氏が指摘するように、義経の政治的な資産を無視・隠蔽し、孤独・無力を強調することで、源氏の棟梁たる頼朝との格差を印象づける意図があったと考えられる。頼朝が義経の来訪に歓喜したのは事実だろう。けれども、家族の情だけが涙の理由ではない。義経を通じて奥州藤原氏と提携できるという打算があったからだ。

事実、まだ男子のいない頼朝は義経を自身の養子としている（『玉葉』）。元木泰雄氏が推測するように、義経が頼朝の養子になったのは黄瀬川の対面の時と思われる。義経の同母兄である全成《ぜんじょう》は既に十月一日に下総で頼朝と対面しており、この時も頼朝は感涙している が、義経のような厚遇は受けていない。頼朝存命中、全成の目立った活動は皆無である。身一つでやってきた全成と、奥州藤原氏を後ろ盾とする義経との格差が背景にあろう。

4　南関東軍事政権の樹立

新恩給与と本領安堵

黄瀬川宿から相模に戻った頼朝は、治承四年十月二十三日、相模国府で初めて論功行賞を行った。『吾妻鏡』によれば、この時、頼朝は新恩給与と本領安堵を行ったという。

新恩給与は新たな所領を与えること、本領安堵は先祖伝来の所領の支配を保障することである。古典学説では、荘園領主や知行国主―受領といった貴族から収奪されていた武士たちが、頼朝の新恩給与・本領安堵によって自らの権利を保護されたと説明される。こうした公武対立史観で治承・寿永の内乱（いわゆる「源平合戦」）を叙述する通俗的な歴史読み物はいまだに多い。たとえば、歴史学界の通説墨守を批判する作家の井沢元彦氏の『逆説の日本史』も公武対立史観に依拠しており、この点では『旧説の日本史』である。

しかし、頼朝の新恩給与・本領安堵が戦争遂行中に実施されたことに留意する必要がある。新恩の原資は敵の所領である。平家方の武士から所領を没収し、それを味方の武士に与えたのである。

この没収地給与は相模国府における論功行賞で初めて行われたわけではなく、挙兵当初から実行されていた。敵方の軍事拠点を味方の武士に占領させることは戦争遂行の観点からも必要な行為だったからである。加えて、味方を鼓舞し、新たな味方を獲得するうえで、迅速な恩賞支給は不可欠だった。

千葉常胤が頼朝との合流前に下総目代や藤原親政を討ったように、頼朝の指示を得ずに独自の判断で平家方勢力を攻撃し、その所領を奪った武士は少なくなかった。相模国府での新恩給与は、こうした軍事行動の追認も含め、敵方所領の軍事占領を正式に承認する意味を持っていた。

このように新恩給与を捉え直すと、本領安堵の意味づけも変わってこよう。川合康氏が明らかにしたように、戦時下の本領安堵の本質は、当該武士を味方と認定し、敵方所領没収の対象から外すことにある。この時点での新恩給与・本領安堵は、権力による収奪というタテの問題ではなく、自己と同一階層に属する平家方武士との対立というヨコの問題を解決すべく実行されたのである。

本来、武士の所領は国衙の管轄下にある国衙領（公領）か、荘園領主が支配する荘園の一部を構成するものである。その所有権を認めることができるのは受領か荘園領主、さらに言えば受領や荘園領主の上に立つ朝廷だけである。ところが頼朝は独断で論功行賞を行った。一例を挙げると、この論功行賞で頼朝は下河辺《しもこうべ》行平《ゆきひら》に対し、従来通り下河辺荘の庄司を務めるよう命じたが（本領安堵）、同荘の庄司を任命できるのは、本来であれば荘園領主である八条院だけである。頼朝はあえて越権行為を犯したのである。これは頼朝軍が朝廷に反逆する反乱軍だからこそ可能な行為であった。当時の南関東は、朝廷の支配が及ばない、いわば〝治外法権〟の地となっていたのだ。

では、なぜ論功行賞はこのタイミングで行われたのか。一般には、追討軍が西に去り、軍事的脅威がなくなり一息つけたから、戦争遂行を優先して先送りしてきた仕事を一気に片づけた、という理解がなされているように思う。だが頼朝を取り巻く状況は決して楽観視できるものではなかった。

頼朝は大軍を率いて出陣したにもかかわらず、甲斐源氏の後塵を拝し、富士川合戦では傍観者の位置を占めた。駿河・遠江は甲斐源氏によって占拠され、頼朝は一寸の領土も得ることはできなかった。

かつて石井進氏は、平家軍との直接の戦闘を回避し兵力を温存できた頼朝の有利を論じたが、事態はむしろ逆であろう。頼朝が河内源氏嫡流だという認識は、頼朝、そして後に成立する鎌倉幕府の一方的主張にすぎず、この時点では社会に広く共有されていない。木曾義仲も武田信義も以仁王令旨に応じた源氏という意味では頼朝と対等だ。平家軍と直接干戈《かんか》を交え、これを退けた武田信義の声望が高まるのは当然であり、信義が源氏の棟梁に躍り出る可能性が出てきた。ゆえに頼朝は、武士たちの心を繫ぎ止めるために、大々的な論功行賞を行ったのである。

ところで元木泰雄氏は、頼朝が鎌倉の居館ではなく相模国府で論功行賞を行っていることに注目し、相模目代中原清業《きよなり》との提携を想定している。清業は平頼盛の家人であり、後白河法皇とも近しい関係にあった。頼朝が早い段階から後白河院と結んでおり、頼朝の挙兵はあくまで反平家であって反国家的行動ではないという自説の補強に、右の事実を用いているのである。

しかし前述の通り、国衙機構の奪取は頼朝の一貫した方針である。頼朝が国衙機能を温存したのは己の利益のためであり、後白河との協調のためではない。自身に従順な者の地位はそのまま認めた方が行政の円滑化に資する、という現実的判断にすぎない。中原清業にしても、後白河や平頼盛の意向を受けて頼朝に協力したわけではなく、他に選択肢がなかっただけだろう。

後白河が平家の監視下に置かれて行動の自由を有していない現状では、後白河への服従は大義名分、スローガン以上のものにはなり得ない。そして平家が国家権力を掌握している以上、頼朝たちの平家打倒の行動は、必然的に反国家的な性格を帯びる。反平家であって京の公家政権全体に対する反逆ではないといった区分は無意味である。

常陸進攻

鎌倉に帰った頼朝は、続いて常陸国に出撃し、佐竹氏討伐を開始する。討伐の理由として、『吾妻鏡』は佐竹隆義《たかよし》が平家に従い在京していること、頼朝に従わないことを挙げる。

しかし宮内教男氏が述べるように、佐竹氏が積極的に平家方として軍事活動を展開した徴証は見られない。佐竹氏の祖である佐竹義業《よしなり》（隆義の祖父）は在京活動を主とする京武者であり、隆義の兄弟の義宗《よしむね》に関しても平治の乱以前から在京活動が見える。隆義の在京も、必ずしも平家への従属を意味しない。そして前述のように、頼朝に従わない北関東の武士は佐竹氏に限らない（76頁）。頼朝軍は佐竹氏を恣意的に平家方と認定し、討伐を強行したのである。

佐竹氏を討伐対象とした要因として、通説では上総氏・千葉氏の利害が注目されてきた。佐竹氏は下総への進出を図り、千葉氏との軋轢を深めていた。佐竹氏と千葉氏との所領紛争は、両総平氏の惣領たる上総広常にとっても看過できないものだった。また、佐竹氏と両総平氏は、香取海《かとりのうみ》（下総・常陸国境の内海）の水運をめぐっても競合関係にあった。『吾妻鏡』が記す合戦の経過からも、上総広常が最も積極的であったことが知られる。

とはいえ、千葉常胤・上総広常の意見に引きずられて頼朝が受動的に開戦した、と見るのは正しくない。佐竹攻めを千葉氏らが主導したという理解の前提には、上洛を主張する頼朝を彼らが諌めたという前掲の逸話が存在するが、既述の通り、この逸話の史実性には疑問符がつく。

富士川合戦が十月二十日、相模国府での論功行賞が同月二十三日、鎌倉帰還が二十五日、そして頼朝が鎌倉を出発したのが二十七日である。富士川合戦に引き連れた軍団を解散せず、そのまま佐竹攻めに転用したと考えられる。高橋修氏が近年指摘するように、この急速な出兵は頼朝の積極的意思なくしてはあり得ない。

十一月四日、常陸国府に着いた頼朝は千葉常胤・上総広常・三浦義澄・土肥実平らと作戦会議を開いた。佐竹氏の縁者である上総広常が佐竹義政（隆義長男か）を誘い出し殺害した。謀殺である。頼朝軍は佐竹秀義《ひでよし》（義政の弟）が楯籠もる金砂《かなさ》城（現在の茨城県常陸太田市上宮河内町）を攻めたが、同城は高山の頂上に築かれた難攻不落の城郭であり、頼朝軍は苦戦を強いられた。しかし翌五日、広常が佐竹義季《よしすえ》（秀義の叔父）を寝返らせると、秀義は城を捨てて逃亡した。六日、広常は城郭を焼き、秀義の行方を捜索したが、秀義は既に常陸多珂郡の花園《はなぞの》城（現在の茨城県北茨城市花園）まで逃亡していたことが判明した。頼朝は秀義を追撃せず、早くも八日には帰路についた。

以上の経緯から、頼朝が佐竹氏の徹底的な打倒を企図していなかったことは明白である。では、頼朝の意図はどこにあったのか。

第一に、木村茂光氏が最近説いたように、頼朝の軍事的威信の回復である。先に指摘したように、頼朝軍にとって富士川合戦は骨折り損のくたびれ儲けに終わった。果実は甲斐源氏に独占されたからである。頼朝は源氏の棟梁としての権威を確立するため、軍事的成果を必要とした。頼朝が佐竹攻めを急いだ最大の理由はここに求められる。頼朝にとっては勝利を演出することが重要だったので、佐竹氏討滅という大きな犠牲が予想される作戦は避け、佐竹氏を北に追いやるだけで良しとしたのである。

第二に、恩賞地の確保である。『吾妻鏡』によれば、相模国府での論功行賞では頼朝に降伏した者、捕縛された者の処分も行われたが、処罰された者は頼朝に敵対した者のわずか十分の一だったという。この敵を許す寛大な方針が頼朝勢力の急速な膨張を実現したわけだが、前項で論じたように、新恩給与の原資は没収した敵方所領である。多くの敵を許したということは、裏を返せば恩賞に充てる没収地が少ないことを意味する。

富士川合戦はこの問題を解決する絶好の機会であったが、頼朝軍が参戦する前に勝敗が決してしまった。駿河・遠江は甲斐源氏によって占拠され、頼朝勢力は領土拡大に失敗した。頼朝は代わりの土地を探さなくてはならず、佐竹氏の所領に目をつけたのである。佐竹攻めを終えた十一月八日、頼朝は佐竹氏の所領を没収し、従軍した武士たちに恩賞として配分している。

『吾妻鏡』によれば、頼朝は佐竹氏の旧領である常陸国奥七郡（茨城県北部）を恩賞として分配したという。同書を信じるならば、頼朝勢力は莫大な領地を獲得したことになる。しかし野口実氏や高橋修氏が指摘するように、頼朝の佐竹攻めが不徹底だったこともあり、常陸における佐竹氏の勢力は健在であり、その後も頼朝への抵抗を続けた。この時点で頼朝軍が佐竹氏の所領をすべて奪取できたとは思えない。そもそも佐竹一族が奥七郡全域を支配していたかどうかも疑問である。加えて、常識的に考えれば、佐竹氏の所領の中核部分は、内応した佐竹義季に与えられただろう。

それでも、金砂城より南部、特に那珂《なか》川より南部の地域を頼朝勢力が確保したことは認めてもよかろう。大々的な新恩給与によって、頼朝は東国武士の支持を獲得したのである。

第三に、奥州藤原氏対策という側面もあったと思われる。源師時《もろとき》の日記『長秋記《ちょうしゅうき》』によれば、奥州藤原氏初代の藤原清衡《きよひら》の後家は佐竹義業と再婚したという。また戸村本佐竹系図によると、佐竹隆義の母は清衡の娘だという。奥州藤原氏と佐竹氏は深い縁戚関係を持っていたのである。義経を送ってきたとはいえ、奥州藤原氏の向背は明らかではなく、頼朝は同氏の動きを見極めるために佐竹氏攻めを敢行したのだろう。結果的に藤原秀衡は金砂合戦に介入せず、中立を守った。

奥州藤原氏と佐竹氏が連合すれば、頼朝にとって深刻な脅威となる。常陸進攻によって両者の分断に成功したことは、大きな成果だった。

鎌倉殿と御家人

十一月十七日に鎌倉に帰還した頼朝は、三浦義澄の甥である和田義盛を侍所《さむらいどころ》別当（長官）に任じた。十二月十二日、鎌倉大倉郷に建てられた頼朝の新邸（大倉御所）に、頼朝が転居する移徙《わたまし》の儀式が行われた。この際、義盛が侍所において出席者を確認し、名前を「着到」に記した。この侍所は十八間（柱の間が十八ある）という長大な建物だった。そこに三百十一人の武士たちが二列に向かい合いながら着座したという（『吾妻鏡』）。

ここで一堂に会し、頼朝と対面した三百十一人の武士が、頼朝に直属する家人である。後に彼らは主君たる頼朝への敬意から「御」の一字を付され、「御家人」と呼ばれるようになる。移徙の儀は、誰が御家人で誰がそうでないかを確定する意味を有していた。なお北条時政・義時はともに列席しており、義時も独立した御家人として遇されたことが分かる。侍所別当たる義盛は、御家人の統括者として以後活躍することになる。

移徙の儀は、御家人たちから見れば頼朝を正式に主君として仰ぐ儀式であった。『吾妻鏡』は、この儀式以降、東国の武士たちは頼朝を「鎌倉の主」として推戴するようになった、と記す。頼朝の地位は後に「鎌倉殿」と呼ばれるようになる。

既述の通り、頼朝の軍事占領下に置かれた南関東は、朝廷の支配から外れた独立国家の様相を呈していた。よって移徙の儀は、上横手雅敬氏の言葉を借りれば、「独立国家の国王の戴冠式」に等しい。

さて『吾妻鏡』によれば、頼朝の御所周辺に御家人たちの居館が建ち並び、直線道路が造られ、人口も急増して地名も付されて、草深い田舎だった鎌倉は頼朝政権の〝首都〟として面目を一新したという。第2節で説明したように、この記述には誇張が含まれているが（68頁）、軍事行動を優先してきた頼朝がこれを機に腰を落ち着け、根拠地整備に専念するようになったのは事実である。破れかぶれの反乱軍だった頼朝勢力は、今や軍事政権へと脱皮しつつあった。

第三章　東海道の惣官

1　諸勢力の動向

平家の反撃

治承四年（一一八〇）十一月、富士川合戦の敗北を知った平清盛は、反乱鎮圧に専念するため、長年の悲願であった福原遷都を断念し、京に還都した。この頃、近江源氏の山本義経《やまもとよしつね》・柏木義兼《かしわぎよしかね》兄弟らが挙兵し、平家打倒の旗を掲げていた。還都した平家軍は十二月、総力を挙げて反乱鎮圧に乗り出す。平家一門はたちどころに反乱軍を打ち破り、山本義経・柏木義兼は近江から逃亡した。十二月末までに平家は近江を制圧している。翌治承五年（七月に養和《ようわ》に改元）正月には、さらに美濃（現在の岐阜県）に侵攻し、美濃源氏の源光長《みつなが》らを破っている。

治承四年十二月には興福寺の大衆が蜂起し、平家軍が出動した。平重衡《しげひら》（清盛の五男）は奈良坂・般若《はんにゃ》坂に設けられた敵の「城郭」を突破して南都に侵入し、火を放った。折からの強風によって火災は重衡の予想を超えて拡大し、東大寺・興福寺の主要堂舎のほとんどは灰燼《かいじん》に帰した。いわゆる「南都焼き討ち」である。

遠征では醜態をさらした平家だったが、平家家人によって構成される平家主力部隊の精強は健在であり、畿内近国では無敵だった。反転攻勢に成功したかに見える平家に、不幸が訪れる。治承五年正月十四日に、高倉上皇が二十一歳の若さで病死するのである。

清盛の娘である建礼門院徳子を后とする高倉上皇の存在が、平家による朝廷支配を支えていた。安徳天皇は幼児であり、後見役として後白河法皇を復権させるしかなかった。

けれども清盛は転んでもただでは起きない。十九日、朝廷は平宗盛（清盛の嫡男）に対し五畿内および伊賀・伊勢・近江・丹波の九ヵ国の惣官《そうかん》職に任じた。惣官職は奈良時代に一度設置されただけの軍事指揮官の官職で、実質的には新設である。『玉葉』によれば、反乱軍が攻めてきた時に備えて畿内近国の武士たちを軍事動員する必要があるが、受領─目代が武勇に優れているとは限らないので、九ヵ国の武士を統括する官職として惣官職が設置されたのだという。惣官職設置は高倉上皇の遺言だと言って清盛は朝廷を押しきったが、実際には清盛の意思に基づくものだろう。

惣官職の設置が、内乱当初の教訓に学んだ結果であることは明らかである。大規模な反乱の前には、平家家人の連携も、国衙による軍事動員も無力であり、各個撃破された。惣官職の設置により、平家関係者が知行国主・受領を務めているかどうかにかかわらず、平家は九ヵ国の武士を動員することが可能になった。むろん、朝廷のお墨付きさえあれば武士たちを好きなように動かせるわけではなく、直前に見せつけた平家の武威の裏付けがあって初めて機能するものである。

また翌二月、九ヵ国にはそれぞれ諸荘園惣下司《げし》が置かれ、平家家人が任命された。清盛は惣下司を通じて九ヵ国から兵粮米をも徴収できるようになった。富士川の敗戦の一因は食料不足であったから、食料問題の解決は不可欠だった。

この戦時総動員体制を、武家政権の萌芽とみなす見解もある。清盛に武家政権樹立の意思はなかっただろうが、この惣官職が後述する寿永二年十月宣旨につながり、ひいては鎌倉幕府成立に結果的に影響を与えたことは認められよう。

しかし、惣官職設置へと向かった平家軍制の方向性が、鎌倉幕府のそれとはズレがあることもまた事実である。反乱軍として出発した頼朝軍と異なり、平家は朝廷はじめ畿内の諸勢力との協調を図らざるを得ず、既存の軍制に接ぎ木をするようなかたちでの軍事動員を試みた。家人組織の拡充ではなく、国衙機構による軍事動員を掌握する方向で対処したのである。一方の頼朝は、行政面でこそ既存の国衙機構を活用したものの、軍事面では御家人集団の拡大というまったく新しい方法を採用した。朝廷の命令系統に依拠せず、頼朝独自の判断で動かせる軍団の結成は、頼朝が内乱を勝ち抜く大きな要素となった。

平清盛の死

美濃を制圧した平家の次なる目標は尾張であった。当時、源行家が尾張に勢力を築いており、治承五年（一一八一）二月にその討伐が決定した。伊勢・美濃両国で水手《かこ》・雑船・兵粮の徴発が進められた。

惣官の宗盛自身が出陣する予定だったが、清盛が突如熱病に倒れたことで延期になった。清盛は閏二月四日に六十四歳で生涯を終えた。

死の床にあった清盛が「我が墓前に頼朝の首を供えよ」と言い残したという『平家物語』の逸話は有名である。いかにも作り話めいているが、頼朝とは和睦せず徹底的に戦うよう清盛が命じたことは『玉葉』にも見え、大筋では事実と考えられる。助命した恩を仇で返されたという怒りもあるのだろうが、反乱軍の中心は頼朝であるという認識を清盛が持っていたことがうかがわれる。

清盛の後継者である宗盛は、亡父清盛の専横を後白河法皇に謝罪し、今後は後白河の政治方針に従うと述べた。高倉上皇の死後、後白河院は幽閉を解かれたが、惣官職に見られるように、相変わらず清盛が朝廷の政治を主導した。宗盛の政権返上によって、後白河院政は完全に復活した。

宗盛の政権返上宣言は、反乱軍から大義名分を奪うことにあったと思われる。以仁王の令旨は清盛の専横を糾弾し、後白河法皇の救出を訴えるものだった。これに応じて挙兵した頼朝らの大義名分は清盛の打倒と後白河院の救出である。清盛が死に、後白河院政が復活してしまったら、頼朝たちに戦う理由はなくなるのである。

けれども宗盛の政権返上は半ばポーズであり、後白河に全面服従するつもりはなかった。後白河周辺は戦争の長期化による社会の荒廃を懸念し、反乱軍の罪を許して降参を促すことを検討していた（『玉葉』）。ところが宗盛は、延期されていた尾張攻略を強行する。指導力に欠ける宗盛にとって、偉大な父の遺命を守ることが一族の結束を維持するうえで最良の方策だったのだろう。

ただし宗盛も、平和を望む後白河らに一定の配慮はしたようである。『玉葉』治承五年閏二月七日条によれば、朝廷は東国諸国に対して反乱勢力を懐柔するよう命令を出そうとしたが、宗盛が「東国の勇士は頼朝に背いて、（追討使の）重衡に従うように」という一文を加えてほしいと望んだという。朝廷側は「それでは従来の討伐方針と変わらないではないか」と反発したが、宗盛にしてみれば討伐対象を頼朝に限定したのは一定の譲歩だった。

しかも宗盛の提案は単なる譲歩ではなく、高度な戦略でもあった。『吾妻鏡』治承五年三月七日条によると、京都の三善康信が「追討対象が諸国の源氏ではなく、頼朝だけになった。朝廷は武田信義に使者を送った」との噂を耳にして鎌倉に連絡してきたという。武田信義ら挙兵した源氏に対して、平家は「我々が欲しいのは頼朝の首だけだ。頼朝を討てば、お前たちの罪は許し、恩賞を与える」と働きかけたのだろう。すなわち、反乱軍を切り崩して、仲間割れさせようとしたのである。

この時の命令の最終的な文面は不明であるが、延慶本『平家物語』によれば、「諸国源氏を全て追討するという噂は誤りで、追討対象は頼朝だけである」と述べて諸国源氏の帰順を促すものだったという。これが正しければ、平家の主張が通ったことになる。

閏二月十五日、平重衡が追討使として三千余騎を率いて京都を出発、途中で兵を増やして万を超える軍勢となった（『玉葉』）。三月十日、重衡は美濃・尾張国境の墨俣川《すのまた》（現在の長良川）で源行家・源義円《ぎえん》ら五千騎を撃破し、大勝利を収めた（墨俣川の戦い）。水夫や兵船を大量調達したことが平家の勝因であろう。

なお、平家方は源行家・義円を頼朝傘下と思っていたようだが、事実は異なる。行家は頼朝とは別個に活動していた独立勢力である。義円は義経の同母兄である。『源平盛衰記』に頼朝が援軍として義円を派遣したと記されているが、『吾妻鏡』には義円が頼朝の元に馳せ参じた記述が見えない。義円も頼朝とは無関係だったと思われる。とはいえ、平家軍の勝利が頼朝にとって脅威であることは疑いない。

だが平家軍はそこで進軍を停止して帰京している。これは、養和の大飢饉による食料不足が深刻だったからと推定される。頼朝は窮地を脱したと言えるが、頼朝側も飢饉の影響で大規模な軍事行動をとることが困難になった。戦線は膠着《こうちゃく》し、内乱の長期化は避けられなくなった。

木曾義仲の挙兵

平家の追討軍が当面攻めてくる恐れがなくなった頼朝にとって、むしろ脅威となったのはライバルの諸国源氏であった。特に木曾義仲の台頭は頼朝を刺激した。

木曾義仲は源義賢（義朝の弟）の息子で、頼朝の従兄弟にあたる。義賢が大蔵合戦で戦死すると（19頁）、当時二歳であった義仲は乳父の中原兼遠《かねとお》に抱かれて、兼遠の本拠地である信濃国木曾に逃れた（『吾妻鏡』治承四年九月七日条）。

義仲の兄である仲家（37頁）が以仁王の挙兵に参加して戦死したため、義仲にも累が及ぶ危険があった。そこで義仲は、頼朝挙兵の翌月である治承四年九月に信濃で挙兵し、平家方の笠原頼直《かさはらよりなお》を破った（市原合戦）。頼直は越後の城助職《じょうすけもと》（のちに長茂《ながもち》と改名）の元に逃れた（『吾妻鏡』）。

翌治承五年六月、平家から追討命令を受けた城長茂は一万の大軍を率いて信濃に侵攻し、横田河原《よこたがわら》（現在の長野市）で義仲と戦った（横田河原の戦い）。ちなみに、後の川中島の戦いもこの辺りで行われた。兵力に勝る長茂だったが、信濃勢が次々と降参してきたため油断したところを義仲に逆襲された。遠征の疲れもあり長茂軍は大敗し、越後に退却したのはわずか三百騎だったという。長茂は陸奥国会津まで逃れるが、藤原秀衡の攻撃を受けて没落する（以上『玉葉』）。

これにより義仲は越後を制圧し、北陸に進出する。義仲の勢力拡大を見て、頼朝は心穏やかではなかったろう。義仲の亡父義賢は頼朝の庶兄義平に討たれており、義仲から見れば頼朝は同志ではなく、むしろ仇敵である。しかも横田河原の戦いには甲斐源氏の一部も参戦していた。義仲と甲斐源氏の連携が進めば、頼朝の軍事的優位は揺らぐ。

頼朝の和平提案と平家の拒絶

そこで頼朝は、朝廷との外交に乗り出す。『玉葉』治承五年八月一日条によると、頼朝は後白河法皇に密使を送った。頼朝の言い分は以下のようなものである。挙兵は朝廷に対する謀反ではなく、後白河院を蔑ろにする平家を討つためである。後白河と平家が和解したのであれば、平家打倒には固執しない。かつてのように源平両氏が朝廷に仕え、東国を源氏が、西国を平家が支配すれば、内乱を鎮圧できるだろう、と。

この案は後白河にとっては魅力的なものだった。朝廷は武家の棟梁の軍事統率力を必要としており、源平いずれも存続することが望ましい。平家が国家的な軍事警察権を事実上独占した結果、清盛が国政を壟断《ろうだん》する事態に陥った苦い経験を教訓とすれば、源平が並立して互いに牽制し合う平治の乱以前の体制こそが最も安定的に思えるからである。

後白河が頼朝の提案を平宗盛に打診したところ、宗盛は「頼朝を討つことは亡父の遺命であり、勅命であっても従えません」と断ったという。確かに清盛の遺命は重いだろうが、そもそもこの提案を信用できなかったと思われる。宗盛から見れば、頼朝の主張は賊軍の汚名を払拭するための方便にすぎない。

頼朝が平家との和平を本気で望んでいたかどうかについては議論があるが、一時的にせよ父の仇敵との共存を受け入れようとしたところに、頼朝の政治家としての強《したた》かさがある。

筆者は、本心からの提案と考えている。補給確保の面でも大義名分の面でも上洛の見通しが立たない現状において、平家との緊張をいたずらに高めることは有害無益である。むしろ頼朝にとっての喫緊の課題は、武田信義や木曾義仲ら諸国源氏の上に立つことであった。この意味で頼朝の和平案は現実的・合理的なものだった。

もし頼朝提案が通れば、頼朝は源氏嫡流の位置を確保することになる。中世人にとっては家の継承こそが最重要であり、父義朝と清盛が武家の棟梁として並び立っていた往時を再現することは、親の仇を討つことよりも大きな意味を持っていた。

頼朝は後白河への忠誠をアピールするために実現不可能な提案を行ったわけでも、後に裏切るつもりで平家といったん手を結ぼうとしたわけでもない。真剣な気持ちで和平を提案したのであり、その実現を心底願っていたのである。

頼朝が警戒していたのは、木曾義仲だけではない。平泉の藤原秀衡の動向も不気味だった。先述の通り、横田河原の戦いで敗れた城長茂は会津に逃れたが、秀衡は長茂を攻撃して会津を奪った。元木泰雄氏が説く通り、秀衡に領土的野心があることが明確になり、頼朝は秀衡の南進を恐れて鎌倉に留まり続けた。

養和元年（一一八一）八月十五日、平宗盛の要請により、藤原秀衡が陸奥守、城長茂が越後守に任官した。九条兼実や吉田経房ら多くの公家が嘆いたように、貴種でない地方豪族が受領に任じられることは本来あり得ないことだった。この破格の厚遇が、頼朝・義仲ら反乱勢力の討伐を促すものであったことは明らかである。長茂は先の敗戦で弱体化しており、もはや脅威ではなかったが、秀衡と平家が提携すれば頼朝は挟撃される。結局、秀衡は中立を保ったが、頼朝は秀衡に強い不信感を抱くようになる。

2　東国行政権の獲得

義仲の躍進と平家都落ち

寿永元年（一一八二）七月、以仁王遺児の北陸宮《ほくりくのみや》が平家の監視下を逃れて姿をくらます（『玉葉』）。やがて北陸宮は木曾義仲を頼る。義仲の兄仲家が以仁王の挙兵に参加した縁が両者を結びつけたのだろう。

北陸宮が義仲の庇護下に入った時期については諸説あるが、後述する頼朝と義仲の衝突より以前と考えるのが自然だろう。北陸宮を得たことにより、義仲は北陸宮を天皇にするという上洛の大義名分を得た。このことは頼朝に衝撃を与えたはずだ。

延慶本『平家物語』によれば、寿永二年の春に頼朝と義仲は不和になった。発端は、源行家が頼朝と確執を起こし、義仲の元に走ったことにあるという。また甲斐源氏の武田信《のぶ》光《みつ》（武田信義の五男）が頼朝に讒言《ざんげん》したとも記す。

義仲は頼朝との対立を避けて北陸道に進出した。頼朝・義仲は勢力圏の棲み分けを行っていたのであり、その両者が突如対立に転じたのは、行家問題や讒言だけが原因とは思えない。義仲による北陸宮擁立が頼朝に強い危機感を与えたと考えられる。そもそも行家が義仲に与《くみ》したのも、北陸宮擁立が影響しているのではないか。

頼朝・義仲の合戦は、義仲が嫡男義高《よしたか》を鎌倉に派遣することで回避された。『吾妻鏡』は義高を「頼朝の婿」、すなわち頼朝長女の大姫の許嫁《いいなずけ》と表現しているが、延慶本『平家物語』が記すように実態としては人質である。義仲は頼朝に膝を屈したのである。義仲がここまで低姿勢に出たのは、やはり早急な上洛のために後顧の憂いを断つ必要があったからだろう。

一方、平家は寿永二年四月中旬、北陸道鎮定のため、平維盛らが率いる追討軍を派遣した。総動員体制によって大軍を組織した平家軍の進撃は当初快調で、越前（現在の福井県嶺北地域）・加賀（現在の石川県南部）を攻略した。

ところが五月十一日、越中（現在の富山県）・加賀国境の倶利伽羅《くりから》峠で木曾義仲・源行家らの反乱軍に大敗を喫した（『玉葉』）。『源平盛衰記』によれば、義仲は数百頭の牛の角に松明《たいまつ》をくくりつけて平家の陣に追いやるという奇策を用いて勝利したという。しかしこれは、中国の歴史書『史記』田単《でんたん》伝に見える「火牛の計」に取材した創作と考えられる。もっとも、『玉葉』は平家軍先鋒が勝ちに驕り、前進しすぎたことを記しているから、義仲らが平家軍を山中に誘い込み、地の利を活かして殲滅《せんめつ》したことは認めてもよいのではないか。

平家軍は六月一日に加賀国篠原で行われた合戦でも大敗した。四万余騎の平家軍がわずか五千の反乱軍に敗れたという。追討軍の上層部で意見対立があり、指揮系統が乱れたことが敗因であると『玉葉』は説く。

義仲らが京を目指して進軍する中、平家軍は迎撃態勢を整えるが、摂津源氏の多田行綱《ただゆきつな》が反旗を翻し大坂湾を占領したことで誤算が生じた。東西から挟撃されることを恐れた平宗盛は、包囲される前に西国へ退避することを決意した。いわゆる「平家都落ち」である。平家軍の京都放棄には、食料不足の都に誘いこみ反乱軍を疲弊させたうえで反撃に転じるという戦略的撤退の意味合いもあった。しかし後白河法皇を同行させることができなかったのは致命的な失策であった。七月二十五日未明、後白河院は院御所である法住寺殿《ほうじゅうじでん》を密かに脱出し、比叡山に登ったのである。

後白河は自身の意向を蔑ろにする宗盛に以前から不満を持っていたのだろう。宗盛が後白河を厳重な監視下に置かなかったのは、後白河に近い小松家（資盛《すけもり》・維盛ら平重盛の息子たち）や池家の平頼盛への配慮だったと思われるが、これが裏目に出た。後白河の脱走を知った宗盛はあわてて京都から撤退し、京都防衛のために前線に出動していた資盛や頼盛は取り残されるかたちになった。資盛は後に宗盛ら本隊に合流するが、頼盛は京に残留し八条院（37頁）の庇護を受けた。小松家の有力家人である伊藤忠清（75頁）も残留するなど、平家一門は分裂の様相を呈していく。平家と姻戚関係にあった摂政藤原基通《もとみち》も都落ちから途中で引き返した（以上、『玉葉』『吉記』）。

平家は安徳天皇と三種の神器を擁していたとはいえ、安徳天皇は五歳の幼君である。後見する院も摂政もいないとなると、その正統性は薄弱と言わざるを得ない。都落ちによって平家は王権から切り離され、頼朝勢力と同質の地域権力へと後退する。

義仲の入京と皇位継承問題

平家が去った都に、義仲・行家らが入ってきた。この時、入京したのは彼らだけでなく、甲斐源氏の安田義定、美濃源氏の源光長、近江源氏の山本義経らも上洛軍に加わっていた。混成部隊ゆえの結束の弱さが義仲の末路につながる。だが逆に言えば、義仲が彼らを統御し得れば、義仲は源氏の棟梁となる。頼朝の焦燥はいかばかりであったろうか。

七月二十八日、入京した義仲と行家は後白河院から平家追討を命じられた。平家軍は官軍から賊軍に転落したのである。だが、得意満面の義仲に冷や水を浴びせかける事態が発生する。三十日に後白河の院御所での論功行賞により、勲功第一位は頼朝、第二位は義仲、第三位は行家とされたのである（『玉葉』）。

反平家の軍事行動を主導したのは頼朝であると後白河は認識していた。頼朝が二年前から続けてきた対朝廷外交の賜物である。頼朝を差し置いて義仲・行家に恩賞を与えれば頼朝が反発する。けれども現実に平家を追い払ったのは義仲・行家だから、彼らを軽視するわけにもいかない。この難題に対して公卿たちが出した結論が、右の序列であった。

頼朝を勲功第一としたのは、功績だけでなく、前右兵衛佐という官歴も加味してのものである。頼朝に対して上洛を待たず即時に恩賞を与えることとし、従五位下という元の位階から昇叙させ、受領に加えて京官《きょうかん》（京都勤務の官職）も与える。義仲・行家には五位の位階を与え、受領に任命する。ただし任国の格は義仲の方を上とし、両者に差をつけることとした。

けれども、頼朝への恩賞は立ち消えになってしまう。罪も許されず、謀反人の立場のままであった。義仲からの猛抗議があったのだろう。ここに義仲と頼朝の立場は逆転し、義仲優位となる。

八月十日、義仲は従五位下左馬頭兼越後守、行家は従五位下備後守に補任された。左馬頭は保元の乱後に義朝が任官した武家垂涎《すいぜん》の京官であり、多大な軍功を挙げた義仲への厚遇がうかがえるが、義仲は越後守を不服とし五日後に伊予守に転じた。伊予守は受領の最高峰で、かつて源頼義（67頁）が任官した河内源氏にとって由緒正しき官職である。義仲は朝廷から源氏嫡流と公認されたのである。行家も義仲との格差の大きさに不満を漏らし、備前守に転じた。

さて平家が安徳天皇を連れ去ったため、京都は天皇不在となった。後白河は平家に対して安徳天皇の帰京と三種の神器の返還を要求するが、八月十日に届いた返書には「平家の京都復帰後に神器を返還する」と書かれていた（『玉葉』）。実質的な拒否である。やむなく後白河は新天皇の擁立を決断する。

ところが、ここで朝廷にとって思わぬ障害が発生した。皇位継承者に関しては故高倉上皇の二皇子の中から選ぶのが常識的だが、義仲は北陸宮の即位を要求したのである。平清盛が後白河を幽閉した際、高倉上皇が清盛を恐れて言いなりになったのに対し、以仁王は後白河を救うために決起したのだから、その孝行の念を重視すべきだというのである。

けれども、天皇の子である高倉皇子が健在であるのに、それを差し置いて天皇の孫（後白河の孫にあたる北陸宮）を即位させるのは、皇位継承の慣例に反する。そもそも、皇位継承者の決定権は後白河にあり、臣下が口を挟むことではない。義仲の容喙《ようかい》を許せば、後白河院政は有名無実なものとなる。後白河の怒りは想像に難くない。

北陸宮即位を強硬に主張する義仲を納得させるため、十八日、朝廷は卜筮《ぼくぜい》（占い）を行い、その結果として高倉第四皇子の尊成《たかひら》親王を皇位継承者に決定した（『玉葉』）。むろんヤラセである。二十日、尊成は三種の神器がないまま践祚する。後鳥羽天皇の誕生である。

義仲が諸国源氏の上に立てたのは、軍事的実績もさることながら、北陸宮という皇位継承候補者を抱えていたことに大きく拠っていた。河内祥輔氏が指摘するように、臣下が京都に攻め上り軍事制圧した前例はなく、義仲は史上初の快挙を成し遂げた。こうした大胆な行動を可能にしたのは、河内氏が説く通り、北陸宮の存在に他ならない。だが北陸宮の即位を後白河に否定され、後白河との関係が険悪になったことで、義仲の求心力に翳りが生じた。朝廷との接点がないという義仲の弱点が露呈したと言えよう。

頼朝と後白河の交渉

飢饉の最中、大消費地京都に入った義仲たちは、食料確保にも苦しんだ。京都での寺社・住宅への乱入、畿内近辺の田畠の刈り取りなど略奪行為が相次ぎ、これを制止できない義仲に対して朝廷の不満が高まっていった（『玉葉』）。

九月十九日、後白河法皇は参院した義仲に対して自ら御剣を渡し、平家追討を命じた。翌日、義仲は西国へと出陣する（『玉葉』）。厄介者を体よく追い払ったかたちだが、義仲にしても求心力の回復のためには軍事的実績を積み上げる必要があった。

後白河院は九月ごろから密かに頼朝赦免を検討し、使者を頼朝に送った。義仲が京都からいなくなったことで、交渉は進展する。九月末、鎌倉に派遣していた使者が莫大な引出物とともに京都に帰還した。『玉葉』によれば、頼朝は返書で三ヵ条を約束している。

第一条は、平家に奪われた東国の寺社領荘園を元の寺社に返還する、というものである。第二条は、平家に奪われた東国の院・公家らの荘園を返還する、というものである。内乱勃発により、東国荘園から京都への年貢貢納は滞り京都の食料難に拍車をかけていたので、頼朝の申し出に朝廷が歓喜したことは言うまでもない。

そして第三条は、降参した平家方の武士の刑罰を減免して斬首しない、というものである。これは平家方武士の帰参を促し、戦争の早期終結を図るという意思表明であり、これも朝廷の意向に沿ったものである。

同時に頼朝は、挙兵からこれまでの合戦の記録を朝廷に提出している。頼朝は独自の判断で（朝廷に無断で）御家人に恩賞を与えており（80、81頁）、この追認を求めたものと思われる。頼朝は一方的に朝廷に譲歩したわけではない。反乱軍として非合法的・超法規的に行ってきた措置をそのまま認めさせようとしたのである。

頼朝はさらに使者を派遣し、藤原秀衡・佐竹隆義が南進をうかがっていること、数万の軍勢が入京すれば食料難になることを理由に、即時の上洛を断った。義仲への厚遇にも不満を述べている。

この結果、十月九日の小除目《こじもく》で、頼朝を従五位下に復位させている。これは謀反人扱いの解除を意味する。頼朝は引出物を送り、口約束をしただけで、鎌倉にいながらにして朝廷に復帰したのである。その交渉手腕は卓越している。

頼朝は平家よりもむしろ義仲を非難しており、朝廷との交渉の意図がどこにあるかをうかがわせる。頼朝が源氏の棟梁として平家と共存するならともかく、義仲の下風に立つことは到底容認できなかった。頼朝は後白河と義仲の関係の悪化を好機と捉え、義仲の上に立とうとしたのである。

寿永二年十月宣旨

十月十四日、頼朝の申請に基づき、有名な寿永二年十月宣旨が頼朝に下された。その原文は現存しないが、『百錬抄《ひゃくれんしょう》』や『玉葉』の記事から、その概要はうかがえる。

その骨子は東海道・東山道の国衙領・荘園を返還するというものである。具体的には、東国の国衙領・荘園の年貢を以前のように京都に納めることを意味する。

これだけでは頼朝にメリットがないが、年貢貢納の責任は頼朝が負うこととし、従わない者は頼朝が処罰すると定められた。佐藤進一氏は国衙在庁指揮権、つまり東国行政権を頼朝が公認されたと解釈した。頼朝は既に東国の軍事警察権を掌握しているので、東国行政権を得たことで、事実上の東国支配権を確立したと佐藤氏は説いた。氏は寿永二年十月宣旨を鎌倉幕府成立の画期と評価している。

佐藤氏の東国国家論に対し、上横手雅敬氏は、朝廷の支配下から脱していた東国が寿永二年十月宣旨によって再び「併合」されたと説き、むしろ武家側の後退と評価した。

そもそも頼朝が当初から東国の独立を本気で目指していたかどうか疑わしいが、寿永二年十月宣旨の獲得と引き換えに東国独立という選択肢を放棄したことは間違いない。その意味で上横手氏の指摘は重要である。

加えて元木泰雄氏が論じるように、頼朝の交渉の動機が東国行政権の獲得にあったかどうかも疑問である。東海道・東山道には、甲斐源氏が押さえる甲斐・駿河・遠江、美濃源氏の美濃、近江源氏の近江なども含まれている。頼朝の直轄支配領域外にも頼朝の権限が認められたことで、頼朝は甲斐源氏らの上に君臨することが公認された。

頼朝はもともと宣旨の対象に北陸道を加えるよう要求していたが、後白河は義仲の怒りを恐れて北陸道を削除した。義仲の勢力圏である北陸道が頼朝の管轄下に入れば、義仲は頼朝の下位に位置づけられる。上横手・元木両氏が説くように、寿永二年十月宣旨を頼朝が欲した最大の理由は、義仲ら他の源氏に対して優位に立ち、源氏の棟梁としての地位を確立することにあった。

さらに、元木氏が述べるように、頼朝の国衙在庁指揮権は時限的なものであった可能性がある。内乱により、東国諸国では知行国主―受領―目代―在庁官人という命令系統が崩壊した。朝廷の認識では、寿永二年十月宣旨とは、内乱を終結させ国衙在庁を再興するまでの間、頼朝に一時的に年貢納入を請け負わせる、というものだった。

しかし、朝廷の思惑や頼朝の意図とは無関係に、寿永二年十月宣旨は後世の歴史に決定的な影響を与えることになった。以前から朝廷は、国衙領や荘園の経営には関与せず、実質的に現地勢力に丸投げしていた。年貢などが上納されればよいというスタンスである。とはいえ、十数ヵ国、二十数ヵ国の経営を一人に請け負わせることなど前例がない。平宗盛の惣官職でさえ軍事警察権に留まり、行政権にまで及んでいないのだから、その強大な権限は前代未聞である。朝廷は東国に巨大な〝行政特区〟を創ってしまったのだ。

いくら時限的措置と言っても、一度認めてしまえば、それは前例となり、既得権となる。十数ヵ国の軍事警察権と行政権を握った頼朝の行動を、独自の軍事力を有さない朝廷が掣肘《せいちゅう》することはきわめて困難であり、頼朝の忠誠に期待するほかない。

頼朝は平家滅亡後に藤原秀衡に送った書状の中で自らを「東海道の惣官」と称している（153、154頁）。寿永二年十月宣旨によって与えられた東国支配権を、頼朝は永続的なものと理解していた。後に成立する鎌倉幕府は越後・信濃・三河以東の東国を自己の勢力圏とみなした。その淵源は寿永二年十月宣旨に求められるのだ。

3 義経の京都進出

義仲の滅亡

西国に下向した木曾義仲であったが、寿永二年（一一八三）閏十月一日に備中国水島《みずしま》（現在の岡山県倉敷市）での戦いで大敗する。平家は水軍を活用して義仲を撃破したのである。勢いに乗る平家は再入京を目指し、本拠地の屋島《やしま》（現在の香川県高松市）から本州への移動を検討しはじめる。

十五日、義仲は京都に帰還した。単に敗走したというだけでなく、頼朝勢力の不穏な動きをつかんだからである。

後白河法皇からの上洛要請を受けて、頼朝は義経を京都に派遣することにした。京都では義経軍は数万と噂されたが、十一月に近江に到着した義経軍はわずか五、六百騎であった（『玉葉』）。食料問題もさることながら、藤原秀衡の脅威もあり、頼朝は大軍を上洛させることができなかったのである。

ところが義経軍の実情を知らない義仲はその進軍に過剰に反応し、後白河院を伴い東国に下り頼朝を討つという過激な強硬論を吐いて、朝廷や行家ら諸国源氏を呆れさせた。かくして義仲とともに上洛した諸国源氏の大半は、義仲から離反して後白河方についた。

十一月十七日、後白河は「平家追討に向かわなければ謀反とみなす」と義仲を挑発し、多田行綱や源光長らを動員して院御所の法住寺殿を守備させた。十九日、義仲は法住寺殿を襲撃し、光長らを討ち取った（『玉葉』『吉記』）。いわゆる法住寺合戦である。

クーデターを成功させた義仲は後白河を監禁し、前関白の藤原基房《もとふさ》と結んで国政を掌握した。十二月十日には、義仲の申請により頼朝追討命令が出された。翌寿永三年正月十一日、義仲は「征東大将軍」に任命された（『玉葉』『山槐記』）。征東大将軍は天慶《てんぎょう》三年（九四〇）に平将門の乱を鎮圧するために藤原忠文《ただふみ》が任命された官職である。頼朝追討のため、義仲は自己の権威を高めようとしたのである。けれども強引なクーデターを実行したことで、かえって離反者を増やす結果となった。

法住寺合戦以降の義仲の孤立を見て、平信兼《のぶかね》（山木兼隆の父）ら伊勢・伊賀の旧平家方武士が義経に投じた。義経は伊勢平氏の本拠地たる伊勢・伊賀を経由して兵力を集め、南山城に進出した。安田義定らも義経に合流した。また頼朝も、寿永二年十二月に弟の範頼を援軍として派遣する。なお、この時期に上総広常が誅殺されている。東国独立論者の広常が範頼軍の派遣（中央政局への介入）に反対して粛清されたと考えられている。

一方の義仲は、こうした情勢の変化を把握できていなかった。義経軍が少数との情報を受けて、北陸への撤退を取り止め、迎撃を決意したのである。寿永三年正月二十日、範頼が近江の瀬田（勢多）を、義経が山城の宇治を攻撃する。義経軍は宇治川の渡河に成功し、義仲方を撃破（宇治川の戦い）、余勢を駆って京中に進攻した。義仲は後白河を連行しようとするも失敗し、敗走途中の近江粟津（現在の滋賀県大津市）で討ち取られた（『吾妻鏡』『玉葉』）。義仲を討ったことで、頼朝の権威は他の源氏を圧するものとなり、源氏の棟梁とみなされるようになった。これを契機として甲斐源氏らは頼朝に従属していく。

一の谷合戦

朝廷は義仲の滅亡を喜ぶ間もなく、京に迫ろうとする平家への対応を協議した。安徳天皇を擁する平家軍本隊は既に福原に入っていた。安徳天皇や三種の神器を無事に回収するために平家と和平交渉をするか、あくまで平家を軍事力で打倒するか、で意見が割れた。九条兼実ら多くの公卿は和平案を唱えたようだ（『玉葉』）。

興味深いことに、義経に随行した土肥実平・中原親能《ちかよし》は、和平案に同意している。独断で意見できるような内容ではないので、事前に頼朝の意向を伝えられていたと思われる。

義経軍には旧平家方武士が多く含まれていた。彼らは義仲憎しで合流したにすぎず、平家軍討伐に協力するとは思えない。兵力不足の頼朝勢力が追討に慎重姿勢を示すのは当然である。そもそも頼朝は、源氏の棟梁の地位を確保するため義仲討伐には熱心だったが、平家との共存は必ずしも否定していない。

けれども、後白河法皇や側近らの強硬意見に押され、正月二十九日に範頼・義経ら追討軍は京都を出発した。ところが追討軍は山城・丹波国境の大江山（大枝山）付近に逗留し、なかなか進軍しようとしない（『玉葉』）。兵力の増強に努めていたのだろう。

二月五日に摂津国に到着した範頼・義経は、七日の卯の刻（午前六時ごろ）開戦と定めて二手に分かれた。大手軍は範頼で、大坂湾に出て海岸沿いの山陽道を西に進む。搦手《からめて》軍の義経は丹波から播磨へと内陸を進み、福原西の一の谷に向かう計画だった（『吾妻鏡』）。

しかし『玉葉』によると、平家軍二万騎に対し、源氏軍はわずか二、三千騎だという。九条兼実は万事悲観的だし、和平派であったから、平家を過大評価している可能性はあるが、源氏軍の劣勢は否めない。

ところが、二月七日の一の谷合戦は源氏の圧勝に終わった。合戦後、平宗盛は「後白河から和平の申し入れがあり、使者を待っているところを源氏軍に襲われた」と後白河院に恨み言を述べている（『吾妻鏡』）。いわば騙し討ちである。この後白河の謀略を源氏の勝因として重視する見解もある。だが平家都落ちの際の脱走や義仲の派遣など、これまでの後白河の行動を踏まえるならば、平家が後白河に全幅の信頼を寄せ、和平が成立すると確信して油断していたとは思えない。では勝因は何か。

鵯越の逆落としはあったか

一般には一の谷合戦の勝因は、「鵯越《ひよどりごえ》の逆落《さかお》とし」と呼ばれる義経の奇襲だと言われている。これは『平家物語』や『吾妻鏡』の記述に基づく理解だが、実は一次史料には、義経が鵯越を通ったという記述はない。『玉葉』は義経の軍事行動について、「先ず丹波の城を落とし、次いで一の谷を落とすと云々」と記している。なお、丹波の城を落としたというのは、一の谷合戦の前哨戦である三草《みくさ》山の戦いを指すと思われる。

問題は、現在地名として残っている鵯越が神戸市北区の山間部に存在する点である。この鵯越を降りると、福原の西部の夢野に着き、須磨区の一の谷まで約六・五キロの距離がある。一の谷の平氏の陣を急襲するには、一の谷の背後にある鉢伏《はちぶせ》山もしくは鉄拐《てっかい》山を降りる必要がある。一の谷の背後の崖が鵯越であるという『平家物語』『吾妻鏡』の叙述は、現地の地形と合致しない。

この地理的矛盾は戦前から問題視されており、義経が鵯越から進路を変更し、鉢伏山・

鉄拐山へ迂回したという説が出されている。しかし鵯越から鉢伏山・鉄拐山へ抜ける道は確認されていない。そのためか、最近では、鵯越を山と山の鞍部《あんぶ》を指す普通名詞として捉え、鉢伏山と鉄拐山の間を義経が通った鵯越に比定する見解も提出されている。

けれども、これらは義経が急峻な崖を降《くだ》ったことを前提にした議論である。『平家物語』は一の谷に平家の本陣が存在したかのように描くが、平家の大本営は当然福原に置かれたはずで、西の一の谷と東の生田の森に福原防衛のための「城郭」が築かれたというのが実情だろう。

桶狭間の戦いのように、進んだ先に敵の総大将がいるというならともかく、敵の城郭の一方を攻略するだけのために危険な奇襲を敢行する必要があるだろうか。まして搦手の大将である義経が部隊の大半を土肥実平に預けて、自ら数十騎の別働隊を率いて断崖を駆け降りるなど、非現実的である。

『玉葉』には、「多田行綱、山方より寄せ、最前に山の手を落とさると云々」と見える。菱沼一憲氏や川合康氏が説くように、多田行綱が通った道こそが鵯越であろう。『平家物語』は、土肥実平が搦手軍の主力を率いて浜沿いの山陽道を東に進んで一の谷を攻撃したとするが、実際にはこの方面の軍を指揮したのは義経と考えられる。

多田行綱は摂津国多田荘（現在の兵庫県川西市多田周辺）を本拠とする摂津源氏である。前述のように、行綱の離反が平家都落ちの直接の原因となっており（102頁）、平家が再入京した場合、行綱は裏切り者として真っ先に報復される恐れがあった。このため行綱は一の谷合戦に積極的に参戦したのである。

鵯越は鹿しか通れない断崖絶壁ではなく、摂津国昆陽野《こやの》（現在の兵庫県伊丹市北部）から福原に向かう際に必ず通る山中の間道である。昆陽野を勢力下に収め、かつて平家に従っていた行綱は、鵯越など福原周辺の地理を熟知していた。

義経が西の一の谷を、範頼が東の生田の森を攻めて平家の注意を引き付けている最中に、行綱が鵯越を突破して、平家の大本営たる福原を衝く動きを見せた。行綱軍は少数であったが、背後に敵を抱えた平家軍は動揺し、その隙を見逃さず義経が一の谷を攻略した。これが一の谷合戦の実像であろう。

一の谷合戦で平家は多くの一門を失った。特に平重衡が捕虜になったことは痛手である。重衡は墨俣川の戦いや水島の戦いに勝利した勇将であり、平家の軍事力低下につながった。義経らは頼朝の予想以上の成果を挙げたのである。

講和交渉の頓挫

一の谷合戦の大勝利を知った頼朝は、朝廷に対して四ヵ条の申請を行った（『吾妻鏡』）。

第一条は戦乱で荒廃した東山道・北陸道の復興のため、来秋には受領を任命すべきだ、という提案である。将来的な東国行政権の返還を申し出たもので、朝廷の歓心を買うという意図が透けて見える。第三条は神社の保護、第四条は悪僧（俗に言う「僧兵」）の武装解除に関する条文である。

第二条は「平家追討の事」である。この条には「海路たやすからずと雖《いえど》も、殊に急ぎ追討すべきの由、義経に仰するところなり」と見える。早急に渡海して、屋島の平家を討つよう命じたというのだ。

元木泰雄氏はこの条文に注目し、頼朝が短期決戦を構想していたと論じる。だが右の一文は、早期討伐を望む後白河法皇に対するリップサービスと見るべきだろう。頼朝は範頼を鎌倉に呼び戻しており、平家追討に積極的な姿勢を見せていない。また平重衡の身柄を預かっていた土肥実平は、重衡と三種の神器の交換という交渉を画策したようである（『玉葉』）。石橋山合戦で頼朝を救った実平は、頼朝が最も信頼する側近の一人である。したがって、実平の一貫した和平志向は頼朝の意思の反映であろう。

第二条では畿内近国の武士たちに義経の傘下に入るよう命じてほしい、と朝廷に依頼している。一の谷合戦に参加した多田行綱ら畿内近国の武士は頼朝の御家人ではない。頼朝は速やかな平家追討を口実として、朝廷の権威を背景に彼らの組織化を図ったのである。

朝廷はなおも主戦論と講和論で揺れていた。義経は後白河の意向に従い三月一日に出陣する予定であったが、平家との講和交渉のため延期された（『玉葉』）。安徳天皇・建礼門院徳子（安徳母、91頁）・平時子《ときこ》（清盛後家）らが清宗《きよむね》（宗盛嫡男）とともに上洛し、宗盛が讃岐国を知行国として賜り在国するという案でまとまりかけたようだが、結局は決裂した。何度も虚言を弄してきた後白河への不信感を、宗盛は解消できなかったのだろう。

『吾妻鏡』寿永三年二月十八日条によれば、頼朝は京都に使者を送り、義経らに京都守護を命じた。また土肥実平・梶原景時《かじわらかげとき》に播磨・美作・備前・備中・備後の守護を命じた。以上五ヵ国は対平家の最前線である。頼朝の当初の戦略構想は、防衛主体のものであった。けれども平家との和平交渉が失敗した結果、後白河の催促もあり、頼朝は平家追討に動かざるを得なくなった。頼朝は義経ではなく実平・景時を追討使に起用した。『吾妻鏡』同年三月二日条によれば、土肥実平は西国に赴くため、重衡の身柄を義経に渡している。

なぜ義経は起用されなかったのだろうか。宮田敬三氏が推定するように、畿内近国の武士は相次ぐ合戦で疲弊していたため、頼朝は山陰・山陽地方（中国地方）の武士を動員することにしたのだろう。なお義経の検非違使任官は元暦元年（一一八四、四月に寿永から改元）八月六日なので、いわゆる「検非違使自由任官」問題とは関係ない。

伊賀・伊勢平氏の蜂起

元暦元年六月以降、実平・景時による平家追討が本格化するが、平家側の抵抗も激しく、苦戦を強いられた（『玉葉』）。『玉葉』八月一日条によれば、西国には平家につく武士が多く、土肥実平は安芸国（現在の広島県西部）で六度の合戦に敗れたという。

七月三日、戦局を打開すべく、頼朝は義経に平家を追討させることを後白河法皇に申し入れた（『吾妻鏡』）。ところが、頼朝の戦略を根底から覆す事態が起こる。伊賀・伊勢平氏の乱である。

七月七日の朝、伊賀で平家家人の平田《ひらた》家継《いえつぐ》らが挙兵し、大内惟義《おおうちこれよし》の郎党をことごとく討ち取った（『玉葉』）。小松家の有力家人だった伊藤忠清（103頁）も伊勢で挙兵した。

一の谷合戦後、頼朝は平家追討を名目に、大内惟義を伊賀、山内経俊を伊勢、豊島有経《ありつね》を紀伊、横山時広を但馬に派遣するなどして、畿内近国の武士の組織化を図った。学界では彼らを「惣追捕使《そうついぶし》」と呼ぶ。鎌倉幕府の役職である「守護」の前身で、一国単位の軍事警察権を与えられた（149頁を参照）。現地武士からすれば、縁もゆかりもない東国武士が自分たちの上に立って指図をするのだから、面白いはずがない。さらに言えば、源氏と平家が和睦する可能性がなくなり、かつ西国で平家が善戦していることも挙兵の一因であろう。

七月十九日、伊賀・近江国境近くの近江国大原荘（現在の滋賀県甲賀市）で源平両軍は激突した。源氏軍は乱の首謀者である平田家継を討ち取り勝利したが、伊豆での挙兵以来の功臣である佐々木秀義（47頁）が戦死するなど、犠牲も少なくなかった（『山槐記』『玉葉』など）。しかも伊藤忠清を取り逃がしてしまった。

事態を知った頼朝は、八月三日、義経に飛脚を送り、京中に潜伏する残党の捜索を命じた（『吾妻鏡』）。宮田敬三氏が指摘するように、この時点で義経の西国派遣計画は取り止めになったと考えられる。義経が検非違使に無断で任官したことを怒った頼朝が、義経を平家討伐の任務から外したという著名な逸話は、後世の創作である。

当初、平信兼（112頁）も反乱に呼応して鈴鹿山を占拠したとの噂が流れたが（『玉葉』）、誤報だったようで、反乱鎮圧後も信兼や彼の子息は官職を剝奪されていない。ところが八月十日、義経は信兼の子息である兼衡《かねひら》・信衡《のぶひら》・兼時《かねとき》の三人を京都の宿所に呼び寄せ、反乱に関与したと決めつけて自害を強要した。自害を拒んだ者は斬り殺したという（『山槐記』『百錬抄』『吾妻鏡』）。義経による謀殺は、頼朝の指示に基づくものだろう。

平信兼も出羽守の官職を解かれた。同月十二日、義経は信兼を討つため伊勢に出陣している（『山槐記』）。その後、信兼は消息を絶ち、歴史の表舞台から消える。

三人の子息がのこのこと義経の館を訪れていることを考慮すると、信兼父子は実際には反乱に関与していなかっただろう。だが伊賀・伊勢平氏の大規模な蜂起に驚いた頼朝は、潜在的な反乱分子を先んじて排除することにしたのである。鎌倉入りの最大の功労者と言える上総広常すら粛清する冷酷な頼朝にとって、それは当然の措置であった。ちなみに六月には、武田信義の嫡男である一条忠頼が、頼朝の侍所での酒宴の席で暗殺されている。

4 平家滅亡

政治機構の整備

源平合戦の展開だけを追っていると、源義経の活躍ばかりに目が行き、頼朝が何をしていたのか見落としがちである。しかし、もちろん頼朝は鎌倉で無為に時を過ごしていたわけではなく、政権の基盤固めを着実に進めていた。

平家が都落ちすると、後白河法皇は五百ヵ所にも及ぶ平家一門の所領を没官（没収）した。それらは木曾義仲・源行家らに恩賞として配分されたが、義仲の滅亡によって再度没収された。寿永三年（一一八四、四月に元暦に改元）三月七日、朝廷は頼朝に対して、この平家没官領を与えた（『愚管抄』、延慶本『平家物語』）。一の谷合戦に対する恩賞だろう。ただし頼朝は、恩人の池禅尼の息子である平頼盛（35頁）に対しては所領を返還している（『吾妻鏡』)。また、義経ら親族にも没官領を分け与えている。この時に頼朝が得た平家没官領が、鎌倉殿の直轄領荘園群である「関東御領」の基礎となった。

頼朝は膨大な所領群を管理するため、元暦元年十月に公文所《くもんじょ》(のちの政所)を開設した。中原広元《ひろもと》(のちに大江に改姓)が別当、中原親能・二階堂行政《にかいどうゆきまさ》・足立遠元《あだちとおもと》・藤原邦通らが寄《より》人《うど》(職員)に任命された(『吾妻鏡』)。

足立遠元は頼朝の武蔵入りに協力した武蔵の有力武士で、娘を後白河近臣の藤原光能《みつよし》に嫁がせるなど京都との関係が深かった。その人脈・情報網が評価されての起用だろう。藤原邦通は既述の通り、頼朝旗揚げ以来の文士で(50頁)、これまで頼朝文書の発給を担当してきた。だが官歴もはっきりしない人物であり、公文所のトップに据えるには実務能力が不足していたのだろう。二階堂行政は朝廷の下級官人で、頼朝の母方の親戚である縁をたどって、鎌倉に下向してきたものと思われる。

中原広元・中原親能の実父については諸説あるが、二人とも中原広季《ひろすえ》の子として京都では認知されていた。両人とも広季の養子だったと思われる。広元・親能は義理の兄弟ということになる。彼らも朝廷の下級官人であった。

中原親能は権中納言源雅頼《まさより》に仕えていたが、頼朝挙兵の四ヵ月後の治承四年(一一八〇)十二月(富士川合戦に敗北した平家が反撃に転じる時期である)に出奔し、姿をくらます。親能は幼少期を相模で過ごしており、頼朝とは年来の知音《ちいん》であったため、平家の追及を恐れたのである（『玉葉』）。おそらく、程なく頼朝を頼って鎌倉に下ったのではないだろうか。『玉葉』寿永二年九月四日条によれば、鎌倉の親能から旧主である雅頼の元に手紙が届いたというから、それ以前に頼朝に仕えていたことは確実である。その後、親能は義経や土肥実平とともに上洛している（113頁）。

広元は親能との縁で、鎌倉に下向したと思われる。広元の鎌倉での活動が初めて確認されるのは、『玉葉』寿永三年三月二十三日条である。寿永二年十月宣旨によって頼朝が謀反人の立場を脱したことを契機に、広元は頼朝に仕えるようになったと考えられる。

また『吾妻鏡』によれば、元暦元年十月二十日には訴訟審理機関である問注所《もんちゅうじょ》が開設されたという。筆頭（のちに「問注所執事」と呼ばれる）は三善康信で、その下に藤原俊兼《としかね》・平盛時《もりとき》がついた。けれども一次史料や『吾妻鏡』の別の記事などを見る限り、この時期の頼朝政権の裁判は頼朝の親裁であり、康信ら奉行人は事務処理の補佐をしていたにすぎなかった。公文所に匹敵するような確固たる組織が設立されたかどうかは疑わしい。『吾妻鏡』の編纂には三善康信の子孫が関わっていたと推定され、康信を顕彰するため、問注所の開設を公文所の開設と同時期にまで遡らせた可能性がある。

これまで何度か触れてきたように、三善康信は頼朝が流人だった頃から頼朝を援助していた人物である（22頁）。しかし鎌倉下向の時期は遅く、寿永三年四月十四日である（『吾妻鏡』）。情報収集のために意図的に京都に留まっていたのではないだろうか。義経・中原親能らの上洛を機に、それと入れ替わるかたちで鎌倉に下ったと考えられる。

なお、公文所・問注所の開設をもって鎌倉幕府成立の画期とする見解がある。しかし公文所の機能は摂関家や大寺社の公文所・政所に類似するため、武家政権成立の指標とはみなしがたい。

範頼軍の苦戦

話を平家討伐戦に戻そう。伊賀・伊勢平氏の残党に対処するため、義経は畿内に釘付けになった。そこで頼朝は範頼を平家討伐に起用する。範頼軍は元暦元年八月八日に鎌倉を出発し、二十七日に京都に到着した。範頼は二十九日に朝廷から追討使に任命され、九月二日には出陣した（『吾妻鏡』『百錬抄』）。範頼の補佐役には千葉常胤・和田義盛がつき、北条義時・比企能員《よしかず》・三浦義澄らも参加した。鎌倉軍オールスターであり、範頼軍こそが頼朝政権の主力部隊であった。

ちなみに『吾妻鏡』の源義経の卒伝によれば、義経は元暦元年八月二十六日に追討使に任命されたという。仮にこれが事実とすると、後白河の平家追討の強い執念がうかがえるが、結局この話は立ち消えになっている。義経出撃後、日付を遡って追討使の官符を出した可能性もある。なお元木泰雄氏はこの記事に基づき、頼朝の平家討伐の戦略は義経が四国を、範頼が九州を攻略する二方面作戦だったと説く。けれども、後述する頼朝の範頼への指示に義経は一切登場せず、義経が頼朝の構想から外れていたことは明らかである。

範頼軍の滑り出しは上々で、十月十二日には安芸国を制圧し、論功行賞を行っている。しかし周防（現在の山口県東部）、長門（現在の山口県西部）と進撃を続けていくうちに補給線が延びきってしまい、食料不足に悩まされてしまう。水軍力の不足も深刻で、平家の水軍基地である長門国彦島《ひこしま》（現在の山口県下関市に所在）を攻めようにも船がない有様である。十一月十四日、範頼は頼朝に書状を送り、食料と船、馬の不足を訴えている。範頼によれば、食料不足により士気が低下し、従軍武士の過半は故郷に帰りたがっているという。

この書状が頼朝の元に届いたのは翌元暦二年正月であり、元木氏が推測するように、瀬戸内海の制海権を平家が握り、書状の送付にも難儀する範頼軍の窮状がうかがわれる。頼朝はこの書状への返書で、範頼に対し船を送ることを約束するとともに「筑紫の者ども（九州武士）ににくまれぬ」ようにと注意を促している。そして東国御家人を主力としつつも、九州武士をも動員して、平家の大本営である屋島を急がず「閑《しず》かに沙汰」するよう命じている（『吾妻鏡』）。

九州武士を懐柔する必要があるのは、彼らの水軍がなければ、屋島への渡海すらままならないからである。興味深いのは「閑かに沙汰」という頼朝の方針である。これは、平家水軍との短期決戦を避け、屋島を包囲して平家を降伏させることを意味すると思われる。つまり長期戦構想である。

これまで何度か言及してきたように、頼朝は平家の殲滅には消極的であった。一つには、平家の徹底抗戦による多大な犠牲を心配したからだろう。もう一つは、安徳天皇と三種の神器の問題である。頼朝は右の書状で安徳天皇・二位尼《にいのあま》（平時子、119頁）らの身柄を確保するよう、範頼に指示している。後の範頼宛て書状では三種の神器を無事に回収するよう命じている。

後鳥羽天皇は三種の神器なしで即位したため、正統性に傷があった。後鳥羽の正統性を万全にするには、安徳天皇が後鳥羽天皇に三種の神器を引き渡す儀式を行う必要がある。そこで頼朝は安徳天皇と三種の神器を確保し、後白河法皇との交渉カードに用いようとしていたのである。頼朝は既に戦後を見据えていた。

しかし、その後も状況は好転せず、『吾妻鏡』元暦二年正月十二日条によれば、範頼軍は食料・船の不足により、長門国赤間関（下関市）から九州への渡海を断念したという。厭戦気分も蔓延し、和田義盛でさえ鎌倉に帰りたがる始末である。

状況を憂慮した頼朝は、二月十四日に範頼に新たな指示を出す。土肥実平・梶原景時と相談して、九州武士に動員をかけ、彼らが従うようなら九州に入り、従わないようなら九州での合戦はせずに四国に渡って平家を攻撃せよ、というのだ（『吾妻鏡』）。頼朝にも迷いが生じ、長期戦構想を断念して短期決戦への転換を視野に入れ始めていた。

屋島の戦い

この頃、範頼から頼朝への飛脚は一ヵ月を要し、頼朝が情報を受け取った時には、範頼軍の状況が大きく変化していることがしばしばあった。頼朝が北九州を攻略し四国の平家を包囲する長期戦構想を諦めかけていた頃、範頼軍に大きな進展があった。豊後国（現在の大分県）の豪族である緒方惟栄《おがたこれよし》・臼杵惟隆《うすきこれたか》兄弟が味方につき、船を提供してくれたのである。範頼軍は周防に移動し、同国の武士である宇佐那木上七遠隆《うさなぎこうしちとおたか》から兵粮米の提供を受けた。こうして範頼は正月二十六日に九州に向けて出港した（『吾妻鏡』）。

範頼軍は二月一日に筑前国葦屋浦《あしやうら》（現在の福岡県遠賀郡《おんが》芦屋町など）で平家方の原田種直《はらだたねなお》らを破った（『吾妻鏡』）。これにより頼朝の長期戦構想が実現する目途がついたが、事態はさらに急展開する。義経の出撃である。

吉田経房の日記である『吉記』元暦二年正月八日条によれば、義経は後白河側近の高階《たかしな》泰経《やすつね》を通じて四国への渡海を申し出たという。伊藤忠清（120頁）が京中に潜伏しているとの噂が流れていたこともあり、朝廷では義経本人ではなく義経の郎党の派遣とすべきとの意見も出た。これに対して義経は、二月三月には食料が尽きて範頼軍は撤退するだろう、そうなれば西国の武士たちが平家に寝返り、京都も危うくなると反論した。義経から見れば、頼朝の長期戦構想は破綻しつつあった。このまま手をこまねいていては平家が再入京し、軍事バランスが逆転する恐れすらあると判断したのである。

経房は義経の意見に賛成だった。範頼の苦戦を見る限り、義経の郎党を派遣しても早期決着は難しく、諸国の戦費負担が重くなるだけだというのだ。ならば義経を派遣して雌雄を決すべき、というのが経房の考えだった。経房は以前にも平家による兵粮米の度重なる徴発を「万民の愁、一天の費」と嘆いている（『吉記』養和二年三月二十六日条）。

長引く戦乱で経済的に困窮する公家たちの間では、短期決戦を望む声が多かったと思われる。こうした空気を敏感に察したのが、京都守護の義経である。上洛した義仲が京都の人心を失って自滅する様を目の当たりにした義経は、朝廷や京都住民の支持を得ることに腐心していた。義経は彼らの世論を背景に出陣を強行したのだ。

義経は正月十日に京都を出発、一ヵ月ほど摂津国の渡辺津《わたなべのつ》（現在の大阪市中心部）に滞在して、渡辺党など畿内水軍の組織化を進めた。なお渡辺津での軍議で、義経と梶原景時が論争したという、いわゆる「逆櫓《さかろ》」論争は、『平家物語』の創作と思われる。前述の通り、景時は範頼軍に参加していたからである。

ところで『吾妻鏡』には、頼朝が義経に四国渡海を命じた記述は見られない。このため宮田敬三氏は、義経は頼朝に無断で出陣したと主張した。これに対して元木泰雄氏は、一ヵ月も渡辺津に在陣した義経の行動を頼朝が把握していないはずがない、と批判を加えている。さらに、頼朝が二月に上洛させた中原久経《ひさつね》・近藤国平《こんどうくにひら》について、出陣する義経の後任であると解釈し、屋島攻撃は頼朝の意向に沿ったものであると説いている。

頼朝が義経の行動に事後承認を与えた可能性はあるが、持久戦構想を放棄し短期決戦戦略に転換したとまで言えるかどうかは疑問である。先に言及した通り、鎌倉軍の主力はあくまで範頼軍である。畿内・西国武士の寄せ集めである二線級部隊の義経軍に、平家大本営の屋島を攻略するなどという過大な期待をかけていたとは思えない。

そもそも、義経が屋島を落としたら、頼朝は困るのである。旗揚げ以来、頼朝を支えた東国御家人たちの多くは範頼軍に参加しており、彼らの活躍によって戦争を終結させなければならない。範頼軍こそが主役であるべきで、義経軍は脇役でなければならない。

頼朝が義経の出陣を追認したのは、義経を四国に派遣することで、平家の戦力を分散させ、範頼の負担を軽減させようとしたからだろう。いわゆる「第二戦線」の構築である。

ところが義経は頼朝の予想を超えて、電撃的に屋島を攻略してしまう。『平家物語』や『吾妻鏡』は、義経は暴風雨の中、強引に渡海したと記すが、『玉葉』は、義経たちは二月十六日に出航し、十七日に無事に阿波国に上陸したと記し、悪天候には言及していない。『平家物語』や『吾妻鏡』は、義経の無謀と紙一重の勇猛果敢さを強調するが、義経の勝因はむしろ、渡辺津に一ヵ月逗留して水軍の編成を行うといった用意周到さにあったと考えられる。阿波国の勝浦《かつうら》（現在の徳島市）に着いた義経は、現地武士の近藤親家《ちかいえ》を味方につけ、阿波・讃岐の武士たちを糾合しつつ屋島へと進撃した。こうした迅速な軍事行動は、事前準備なしには不可能である。義経一行はたまたま勝浦に流れ着いたのではなく、あらかじめ親家と連絡をとったうえで親家の拠点である勝浦に上陸したのだろう。もちろん、渡辺津滞在中に阿波・讃岐の反平家勢力とも交渉していたと思われる。

海上からの攻撃を想定していた平家軍は、義経軍に背後を衝かれて恐慌をきたした。抗戦する選択肢もあったと思うが、二月十九日、平宗盛は安徳天皇の安全を最優先し、戦うことなく海上に逃れた（『吾妻鏡』）。屋島と彦島という瀬戸内海の東西を掌握していたからこそ、平家は制海権を維持できた。屋島失陥により平家の軍事的挽回は絶望的となった。

壇ノ浦の戦い

三月八日、義経が送った飛脚が鎌倉に到着した。使者は屋島攻撃を報告したが、結果を確認する前に出発したので、頼朝は勝利を確信できなかった。情勢を十分に把握できない頼朝は、依然として範頼軍を軸とした包囲戦を企図しており、範頼に指示を与えている(『吾妻鏡』)。

一方、屋島合戦の勝利により義経の勢力は膨張する。特に大きかったのは、熊野三山を統率する熊野別当の湛増《たんぞう》が義経の麾下に入ったことである。熊野水軍の加入により、義経は鎌倉軍の大将として初めて大規模な水軍力を得て、平家との海戦が可能になった。

熊野水軍が九州に進出するという噂を耳にした範頼は頼朝に書状を送り、「義経は四国、私が九州を担当することになっていたはずです」と、義経の越権を非難した。頼朝は範頼に対し、熊野水軍の九州渡海は事実ではないと諭すとともに、従軍している東国御家人たちを労《ねぎら》うよう指示している。頼朝は千葉常胤の戦功は抜群であると称賛するとともに、北条義時ら主な諸将にそれぞれ書状を送って感謝の言葉を述べている(『吾妻鏡』)。創業の功臣である東国武士たちへの深い配慮が感じられる。

屋島合戦の後、義経は京都に戻らず、熊野水軍や河野水軍を取り込むなど水軍力の強化に専念した。そして満を持して、平家最後の拠点である彦島へと向かった。この間、頼朝に報告をした形跡は見られない。頼朝の指示を仰ぐと、使者の往復で一ヵ月以上を要するので、戦機を逃すまいと独断で水軍を動かしたのである。かくして三月二十四日、関門海峡で壇ノ浦合戦が行われる。

壇ノ浦合戦の義経の勝因については、潮流説がよく知られている。これは大正時代に歴史学者の黒板勝美氏が提起したものである。

黒板氏は『平家物語』の潮流の描写に注目し、海軍水路部の潮流調査を基に、元暦二年三月二十四日の関門海峡の潮流を推定した。それによれば、午前八時三十分に西への潮流が東へ反転して、午前十一時頃に八ノットに達し、午後三時頃に潮流は再び西へ反転したという。合戦の序盤においては西から東に潮が流れていたため、西から攻める平家軍が有利だったが、やがて潮の流れが逆になり、東から攻める源氏軍が優勢となり、平家を滅ぼした、と結論づけた。義経は初めから潮流を予測したうえで作戦を立てていたというのだ。しかし、戦後の潮流推計の進展により、壇ノ浦合戦が行われた時間帯の潮流はむしろ緩やかで、合戦に影響を与えたとは考えられないことが明らかにされている。

非戦闘員殺害説も有名である。歴史学者の安田元久氏は『平家物語』の記述に着目し、「義経は、当時としては破天荒の戦術をとった。すなわち彼は部下に命じて、敵の戦闘員には目もくれず、兵船をあやつる水手・梶取《かじとり》のみを目標に矢を射かけさせたのである」と論じた。けれども元木氏が指摘するように、『平家物語』をよく読むと、義経軍が平家軍の船員を殺害したのは、優勢が確定して平家の船に乗り込む段階での行動で、勝敗を左右したわけではない。

では義経の勝因は何か。単純に戦力で上回ったからと考えられる。『平家物語』でも『吾妻鏡』でも、義経軍の方が平家軍よりも船の数が多い。『平家物語』によれば、平家軍の大将である平知盛《とももり》は「東国武士は船いくさには慣れていないから勝機はある」と武士たちを鼓舞したというが、義経水軍の中核は熊野水軍や河野水軍であるから、実質的には西国勢同士の争いである。

義経は屋島攻略後、塩飽《しわく》諸島、厳島《いつくしま》と進撃し、瀬戸内海の制海権を掌握した。さらに範頼が中国地方から九州に渡海し、陸上を制圧した結果、平家軍は長門国彦島に孤立した。菱沼一憲氏が指摘するように、食料・兵器の補給もままならない平家軍の劣勢は明らかであり、勝負は始まる前からついていた。敗北を悟った平家一門は次々と入水した。一門の多くが死ぬか捕らえられ、平家は滅亡した。

だが、大きな誤算が生じた。二位尼が安徳天皇を抱いて入水し、命を落としたのである。しかも三種の神器のうち、宝剣と勾玉《まがたま》を持っての入水だったという。勾玉は回収されたが、宝剣は海の底に沈んだ。なお、建礼門院徳子も入水したものの義経軍に救助されている。

頼朝が長期戦にこだわったのは、決戦によって生じる右のような不測の事態を恐れたからである。義経が平家に降伏の機会を与えず性急に攻撃した結果、頼朝の終戦構想とはまったく異なるかたちで源平合戦は終結した。このことが頼朝と義経の対立の伏線となる。

第四章　征夷大将軍

1　文治勅許

頼朝と義経の確執

壇ノ浦合戦の詳細に関する義経の報告が鎌倉に届いたのは元暦二年（一一八五、八月に文治に改元）四月十一日のことであった。ちょうどこの時、頼朝が父・義朝の菩提を弔うために建立を進めていた勝長寿院《しょうちょうじゅいん》の柱立《はしらだて》の儀式が行われており、頼朝も参列していた（『吾妻鏡』）。報告を受けた頼朝は何も語らなかったというが、彼の胸に去来したのは何だったろうか。

翌十二日、頼朝は重臣らと戦後処理を協議した。範頼はしばらく九州に留まり、平家方所領の調査・没収を進め、義経は捕虜らを連れて上洛することが定められた（『吾妻鏡』）。以後、範頼を通じた九州支配と、平家方捕虜の処罰が進んでいく。

そうした中、頼朝と義経の確執が次第に表面化する。一般には、平家を瞬く間に打ち破った義経の武勇と声望を頼朝が恐れた、という印象が強い。だが、そうした感情的な問題だけが要因ではない。前章で論じたように、安徳天皇と三種の神器を確保するという頼朝の方針を義経は軽んじ、迅速な平家討伐を望む後白河法皇の意思を優先した。こうした義経の政治的姿勢を頼朝が危険視したのである。

武士が朝廷に仕えることは当たり前のことであり、義経に頼朝からの自立の意図はなかったであろう。しかし頼朝は、朝廷と御家人との直接の結びつきを断ち、御家人は頼朝を介して朝廷に奉仕するという体制を構築しつつあった。義経の後白河への接近は、唯一絶対の武家の棟梁たらんとする頼朝の努力を無にしかねないものであり、京都で存在感を増す義経を頼朝が不快に思ったことは間違いない。

加えて、義経軍の活躍は、義経個人が名声を得たというだけに留まる問題ではなかった。前章で触れたように、義経軍は主に畿内・西国武士によって構成されていた。旗揚げ以来、頼朝を支えてきた東国武士たちの多くは範頼軍に参加していた。

従来言われてきたほど、範頼は凡庸な武将ではない。菱沼一憲氏や上杉和彦氏が指摘するように、範頼軍が苦戦しつつも瀬戸内海に面する九州北東部を制圧して平家の本拠地である彦島を圧迫したことが、屋島合戦・壇ノ浦合戦の勝利の前提になっている。壇ノ浦合戦においても範頼軍は豊後、すなわち陸地に布陣し、平家の九州への退路を断つ役割を果たした。また範頼軍に加わっていた三浦義澄は水軍を率いて壇ノ浦合戦に参戦している（『吾妻鏡』）。

しかしながら、義経軍の華々しい活躍の前で、範頼軍が霞んでしまったことは否めない。平家討伐戦は義経の独壇場で終わってしまい、義経軍が戦功を独り占めするかたちになった。

よく知られているように、壇ノ浦合戦後、梶原景時は頼朝に対して「義経は自分一人の力で平家を滅ぼしたと勘違いして傲慢になり、御家人たちが反発している」と義経を告発している（『吾妻鏡』）。このエピソードは陰険な梶原景時の讒言と捉えられることが多いが、むしろ平家討伐戦に参戦した東国武士たちの不満を代弁したものと言えよう。彼らは苦労に苦労を重ねて中国・九州地方の平家方武士と戦ったにもかかわらず、屋島合戦・壇ノ浦合戦を強行した義経の独断専行によって大きな勲功を得る機会を奪われたのである。

こうした事態は、東国武士に支えられてきた頼朝にとって、看過できないものだった。平家討伐戦で活躍した義経・西国武士の発言権が拡大すれば、頼朝政権の力関係が大きく変動しかねない。頼朝が和田義盛に九州武士の組織化を命じ、千葉常胤・天野遠景らに九州の平家方所領の没収を進めさせたのは、頼朝政権の九州進出を目的とするものであることはもちろんだが、一面では東国武士の不満を解消するものだったと考えられる。

ただし、頼朝は義経の処分について迷っており、平家滅亡当初から排除することを考えていたわけではない。平家討伐の立て役者たる義経を粛清すれば世間の非難を浴びるし、後白河法皇との関係も悪化する。頼朝はすぐに決断することはできなかった。

一般に頼朝と義経の決裂は「腰越状《こしごえじょう》」とされる。同年五月に平家一門の総帥である平宗盛を鎌倉に護送した義経が鎌倉入りを拒否されて腰越（現在の鎌倉市腰越）の地で弁明書を提出するも、かえって頼朝の怒りを買ったという（『吾妻鏡』）。けれども拙著『陰謀の日本中世史』で指摘したように、「腰越状」の逸話は後世の創作と考えるべきである。頼朝は義経を伊予守に推薦するなど、その懐柔も模索していた。両者の対決を宿命的とみなすべきではない。

義経の挙兵失敗

頼朝と義経が最終的に決裂したのは、文治元年（一一八五）十月のことであった。きっかけは源行家をめぐる問題である。

第一章で述べたように、源行家は以仁王の令旨を携えて全国を回り、諸国の武士に決起を促した人物である（39頁）。その意味では平家討滅の功労者と言えるが、墨俣川合戦に敗北する（95頁）など、軍事指揮官としては無能であった。おまけに頼朝の下につくことを潔しとせず、後白河法皇の庇護下に入り鎌倉への参向を拒否していた。頼朝から見れば、行家の傲慢な態度は「謀反」に他ならず、行家討伐の準備を進めていた。頼朝は義経に対しても行家討伐の方針を伝えており、疑念を抱きつつも義経の協力を欲していた。

『吾妻鏡』によれば、十月六日、京都から鎌倉に戻った梶原景季《かげすえ》（景時の嫡男）が、義経が病気を理由に行家の討伐を断った、と報告した。頼朝はこれを仮病と判断し、実際には義経と行家が結託していると結論づけた。頼朝が義経討伐を決断したのは、この時点であろう。

義経が頼朝への反抗を決意したのは、現在の地位を維持するためと考えられる。義経は京都で後白河院に奉仕し、頼朝から相対的に自立した存在となっていた。頼朝はこれを許さず、鎌倉に下り、自らに従属することを義経に求めたのである。直属兵力や独自の経済基盤に乏しい義経は、京都を離れ後白河の後ろ盾を失えば、源氏一門の一人、一御家人に転落する。それは、平家討伐の英雄である義経には耐えられないことだったのだろう。

義経と行家の挙兵が露顕したのは、十月十三日のことである。この日、義経は後白河に対し、頼朝追討の宣旨を求めた。十月十八日、後白河は源義経・行家に源頼朝追討の宣旨を与えた。九条兼実は、頼朝に朝廷への謀反の意思はないと主張し、宣旨発給に反対したが、その諫言は容れられなかった（『玉葉』）。これについては、古くから後白河が義経を扇動したと考えられてきたが、『陰謀の日本中世史』で論じたように、宣旨発給は義経から脅されたからにすぎない。

宣旨を獲得した源義経・行家は早速、軍勢を募った。義経らがこのタイミングで挙兵したのは、勝長寿院の落成供養に参加するために東国武士が鎌倉に集結し、京都周辺に軍事的空白が生まれたことが一因である。

もともと義経の直属武力は脆弱であった。そんな義経が平家を討つことができたのは、畿内・西国の武士たちを糾合することに成功したからに他ならない。だが、それは義経の個人的魅力によるものではない。彼らは反平家という利害の一致から義経に協力した同盟軍的存在であった。

そんな彼らを義経が統率し得たのは、頼朝の代官という地位と、後白河法皇による平家追討命令である。だが今や、義経は頼朝と敵対し、かつ彼が帯びる頼朝追討の宣旨も後白河から強引に引き出したものにすぎない。かつて義経の麾下に入って平家追討戦に参加した者たちが次々と離反したのは必然であった。

一方の頼朝は義経討伐のために出陣した。頼朝が自ら出陣したのは、治承四年（一一八〇）の佐竹攻め以来である。

文治元年十一月一日、頼朝軍は駿河国黄瀬川に着陣する。皮肉なことに、ここ黄瀬川は、頼朝・義経兄弟が涙の対面を果たした地である（77頁）。

頼朝は義経と争うことに不安を感じていただろうが、東国武士との固い絆は義経にはない強みだった。伊豆での旗揚げ以来、ともに何度も死線をくぐり抜けてきた頼朝主従の結束力は義経の予想を超えていた。頼朝が自ら大軍を率いて上洛すると知った畿内・西国の武士たちは義経の下に結集するどころか、むしろ保身のために義経を討とうとしたのである。

むろん源頼朝の幕下に加わった東国武士の中にも、自立性を保ち、頼朝の命令に容易に従わない者もいた。上総広常はその代表だろう。だが頼朝は長い時間をかけて、あるいは粛清し、あるいは屈服させた。これに対して、義経には畿内・西国の武士たちと主従関係を構築する時間が不足していた。

京都で頼朝勢を迎え撃つことを断念した義経と行家は、十一月三日、態勢を立て直すべく、九州を目指して出京した。その数、わずか二百騎ほどだったという。翌四日、淀川（神崎川）河口の摂津国河尻《かわじり》で待ち構えていた現地武士の太田頼基《おおだよりもと》と交戦し、これを打ち破った。五日夜に大物浦《だいもつのうら》から出航した義経一行は激しい暴風雨に見舞われて難破し、散り散りとなって逃走した（『玉葉』『吾妻鏡』）。

北条時政の派遣

源義経・行家の挙兵が失敗したことを見た頼朝は、上洛を中止して鎌倉に戻った。代わりに頼朝は、北条時政に千騎の兵を預けて上洛させた（『吾妻鏡』）。元木泰雄氏らは、時政が使者に選ばれたのは、時政が京都の貴族社会に人脈を持っていたからだと説く。しかし第一章で論じたように、吉田経房が伊豆守在任中に在庁官人の時政と交流を持ったという逸話は疑わしい（33頁）。

時政が選ばれたのは、消去法であろう。従来、京都に派遣される頼朝の代官は源氏一門か文士によって務められていた。実際、当初は京都で「範頼が大将軍として大軍を率いて上洛する」という噂が流れた（『玉葉』）。だが、頼朝の弟である義経は、もともとは頼朝の代官として京都に駐留していたのである。その義経が謀反を起こしたのである。同じく頼朝の弟である範頼を京都に長期滞在させたら、範頼が後白河法皇と密着して自立化し、義経の二の舞になりかねない。

かといって、文士も好ましくない。頼朝が使者を京都に派遣する目的は、頼朝追討宣旨を出した後白河院の政治的責任を追及することにあった。軍事的恫喝を行うためには、武士を使者にすることが望ましい。頼朝の代官にふさわしい武士で、源氏一門を除くとなると、頼朝の舅の時政ぐらいしか該当者はいない。現に九条兼実も時政を「頼朝の妻の父」と理解している（『玉葉』）。

義経の挙兵が失敗すると、後白河院は動揺した。十一月十二日、後白河は慌てて義経・

行家追討の院宣を発給したが、頼朝の怒りは解けなかった。二十四日に入京した時政は強硬な姿勢を示し、二十八日には義経・行家の捜索・討伐のための諸権限の授与を、吉田経房を通じて朝廷に申請した（『玉葉』）。朝廷は翌日には認可した。これがいわゆる「文治勅許」である。

頼朝が得た権限は何か

歴史教科書などでは、頼朝は文治勅許によって、義経らの捜索・逮捕のために守護・地頭を諸国の荘園・公領に置くことが朝廷に認められた、と記されている。守護は一国単位に置かれ、謀反人・犯罪人の逮捕などの治安活動を担った。地頭は荘園（公領の場合は郡や郷）単位に置かれ、年貢徴収などを担った。

この時代、恩賞として土地を与える場合、土地そのものを与えるというよりは、「職」というかたちで与えることが多かった。○○荘の下司職《げししき》を与えるとか、公文職を与える、といった具合である。下司や公文は荘園経営の職務を遂行することと引き換えに「得分《とくぶん》」という収益を得た。土地そのものというより、土地から上がる収穫物の一部を得る、という感覚だ。その意味で「職」は利権である。

頼朝政権が安定化すると、頼朝が御家人に与える恩賞は、もっぱら地頭職の補任《ぶにん》という形式をとることになった。頼朝から○○荘の地頭に任命された御家人は、地頭職に付随する得分を毎年得ることができる。この得分がつまり恩賞である。

本来、下司や公文、田所《たどころ》といった荘官を任命できるのは荘園領主だけである。ところが頼朝は、自分の荘園である関東御領（123頁参照）だけでなく、謀反人跡と呼ばれる旧平家方勢力の荘園に対しても地頭を設置できた。荘園領主ではなく頼朝が任免権を持つという意味で、地頭職はまったく新しい職であった。この荘郷《しょうごう》地頭職の補任こそが頼朝による御家人掌握の核心をなした。

ただ、文治勅許によって全国に守護・地頭が設置されたという古典的見解は、現在の学界ではほぼ否定されている。そもそも文治勅許に関する同時代史料は乏しく、実のところ、この時に頼朝が獲得した権限の内容は明瞭でない。

確かに鎌倉幕府の歴史書『吾妻鏡』は、守護・地頭の設置が認められた、と記している（なお「守護・地頭」ではなく「守護の地頭」と解釈すべきとの説もある）。だが『吾妻鏡』は百年以上後に成立したので、その記述を全面的に信じることはできない。少なくとも、文治勅許の時点で「守護」という役職が成立していなかったことは歴史学界の共通認識である（守護成立は建久三年〔一一九二〕以降と考えられている）。

逆に「地頭」に関しては、文治勅許以前から成立していた。既に述べたように、頼朝は治承・寿永の内乱の最中から、敵方所領を独自の判断で没収し、御家人に恩賞として給与していた。その中には「地頭職」の補任というかたちをとるものもあった。守護の前身とされる惣追捕使も内乱中に成立しており（120頁）、文治勅許で創出されたわけではない。

同時代史料である九条兼実の日記『玉葉』などによれば、文治勅許の骨子は、以下の四条である。

①五畿内・山陰・山陽・南海・西海諸国を頼朝配下の武士たちに分け与える。
②荘園・公領の区別なく諸国で段別五升の兵粮米を徴収することを頼朝に対して認める。
③兵粮米徴収だけでなく諸国における田地知行も認める。
④諸国在庁・荘園下司・惣押領使の人事権を頼朝に対して認める。

以上の記述は非常に簡略かつ曖昧である。①の諸国（東海道・東山道・北陸道は既に頼朝の勢力圏である）を武士たちに分け与えるといっても、日本中のすべての土地を与えるという意味であるはずがない（それでは公家や寺社の土地がなくなってしまう）。

石母田正氏はこの御家人への諸国分与を「国地頭《くにじとう》」の設置と捉えた。国地頭は一国単位に設置される地頭で、先ほど説明した荘園単位に設置される荘郷地頭とは異なる。機能的にも年貢収納を行う荘郷地頭とは異なり、もっぱら軍事警察活動を担った。これは後の守護の機能に近い。近年の学界では、内乱期に国ごとに設置された広域軍政官たる惣追捕使が平家滅亡で廃止され、文治勅許で国地頭として再設置された、という見解が有力である。

続いて②は戦争遂行のための食料、戦費の確保だから分かりやすい。平家追討戦で範頼軍が兵粮米不足に苦しんだことを考えれば、当然の措置である。これは御家人への恩賞の意味もあり、段別五升は荘郷地頭への得分の基準となった。

③の「田地知行」は意味がとりづらく、議論になっている。国地頭（あるいは荘郷地頭）による荘園経営への関与およびその代償としての得分獲得を意味するのだろうか。④は、各国の国衙機構を掌握して御家人以外の在庁官人・荘官らの武士を軍事動員する権限と考えられる。義経が西国の平家残党と結びつくのを警戒したのだろう。

かつては一一八五年の文治勅許をもって鎌倉幕府が成立したという理解があった。鎌倉幕府の全国支配の根幹である守護・地頭制がこの時に定まった、と思われていたからである。しかし右に見たように、現在ではその理解は疑問視されている。

では文治勅許に何の画期性もなかったかというと、そうではない。義経・行家追討という一時的・限定的な措置とはいえ、頼朝による全国的な軍事総動員体制が朝廷から公認されたのである。守護・地頭制の原型はこの時点で形成されたと言えよう。

2　奥州合戦

義経の逃走

文治元年（一一八五）十二月、頼朝は側近の大江広元らと協議のうえ、朝廷に改革要求を突きつけた（『吾妻鏡』）。第一に、右大臣九条兼実を筆頭とする公卿十人を「議奏《ぎそう》公卿」に指名し、彼らの合議に基づいて国政を運営するよう要請した。第二に、頼朝追討宣旨発給に関与した者たちの解任を要求し、その後任を推薦した。また頼朝の対朝廷交渉窓口として「関東中次《かんとうもうしつぎ》」を創設し、吉田経房の就任を求めた。

頼朝は、頼朝追討宣旨が発給された背景に、後白河法皇の恣意的な国政運営があると考えていた。現に後白河院は、九条兼実らに諮問を行ったものの、最終的には左大臣藤原経宗・内大臣藤原実定《さねさだ》といった側近の意見に従って宣旨の発給を決定しており、公家社会の合意形成に努力した形跡は認められない。頼朝は後白河の独走を防止するため、朝廷内部の人事に介入したのである。

近年の研究では議奏公卿制の実効性は疑問視されている。特に、頼朝と兼実との提携関係はかつて評価されたほど堅固なものではなかったようである。頼朝は兼実を内覧（天皇に奏上する文書を事前に内見する職。摂関またはそれに準ずる人物が務めた）に推薦し、兼実による朝廷の主導を期待した。しかし頼朝は必ずしも兼実の見識・実力を買っていたわけではない。摂関家の人間の中から、親平家・親義仲だった人物を除くと、兼実しか適任者がいなかったという消去法的人選である。後白河は兼実よりも、親平家として頼朝に警戒された近衛基通（103頁）を支持しており、兼実の権力基盤は不安定だった。

ともあれ、この時点で初めて頼朝が朝廷を制御する志向性を見せたことは重要である。義経問題の反省を踏まえ、頼朝は京都代官に頼らない対朝廷外交の仕組みを構築せんと試みたのである。翌文治二年三月十二日、頼朝の後押しで兼実は基通に代わって、摂政・藤《とう》氏長者《しのちょうじゃ》に就任し、名実ともに公卿の筆頭になった。

このように廟堂改革が進む中、北条時政は京都代官（学界では「京都守護」と評価されている）として京都に留まり、義経の捜索に奔走していた。時政は京都や畿内の治安維持に辣腕をふるったが、義経らが大規模な反乱を起こす恐れがなくなる中で、その強権的な姿勢に批判も高まっていった。

そこで時政は文治二年三月一日、朝廷に対し七ヵ国地頭職の返上を申し出た。ただし惣追捕使の任務は維持すると申請している（『吾妻鏡』）。国地頭職を返上し国惣追捕使職のみを帯びる、あるいは国地頭職から国惣追捕使への名称変更と解される。これによって時政の権限がどれほど後退したかは判然としないが、義経追討を名目にした強引な兵粮米徴収や所領没収（荘園侵略）に制約がかかったことは確かだろう。

結局、時政は三月二十七日に一族の時定（34頁）に京都の治安維持を任せ、鎌倉に戻った（『吾妻鏡』）。頼朝が時政と朝廷の軋轢を問題視したのだろう。代わりに頼朝の妹婿の一条能保《よしやす》が上洛して京都守護に就任した。能保は武士ではなく貴族だが、義経の軍事的脅威が去った京都において朝廷と交渉するうえでは、むしろ時政よりも適任であった。その他の国々の国地頭も廃止され、非常時から平時の体制へと移行した。頼朝は後白河と和解し、協調路線に転じた。

しかし時政がいなくなることで京都の治安は悪化し、義経・行家らが京中に潜伏しているとの噂が広がった。能保らは京中や京都近郊を捜索したが、空振りに終わった。

能保は捜査網を次第に広げ、義経与党の掃討に成功する。五月、源行家が和泉国で討ち取られた（『吾妻鏡』）。源頼政の孫で義経の娘婿となった源有綱（39頁、45頁）も六月に大和で討たれた（『吾妻鏡』）。七月には義経の家人の伊勢《いせ》義盛《よしもり》が捕まって梟首《きょうしゅ》された（『玉葉』）。九月には義経家人の佐藤忠信が逃げ切れず自害した（『吾妻鏡』）。

ところが義経本人の行方は杳《よう》として知れなかった。目撃情報を信じるならば、義経は吉野・鞍馬・多武峰《とうのみね》・比叡山・興福寺などを転々としたようである。吉野で別れた愛妾の静《しずか》御前が捕らえられて鎌倉に送られたことは周知の事実であろう。

頼朝と奥州藤原氏

義経の潜伏先が判明したのは文治三年（一一八七）になってからである。『吾妻鏡』文治三年二月十日条によれば、義経は山伏姿で妻子を連れて伊勢・美濃を経て奥州に下ったという。しかし同書の四月四日条によれば、頼朝は鶴岡八幡宮以下の寺社に対して義経発見の祈禱を命じているので、この時点では義経が奥州にいるという情報は未確認の噂にすぎなかったようだ。ただし、遅くとも六月頃までには、義経が奥州に逃れたことを頼朝は確信していただろうと五味文彦氏は推測している。

義経が逃亡先に奥州を選んだのは、言うまでもなく幼少期に自らを庇護してくれた藤原秀衡がいたからである。義経と秀衡の結託は義経の挙兵直後から噂されており（『玉葉』）、頼朝も当然警戒していた。頼朝から自立した強大な軍事勢力は、もはや奥州藤原氏しか存在しないからである。しかも秀衡は以前から後白河と深い関係を有していた。

頼朝は文治二年の時点で秀衡に書状を送り、「あなたは奥六郡の主であり、私は東海道の惣官であるから、もっと親しく交際しましょう」と述べた。言葉使いは丁寧だが、自らを東国全体の支配者と位置づけ、奥六郡を管轄するにすぎない秀衡の上位にあることを宣言している。その証拠に頼朝は、秀衡が京都に送る貢馬・貢金を今後は鎌倉経由で送るよう要請した。秀衡が頼朝に貢馬・貢金を送り、頼朝がそれを京都に送るということは、秀衡は頼朝の管理下に置かれることを意味する。文治二年四月、秀衡は頼朝に返書を送り、頼朝の要請に従うことを述べた。

文治三年四月、頼朝は朝廷に申請して使者を奥州に派遣させ、東大寺大仏のメッキ用の砂金三万両を出すよう秀衡に要求した。義経が秀衡のもとにいるらしいことを把握した頼朝が秀衡を挑発したのだろう。秀衡はやんわりとこれを断っている(『玉葉』)。

同年九月、頼朝は朝廷に対し「秀衡は謀反人の義経をかくまい、反逆を企てている」と訴えた。これを受けて朝廷は奥州に使者を派遣したが、秀衡は謀反の嫌疑を否定した(『吾妻鏡』)。しかし頼朝が独自に鎌倉から派遣した使者の目には、秀衡は合戦の準備を進めているように映ったという。

奥州藤原氏の軍事力・経済力と義経の武略が結合することは、頼朝にとって脅威であり、性急な奥州侵攻は藪蛇《やぶへび》になりかねない。頼朝は慎重を期し、外交的に奥州藤原氏を圧迫した。秀衡は屈せず、したたかに頼朝と渡り合った。

ところが秀衡は十月二十九日、平泉で病没してしまう。『吾妻鏡』によれば、秀衡は嫡男泰衡《やすひら》らに義経を大将軍とするよう遺言したという。また九条兼実は『玉葉』に、秀衡は泰衡と泰衡異母兄の国衡《くにひら》に対し兄弟の融和を求めるとともに義経を主君と仰ぐよう言い置いたという風聞を記している。だが秀衡というカリスマを失った奥州藤原氏は動揺し、義経を戴いて頼朝に対抗するという路線で団結することは困難だった。かくして頼朝は、強硬姿勢へと転じていく。

義経の死

文治四年（一一八八）二月、出羽国（現在の山形県・秋田県）で軍事衝突が起こった。出羽国の目代と義経との間で戦闘があったという。義経が奥州藤原氏から兵を預けられていることが明らかとなり、朝廷は東海・東山道の国司・武士に対して義経追討宣旨を発給した（『玉葉』）。また朝廷は藤原泰衡に対し、義経を引き渡すよう命じたが、泰衡の返答はなかった。朝廷は十月に改めて義経を引き渡すよう泰衡に命じた（『吾妻鏡』）。

当初、朝廷は頼朝に対して義経追討を命じようとしたが、頼朝は亡母供養の五重塔造営と自分の厄年により一年間の殺生禁断を誓っているとと断ったため、義経の身柄引き渡しを泰衡に求めることになった（『玉葉』）。頼朝にしても、義経が率いる奥州藤原氏の軍勢と戦うことは避けたかったのだろう。だが事態が進展しないまま、文治四年は過ぎた。

文治五年に入り、頼朝は武力討伐に方針を転換する。二月九日、頼朝は南九州の島津荘地頭である惟宗忠久《これむねのただひさ》（島津氏の祖）に対し、戦闘可能な荘官を率いて七月十日以前に鎌倉に馳せ参じるよう命じている（「島津家文書」）。現存する文書は忠久宛てのものだけだが、当然、全国の御家人に対して発給されたはずである。川合康氏が指摘するように、奥州での合戦に九州南端の武士まで招集するという全国総動員体制は、単に奥州藤原氏を倒すことだけを目的にしたものではないだろう。その意味は後述する。

同じ二月、泰衡は「義経の居場所が分かったので引き渡す」という書状を朝廷に提出した。これを知った頼朝は「当面の危機を回避するための虚言であり、信用できない」と一蹴した。頼朝は朝廷に対して泰衡討伐の許可を求めた。朝廷は泰衡への望みを捨てきれなかったが、出兵容認の方向に傾きつつあった（『吾妻鏡』）。

こうした頼朝の圧迫に耐え切れなくなった泰衡は、閏四月三十日、義経が居住する衣《ころも》川館《がわのたち》を数百騎で襲った。義経の家人が奮戦するものの敗れ、義経は持仏堂に入り、妻と子を殺したうえで自害した（『吾妻鏡』）。享年三十一。英雄のあっけない最期であった。義経の首は鎌倉に届けられた。

奥州藤原氏の滅亡

泰衡が義経を討ったとの報は五月末には京都に伝わった（『吾妻鏡』『玉葉』）。朝廷ではもはや奥州征伐の必要はなくなったと判断し、追討中止の意向を頼朝に伝えた。だが、早くも二月に泰衡討伐の動員をかけていた頼朝には矛を収める気はなかった。六月二十五日、頼朝は泰衡追討の宣旨を改めて朝廷に求めた（『吾妻鏡』）。既に鎌倉には全国から御家人たちが参集しつつあった。

六月三十日、頼朝は戦の習わしに詳しい老臣の大庭景能《かげよし》を召して奥州征伐の是非を尋ねた。景能は「軍中には将軍の令を聞き、天子の詔を聞かず」と答えた。「いったん戦争と決したからには将軍が軍の全権を掌握するのであり、いちいち天皇の許可を取る必要はない」というのである。また泰衡は頼朝の累代の家人であり、主君に逆らう家人を征伐するのに朝廷の許可は不要であるとも述べている（『吾妻鏡』）。

泰衡が頼朝の累代の家人という景能の発言は、泰衡の祖先である藤原経清《つねきよ》が前九年の役の戦後処理において頼朝の祖先である頼義から「家人でありながら裏切った」として処刑されたこと、清衡（経清の子）が義家（頼義の子）の庇護を受けたことがあることを念頭に置いたものだろう。経清・清衡は頼義・義家の家人とは言えないし、まして以後の奥州藤原氏当主が義家流河内源氏の家人だったわけではない。強引な出兵正当化である。

景能の「軍中には将軍の令を聞き、天子の詔を聞かず」という主張は、鎌倉幕府の本質をよく示している。戦時において頼朝の行動は朝廷の制約を受けないのである。頼朝の政権は決して独立国家ではないし、朝廷と幕府は対等な関係ではない。あくまで朝廷は幕府の上に存在する。だが一時的・限定的にせよ朝廷の命令を無視して独自の判断で行動できる権力が国家体制の中に位置づけられたことは、日本史上、画期的なことであった。

頼朝がこのような絶大な権力を握ったのは、平家・義仲・義経らを打倒し、唯一絶対の武家の棟梁になったからである。頼朝が国家的な軍事警察権をほぼ独占的に掌握している以上、朝廷が頼朝の軍事行動を掣肘することは至難であった。実際、頼朝出陣後、朝廷は泰衡追討を追認している。

いや、厳密にはまだ、頼朝は唯一絶対の武家の棟梁ではない。奥州藤原氏という軍事勢力が存在する以上、頼朝の地位は完全なものではない。それゆえにこそ、義経の有無にかかわらず、頼朝は奥州藤原氏を滅ぼさなければならなかったのである。

七月十六日、泰衡追討を延期せよとの宣旨が出たという報告が一条能保のもとから頼朝に届いた。頼朝は激怒し、既に大軍が集まっている以上、延期はできないとして追討宣旨がないまま出兵を強行する（『吾妻鏡』）。

十七日、軍勢の編成が行われた。まず総勢を大手軍・東海道軍・北陸道軍の三隊に分けた。東海道軍の大将は千葉常胤・八田知家《はったともいえ》、北陸道軍の大将は比企能員・宇佐美実政《さねまさ》である。大手軍は頼朝自らが率いた。十八日に北陸道軍の比企能員が出陣し、十九日には頼朝が鎌倉を出発した。『吾妻鏡』は総勢二十八万騎と記している。さすがに誇張と思われるが、数万の大軍であったことは間違いないだろう。

大手軍は二十九日に白河関を越え、八月八日から十日にかけて阿津賀志山《あつかし》（現在の福島県伊達郡国見町辺りにある厚樫山）で泰衡軍と戦った。阿津賀志山は堅固な要塞であったが、頼朝軍は工兵も駆使してこれを突破、敵の大将である藤原国衡は敗走し、和田義盛に討たれた。この戦いにより、奥州合戦の大勢は決した。

大手軍は東海道軍と合流して八月二十二日には平泉に入ったが、泰衡は既に逃亡していた。泰衡を追って頼朝はさらに北上し、北陸道軍とも合流した。泰衡は頼朝に降伏を申し入れる書状を送ったが、頼朝は許さなかった。

九月六日、家人の河田次郎《かわだのじろう》の裏切りによって討たれた泰衡の首が頼朝のもとに届けられ、ここに奥州合戦は実質的に終結した。四代にわたって東北で栄華を誇った奥州藤原氏は滅亡した。頼朝は平泉で論功行賞・戦後処理を行った後、十月二十四日に鎌倉に帰着した。三ヵ月に及ぶ遠征だった。

奥州合戦の目的

頼朝にとって奥州合戦は、今や唯一の敵対勢力となった奥州藤原氏を滅ぼすためのものだった。領土的野心、砂金や馬といった奥州の富を獲得するという思惑もあっただろう。けれども、頼朝の目的はそれだけではなかった。

川合康氏が明らかにしたように、頼朝の奥州合戦は前九年の役を強く意識したものだった。旗の寸法は、前九年の役の源頼義（67頁、157頁）の旗を踏襲したものだった。藤原泰衡の首は眉間に八寸の鉄釘を打ち付けて柱に懸けられたが、これは前九年の役において頼義が敵将安倍貞任《あべのさだとう》を梟首した作法に基づくものである。貞任の梟首を担当した横山経兼《よこやまつねかね》の子孫の時広《ときひろ》（120頁）に泰衡の梟首を担当させる念の入りようである（『吾妻鏡』）。

加えて、頼朝は泰衡の死を確認したにもかかわらず、さらに北上し、わざわざ厨川《くりやがわ》（現在の岩手県盛岡市）まで進んでいる。九月十八日、頼朝は厨川で終戦宣言を行っているが、これは康平五年（一〇六二）九月十七日に源頼義が厨川で安倍貞任らを処刑したことを意識したものである。頼朝は、前九年の役を再現することで、河内源氏躍進の礎を築いた祖先である頼義を自らと重ね合わせようとしたのである。

既に見てきたように、治承・寿永の内乱は、源氏と平家の戦いであると同時に、源氏嫡流の地位をめぐる争いでもあった。頼朝は甲斐源氏や佐竹氏、木曾義仲、源義経らとの競争を制して源氏嫡流、武家の棟梁の地位を得た。頼朝にとって、奥州合戦は自らを頼義の正統な後継者として位置づけるための一大デモンストレーションでもあった。源氏嫡流としての権威を確立するための一連の努力の総決算とも言える。

もう一つ、全国総動員体制を布《し》いたことの意味も大きい。頼朝が濃厚な絆を築くことができたのは、旗揚げ以来の東国武士に留まる。内乱の過程で畿内・西国の武士も頼朝政権に組み込まれていくが、彼らは義経や梶原景時ら、頼朝が派遣した武将の麾下に入ったにすぎない。形式的には頼朝の御家人であっても、頼朝の顔すら見たことがない者が大勢いたのである。

頼朝は全国の武士を自らの膝下《しっか》に集め、陣頭に立って戦場をともにすることで、主従関係を強化したのである。畢竟《ひっきょう》、武士社会において、主従の絆は戦場で苦楽をともにすることでしか深めることができないからだ。

頼朝軍には、かつて頼朝に敵対した佐竹秀義（84頁）や、親平家の勢力であった城《じょう》長茂（96頁）、囚人となっていた平家家人なども参加している。彼ら罪人は奥州合戦で戦功を立てることで、かつての罪が許され、頼朝の御家人として認定された。奥州合戦は、頼朝の御家人の範囲を確定する側面も持っていたと言えよう。誰が頼朝の御家人で、誰がそうでないかが、明確になったのである。

3 大将軍任官

頼朝の上洛

奥州合戦の翌年の建久元年(一一九〇)十一月七日、頼朝はついに上洛した。内乱中から頼朝の上洛はしばしば取り沙汰されたが、奥州藤原氏の脅威があるため実現しなかった。千騎を率いる頼朝の入京はきらびやかなパレードの様相を呈し、天下が平定され平和になったことを象徴するかのようだった。

十一月九日、頼朝は後白河法皇と会談し、ついで後鳥羽天皇に拝謁し、さらには九条兼実と会談した。頼朝は兼実に次のようなことを語ったという。法皇が天下の政を行い、後鳥羽天皇は皇太子のように無力である、法皇が亡くなれば天皇中心の政治に戻るだろうが、今はすべてを法皇が決裁しているので思うようにいかない、と(『玉葉』)。後白河批判を含む大胆な発言であり、かつては頼朝と兼実の強固な提携関係を示すものと考えられてきた。

しかし、右の発言は後白河と疎遠な兼実に対するリップサービスの意味合いもあっただろう。頼朝は一ヵ月余りの在京中に、後白河と八回の会談を行い、莫大な贈り物を進上している。さらに言えば、頼朝は上洛以前から後白河に対し様々な経済奉仕を行っている。少なくとも表向きは、頼朝は後白河との協調に腐心していたのだ。

朝廷の主導者は兼実ではなく、あくまで後白河であり、頼朝もそれを否定しようとはしなかった。元木泰雄氏が指摘するように、後白河との和解後の頼朝は兼実に冷淡であり、兼実との関係を積極的に改善するのは後白河死後と考えられる。

頼朝は十一月九日に権大納言、二十四日に右近衛大将に任じられている。天皇親衛を任とする近衛大将は武官の職として最高の栄誉を備えるものであり、頼朝が朝廷・王家を守護する侍大将であることがここに明示された。

ところが頼朝は十二月一日に右大将拝賀（任官の御礼、271頁参照）の儀式を終えると、三日には権大納言・右大将の両職を辞してしまう。かつては朝廷から距離を置こうとする頼朝の独立志向と解釈されていたが、近年は疑問視されている。頼朝は兼実に対して、自分は「朝の大将軍」であると語っており、朝廷を支える唯一の武家の棟梁であることを自らの権威の源泉としていた。その意味で右大将は頼朝にふさわしい官職であった。

では、なぜ辞任したのか。両職とも京官（104頁）であり、両職を帯びる限り、頼朝は原則として京都に滞在し続けなければならない。だが政権の基盤が十分に固まっていない状況で、頼朝が長く鎌倉を離れることは不可能だった。かといって両職を帯びたまま鎌倉に戻ることも難しい。頼朝は京官に任官した御家人に対し、鎌倉に下らず在京勤務するよう命じており、自分だけ例外扱いでは示しがつかない。両職を辞した頼朝は十二月十四日、京都を発った。なお頼朝は辞任後も「前右大将」と名乗り、右大将に任官した履歴をアピールしている。

鎌倉幕府の成立と後白河の死

頼朝の鎌倉帰還から三ヵ月ほど経った建久二年(一一九一)三月、朝廷は次々と法令を発する(これを学界では「建久新制」という)。その中の一つで、朝廷は海陸の盗賊や放火犯を逮捕する権限を頼朝に与えている。正確には「前右近衛大将源朝臣(頼朝)幷《ならびに》京畿諸国所部官司」に命じており、朝廷の諸官司も引き続き軍事警察機能を担ったが、法令の力点が頼朝への権限授与にあることは明白である。

文治勅許で頼朝は広範な権限を獲得したが、義経の軍事的脅威の低下により、そうした権限の多くを手放した。国地頭の制度は廃止され、各地の荘郷地頭も次々と停止され、存続した荘郷地頭の職権も削減された。御家人以外の在庁官人らを軍事動員する権限も失ったようである。こうした事態を頼朝政権の後退と捉えるのが通説的見解であったが、文治勅許は非常時特権であり、戦時から平時へ移行する過程でその権限が整理されるのは当然である。

頼朝に与えられた権限は複雑な経緯をたどり、時々刻々と変化していた。国家体制の中で頼朝がどのような役割を果たすか、再定義する必要があった。おそらく頼朝の上洛時、頼朝の国制上の役割について頼朝と後白河との間で交渉が行われたであろう。その結果として、建久新制が出されたと考えられる。

盗賊や放火犯の逮捕は、平時の治安維持活動である。従来、頼朝が与えられてきた権限は、戦時の特例的・時限的なものが多く、いつ解消されるか分からなかった。平時における頼朝の権限が国法において明文化されたことで、頼朝政権が安定的に存続していくことが公認されたのである。これを頼朝の側から見れば、戦時において形成した権力を恒久的に機能させるよう調整を施した、ということになる。

鎌倉幕府がいつ成立したかという問いは昔から存在する。幕府は段階的に成立したものであり、特定の時点を成立年と認定することに大きな意味はない。だが、遅く見ても建久新制の時点で鎌倉幕府は成立したと考えてよいのではないだろうか。

建久三年三月、後白河法皇は六十六歳で波乱の生涯を閉じた。後鳥羽天皇はまだ十三歳だったから、九条兼実が関白として政治を主導することになった。

さて『吾妻鏡』は、頼朝が征夷大将軍任官を望んだものの後白河院が難色を示したことを示唆しているが、頼朝の上洛以降、両者の関係は一貫して良好であり、いささか疑わしい。頼朝が兼実に漏らしたように、後白河が存命である限り、政治の刷新は困難である。頼朝にしてみれば、さらなる官位・権限の獲得を目的とする難しい政治的交渉を慌てて行う必要はない。時間は頼朝の味方なのだ。頼朝が対朝廷交渉を活発化させるのは、後白河死後と考えられる。

征夷大将軍任官

建久三年（一一九二）七月十二日、頼朝は征夷大将軍に任じられた。従来、頼朝は東国・奥羽の支配者としての地位を確立するため、「征夷」の号にこだわっていた、と考えられてきた。ところが二〇〇四年に『三槐荒涼《さんかいこうりょう》抜書《ぬきがき》要《のかなめ》』という史料が新たに紹介されたことで、この定説は覆された。

同史料には、中山忠親の日記『山槐記』の建久三年七月条の抜粋が引用されており、頼朝の征夷大将軍任官の経緯が判明したのである。それによれば、頼朝は「前右大将」の号を改め、「大将軍」に任官したいと要請したという。『山槐記』に従えば、頼朝は必ずしも「征夷大将軍」には固執しておらず、「大将軍」であればよいと考えていたことになる。

頼朝の要請に従い、朝廷では「征東大将軍」「征夷大将軍」「惣官」「上将軍」の四候補を検討した。征東大将軍には木曾義仲が、惣官には平宗盛が就任した不吉な前例があり、除外された。上将軍は中国の官職で日本に先例がないとのことで外れた。蝦夷討伐で活躍した坂上田村麻呂《さかのうえのたむらまろ》の吉例がある征夷大将軍が頼朝にふさわしい、との結論が出た。

頼朝が大将軍を求めたのは、鎮守府将軍になった先祖の頼義や、同じく鎮守府将軍になった藤原秀衡らを超える地位が必要だったからだろう。唯一絶対の武家の棟梁にふさわしい官職として、頼朝は「将軍」の上に立つ「大将軍」を欲したのである。

ところが頼朝は、在任二年余りで征夷大将軍を辞任している（ただし杉橋隆夫氏の説によれば、朝廷は辞任を認めなかったらしい）。これも朝廷と距離を取ろうとする頼朝の独立志向と解されてきたが、もともと征夷大将軍は臨時の官職であるから、早期に辞表を提出することは不自然ではない。

頼朝は征夷大将軍在任期間中に、御家人たちとの関係を再構築している。それまで頼朝は、本領安堵や新恩給与に際し、頼朝の花押（判）が文書の右端（袖）に据えられた袖判《そではん》下文《くだしぶみ》という文書を御家人に与えていた。しかし征夷大将軍就任直後の八月五日、頼朝は将軍家政所《まんどころ》始《はじめ》を行い、従来の袖判下文を回収し、新たに将軍家政所下文を発給するものとした。将軍家政所下文の場合、将軍家政所の職員たちが花押を据え、頼朝の花押はない。

これに対し千葉常胤は、頼朝の花押が入っていない下文では将来の証拠文書にならないと反発した。頼朝は常胤には特別に袖判下文を与えたという（『吾妻鏡』）。千葉常胤宛ての袖判下文は現存していないが、建久三年九月十二日付けの小山朝政《おやまともまさ》宛ての袖判下文は残っている。頼朝は幾人かの有力御家人には引き続き袖判下文を与えたのである。

とはいえ、以後は原則として、御家人に対して政所下文を発給することになった。頼朝と御家人たちとの主従関係は、人格的な結合というより、制度的な結合へと移行していった。鎌倉幕府を安定的に機能させるには、その根幹である御家人制を整備する必要があったからだろう。そのためには征夷大将軍という新たな官職が欠かせなかった。逆に言うと、主従関係の再定義が完了すれば征夷大将軍という官職に拘泥《こうでい》する理由もなくなる。ゆえに頼朝は辞意を表明したのだろう。

このように見ていくと、頼朝が朝廷からの自立、東国独立国家構想に基づいて征夷大将軍を求めたという通説的見解は成り立たない。征夷大将軍は御家人統制のために必要とされたのである。ただし杉橋氏が指摘するように、後白河院から任命された右大将に代わる官職を頼朝が求めたことには、九条兼実を首班とする新政権との提携を強調する意味合いもあった。なお建久二年六月、九条兼実嫡男の良経《よしつね》と一条能保の娘が結婚し、兼実と頼朝は縁戚関係を結んでいる。

4　晩年の孤独

再度の上洛と東大寺落慶供養

建久四年（一一九三）、次章で詳述する曾我《そが》事件の余波で、源範頼が謀反の嫌疑を受けて失脚した。範頼は独断専行の多かった義経と異なり、平家追討戦でも常に頼朝の指示を仰ぐ従順な弟であった。既に一条忠頼（武田信義の嫡男）・板垣兼信《いたがきかねのぶ》（信義の三男）・多田行綱ら頼朝を脅かしかねない源氏の有力武士は暗殺・追放されていた。範頼の粛清も、この流れに位置づけられる。範頼は伊豆に流され、その後消息不明になるので、おそらく暗殺されたと思われる。同時期、旗揚げ以来の老臣である大庭景能（157頁）・岡崎義実が出家している（『吾妻鏡』）。範頼との関係が疑われ、引退を余儀なくされたのではないか。

頼朝に忠実で慎重な範頼が謀反を計画していたとは思えず、冤罪の可能性がある。頼朝が謀反を口実に範頼を粛清したのだろう。その背景には後継者問題があった。嫡男の頼家《よりいえ》はまだ十二歳、頼朝に万が一のことがあれば頼家の立場は危うい。そもそも頼朝が義経に対して冷酷であったのも、頼家のために武勇に優れた義経を排除したという側面があった。

範頼の粛清から間もなく、甲斐源氏の安田義定・義資《よしすけ》父子も粛清された（201、202頁）。これも頼家を脅かす源氏一門の排除が目的だろう。

こうして頼家の後継者としての地位を安定させた頼朝は、建久六年（一一九五）二月に二度目の上洛を行う。北条政子、長女大姫、嫡男頼家を伴っていた。

頼朝は三月四日に入京し、十二日には東大寺大仏殿の落慶供養に出席した。平家の焼討ち（90頁）によって焼失した東大寺の再建は、治承・寿永の内乱の最中から進められた。朝廷は当時高野山にいた高僧の重源《ちょうげん》を大勧進に任命し、資金調達を任せた。宋（中国）に渡海した経験を持つ重源は寄付金を集めるとともに、宋の工人である陳和卿《ちんなけい》を招請するなど技術者集団も組織した。頼朝も重源の大仏殿造営事業に多大な支援を行ったので、スポンサーの立場で再建供養に臨んだのである。

落慶供養には後鳥羽天皇や九条兼実も参列し、平和の到来と公武協調をアピールする場にもなった。ただし、頼朝は大軍で東大寺の周囲を厳重に警備させた。警備の御家人たちと東大寺衆徒の間で喧嘩も起こってしまった。また陳和卿は、頼朝が戦争で多くの人命を奪ったことを理由に、頼朝との対面を拒否した（『吾妻鏡』）。むき出しの暴力によって築かれた鎌倉幕府への反発は強く、頼朝は公武協調路線をさらに進める必要に迫られていた。

大姫入内計画

頼朝上洛の目的の一つは、大姫を後鳥羽天皇の后にするという入内工作を行うことにあった。頼朝は三ヵ月以上も京都に滞在し、後白河院の寵愛を受けた丹後局《たんごのつぼね》や、丹後局が生んだ皇女宣陽門院《せんようもんいん》、宣陽門院の後見役である源通親《みちちか》らに接近した。丹後局・源通親は後鳥羽に対して強い影響力を持っていたからである。頼朝は豪華な贈り物や荘園回復の申し入れによって丹後局の歓心を買おうとした。一方、九条兼実との関係は疎遠になっていった。

実は頼朝の大姫入内計画は既に建久二年（一一九一）の時点で浮上していた。これは、後白河との関係強化を目指したものだったが、後白河の死によって白紙に戻った。兼実は既に娘の任子《にんし》を入内させており、頼朝は大姫の入内を強行すれば兼実と衝突することになる。後白河死後、頼朝は兼実をパートナーに選び、兼実との摩擦を避けて大姫入内を凍結した。

その頼朝が再び大姫入内を画策したということは、兼実を捨てて源通親らと連携することを選択したことになる。頼朝の動機はどのようなものだったのだろうか。

一般には、天皇の外戚として権勢をふるった平清盛のやり方を踏襲したと考えられている。年をとった頼朝がかつての冴えを失い、武家政権の首長としての誇りを捨てて、朝廷の権威にすがった失策という評価である。

けれども、平家一門の哀れな最期を目の当たりにした頼朝が、後白河を幽閉し朝廷を壟断するという強引な手法によって大規模な反平家闘争を招いた清盛と同じ轍《てつ》を踏むはずがない。そもそも、鎌倉に拠点を構える頼朝が天皇の外戚として朝廷を牛耳ることは不可能である。

逆に佐藤進一氏は、後鳥羽と大姫との間に産まれた頼朝の外孫を鎌倉に迎えて、東国独立国家の王とするつもりだった、と推測する。だが論拠に乏しく、従えない。

頼朝の最大の動機は、頼朝の家、すなわち鎌倉将軍家の家格上昇であろう。もはや頼朝には何の権威も必要ない。頼朝に逆らう者など存在しないからだ。だが、頼朝死後、頼家が鎌倉殿になった場合はどうか。カリスマ性に欠ける頼家を権威で飾り立てる必要があった。今回の上洛にしても、元服を控えた（既に元服済みとの説もある）頼家を朝廷にお披露目することを一つの目的としていたのである。

大姫が後鳥羽の后になれば、頼家は天皇の義弟、大姫が産んだ男児が天皇になれば頼家は天皇の外叔父である。曾我事件によって後継者問題を改めて強く意識した頼朝は、自分のためというより、頼家のために入内工作を展開したのである。

建久七年の政変

しかし頼朝の大姫入内工作には大きな弱点があった。大姫が病弱であったことである。大姫は木曾義仲の嫡男である義高と許嫁だったが（101頁）、義仲滅亡後、頼朝は義高を殺そうとした。大姫らの手引きで義高は脱出したが、追手がかかり、殺されてしまった（『吾妻鏡』）。このことに大姫は強い精神的衝撃を受け、心に深い傷を負った。以後、大姫は病気がちになり、入内工作が行われる時期になっても好転していなかった。

建久六年（一一九五）八月、九条兼実の娘である中宮任子が女子を出産した（のちの春華門《しゅんかもん》院《いん》）。男子であれば次の天皇になる可能性もあったが、女子であったために天皇の外戚を目指す兼実の夢は潰えた。一方、源通親の義理の娘である在子《ざいし》は後鳥羽天皇の第一皇子為《ため》仁《ひと》を出産した。

翌建久七年十一月、九条兼実は突然、関白を罷免された。代わって近衛基通が関白・氏長者に返り咲いた。任子（宜秋門院《ぎしゅうもんいん》）は内裏から退出を命じられ、兼実の弟である慈円（41頁）も天台座主（比叡山延暦寺のトップ）を辞任する。これを建久七年の政変という。政変の首謀者は源通親であった。

頼朝は政変に積極的に関与したわけではなかったが、兼実を救おうともせず、通親の策動を黙認した。大姫入内に協力すると通親は頼朝に約束していたのかもしれない。

しかし建久八年七月、大姫は病死してしまう。同年十月には頼朝の妹婿の一条能保が亡くなった（『愚管抄』）。頼朝が対朝廷外交を行う意欲と手段を失った隙をついて、通親は建久九年に為仁親王の即位を強行した（土御門《つちみかど》天皇）。後鳥羽は上皇となり、院政を開始する。頼朝はわずか四歳の為仁の即位に難色を示したが、朝廷の説得によりやむなく了承したという（『玉葉』）。ただしこれは、通親の政敵である兼実の証言であるから、少し割り引いて考える必要があろう。

通説では、外戚を夢見る頼朝が策謀家の通親に利用されるだけ利用されて晩節を汚した、とみなされてきた。頼朝老いたり、という評価であり、通親はもともと大姫を入内させるつもりなどなかったという理解である。

しかし、陰険な策士という通親のイメージは、通親と対立した兼実・慈円の記述に基づいており、通親が一方的に頼朝を翻弄したかどうかの判断には慎重でありたい。大姫入内工作が失敗したのは大姫が夭折したからであり、通親が阻止したわけではない。元木泰雄氏が説くように、通親は自家の繁栄のために外孫を天皇にしたにすぎず、朝廷の主導者として頼朝に対抗する意図を持っていなかった。それどころか、天皇の外戚であるという以外にさしたる政治基盤を持たない通親にとって、巨大な軍事力を有する頼朝との提携は不可欠だった。
大姫死後、頼朝は次女三幡《さんまん》を後鳥羽の后とすることを計画した。『尊卑分脈』によれば、三幡は鎌倉で女御宣下を受けたという。頼朝が三幡を伴って上洛すれば、通親の協力で入内は実現しただろう。しかし、三度目の上洛はなかった。頼朝は急死したのである。

頼朝の達成と限界

頼朝は建久十年（一一九九）正月十三日に亡くなった。頼朝死亡の経緯については次章に譲ることとして、頼朝が何を成し遂げたのかを振り返ってみたい。

かつては晩年の大姫入内計画などを根拠に、頼朝の限界が語られることが多かった。京都生まれ京都育ちで、幼少期は貴族的な生活を送った頼朝は王朝権威に憧れており、ゆえに武家政権の指導者としては不徹底、不十分だったという評価である。

右の評価は公家と武家の対立を強調する公武対立史観に根差すものだが、朝廷から独立した武家政権を樹立する意思を頼朝は最初から持っていなかったと考えられる。初期の頼朝勢力が朝廷の埒外《らちがい》の軍事独立勢力だったのは、当時の朝廷が平家に牛耳られていたがゆえの緊急避難的措置にすぎず、独立志向とはみなせない。

前述の通り、天皇の外戚になるという平清盛同様の貴族化路線について、かつては老いた頼朝の失策と評価する向きがあった。けれどもこのような見方は、「もともと頼朝は朝廷から自立した武家政権の確立を目指しており、また目指すべきである」という先入観に基づき、耄碌《もうろく》して当初の目的を見失ったと批判するものである。

頼朝は寿永二年(一一八三)十月宣旨以降、一貫して朝廷を支えている。それとともに、官位を御家人に与えるなど、朝廷の権威を後ろ盾に武士たちを統制した。大姫入内工作は、自身の地位を確立し子孫に継承させようとする頼朝のこれまでの行動から導き出される必然的帰結であり、決して変節ではない。

頼朝にとって最重要の課題は、父義朝の後継者として自らの家を源氏嫡流として復興することであった。時に頼朝が平家に対する以上に、同じ源氏の有力者たちに対して敵愾心《てきがいしん》を燃やしたのは、自らが源氏の棟梁になるうえで彼らこそが最大の障害であったからに他ならない。平家を滅ぼし、さらには義経ら源氏の有力者を粛清した頼朝は、唯一絶対の武家の棟梁になった。その意味で治承・寿永の内乱は、武家の棟梁の勝ち抜きトーナメントの側面を有していた。

したがって頼朝の政治構想は、他の武家の棟梁たちのそれに比して、抜きんでて画期的、斬新だったとは思えない。朝廷を守護する「王家の侍大将」という自意識を、頼朝は終生持ち続けた。それは頼朝の出自を考えれば、当然のことである。

けれども頼朝当人の考えはともかく、頼朝による内乱平定は、日本の国家体制を根本的に変革させることにつながった。父義朝の時代には、複数の武家の棟梁が並立しており、彼らが国家的な軍事警察機能を分担していた。保元の乱、平治の乱を経て、平清盛が国家的な軍事警察権をほぼ独占するに至ったが、その清盛にしても、末端の地方武士まで組織できていたわけではなかった。清盛の家人は限定されており、全国の大多数の武士は国衙機構を通じて動員された。清盛は唯一絶対の武家の棟梁とは言えない。

それに対して頼朝は、国衙機構や朝廷から授与された権限を利用しつつも、長い内乱を勝ち抜く中で私的な主従制を全国に張り巡らした。清盛はクーデターで朝廷を掌握し、朝廷の権力を用いて全国の武士を動員したが、内乱の最終的勝者である頼朝は自らが抱える全国的な御家人集団を国家的な軍事警察機能の担い手として朝廷に公認させたのである。これがすなわち、鎌倉幕府である。

唯一絶対の武家の棟梁になり、御家人制を創出したことで、頼朝の権力は、それまでの武家の棟梁とは質的にまったく異なるものへと飛躍した。朝廷は頼朝に国家的な軍事警察機能を委任する以外の選択肢を持たない。仮に頼朝が朝廷の意に沿わなかったとしても、他の者に任せることはできないのだ。頼朝は事実上の拒否権を握ったのであり、土御門天皇の即位にあたって朝廷が頼朝の了解を得たことは、その事実を端的に示す。

本来、武家の棟梁は朝廷に奉仕する存在である。頼朝もその形を崩さなかったが、頼朝が代替不可能な存在になった結果、頼朝は奉仕者というよりも、むしろ保護者になった。朝廷を軍事的に庇護する頼朝を、朝廷が掣肘することはきわめて困難である。

絶対的な権力を握った頼朝だったが、その振る舞いはむしろ抑制的であった。後世の私たちから見れば、朝廷に過剰に譲歩しているようにさえ映る。それは、頼朝が後継者問題というアキレス腱を抱えていたからである。晩年の頼朝には、もはや朝廷の後ろ盾など不要である。だが若い頼家には朝廷の権威が必要だった。頼家の行く末を案じる頼朝は、朝廷に対して強く出ることはできなかった。そこに頼朝の限界があった。

源頼朝は鎌倉幕府を築いたが、頼朝の自己抑制によって幕府は朝廷の下部機関に留まった。朝廷と幕府の力関係を劇的に転換させるには、もう一人の人物が必要だった。それが、北条義時である。

第五章　頼朝の「家子専一」

1　頼朝との出会い

挙兵時の義時

北条義時は長寛《ちょうかん》元年（一一六三）、北条時政の次男として生まれた。ただし仮名《けみょう》は父時政と同じ「四郎」である。頼朝より十六歳年少である。

前田家本「平氏系図」によれば、義時の母は伊東入道《にゅうどう》、すなわち伊東祐親の娘だという。彼女は義時の兄の三郎宗時や姉の政子の母でもある。また三浦義村《よしむら》（義澄の嫡男）の母も伊東祐親の娘である。義時の母と義村の母は姉妹と考えられ、だとすると義時と義村は従兄弟同士である。さらに言えば、土肥遠平《とおひら》（実平の嫡男）も伊東祐親の娘と結婚していた。北条氏は伊東氏を中心とする婚姻のネットワークに組み込まれており、伊東氏に従属する立場だったと考えられる。

しかし源頼朝が伊東祐親の元から北条時政の保護下に移り、さらに政子と結婚したことを機に、北条氏は伊東氏から自立していく。二人の結婚を認めた時政に政治的思惑があったことは疑いない（28頁）。

頼朝と政子の結婚は治承元年（一一七七）～二年と考えられるので、義時は元服したばかりだっただろう。はるかに年長であり貴種である義兄に対しては畏敬の念をもって接したのではないか。

頼朝の伊豆での挙兵の最大の功労者が北条氏であったことは、既に述べた通りだ。治承四年（一一八〇）の挙兵時、北条一族で参戦したのは、北条時政、宗時、義時の三人である。義時の弟の五郎（のちの時房《ときふさ》）はまだ六歳だったので、戦いには加われなかった。時政の嫡男は宗時であったが、第二章で触れたように石橋山合戦で戦死してしまう（57頁）。石橋山合戦では、時政・義時と宗時が別ルートで敗走している。これは細川重男氏が指摘するように、当主の時政と嫡男の宗時の両人が同時に戦死することを避けるための措置だろう。この時点での義時は時政を護衛する存在にすぎなかったのだ。

石橋山合戦から富士川合戦に至るまで、義時は時政と行動をともにしている。義時はまだ若く、父の時政に付き従うだけだったのだろう。しかし頼朝が鎌倉に腰を落ち着け、政権の基盤を固めていく中で、義時は時政から独立した、一個の御家人へと成長する。

江間四郎義時

さて『吾妻鏡』では、任官前の義時は「北条」よりも、むしろ「江間」として登場する。岡田清一氏によれば、任官前の義時は『吾妻鏡』に八十一ヵ所登場するが、そのほぼ三分の二に当たる五十八ヵ所は「江間」の名乗りだという。このことから、義時は時政の後継者から外れ、北条氏の分家である江間氏を立てたとする見解もある。

しかし、「北条」や「江間」は名字である。この時代の名字は事実上、現住所を指すものだった。よって、移住することで、名字はどんどん変わっていく。

一例として、本書で再三取り上げた伊東祐親を挙げよう。祖父から伊豆国河津荘を譲られて、河津次郎を名乗った祐親、すなわち河津次郎祐親は、伊東荘に本拠を移すと、伊東次郎と名乗っている。そして河津荘は嫡男の祐泰《すけやす》(祐通)に譲っている。なお、この祐泰は後述する曾我兄弟の父親にあたる。祐泰は河津荘を拠点としたので、河津三郎を名乗った。

つまり、父親が伊東次郎祐親で、息子が河津三郎祐泰というかたちで、父子で名字が違う。もちろん父子だから氏は同じだが、同じ名字を名乗るという発想はない。この時代は大開発時代であり、武士たちは一族で手分けして新しい土地をどんどん開発していったから、父子の名字はしばしば異なった。時政と義時の名字が違うからといって、義時が時政の後継者ではないと断定できない。

義時が「江間」を名乗ったのは、伊豆国江間を本拠地としたからだろう。江間は狩野川を挟んで北条の対岸にある地名である。江間は、本来、江間氏(江馬氏)の所領であったと考えられる。伊東祐親は娘の八重と頼朝の仲を引き裂き、八重を江間氏に嫁がせた（24頁）。真名本『曾我物語』によれば、江間氏は伊東祐清とともに戦死し、義時は江間氏の幼児を引き取り、「江間の小次郎」と名乗らせたという。どこまで事実を反映しているか不明だが、伊東氏とともに江間氏が没落し、江間氏の所領を義時が継承したことは認めてもよいだろう。

石橋山合戦後しばらくの間は、時政にとって頼りになる子息は、義時だけであった。新たに獲得した江間という所領の経営を義時に任せるのは自然である。したがって義時が「江間四郎」と名乗ったことは、必ずしも廃嫡を意味しない。

もっとも、宗時の戦死という突然の事態によって急遽後継者となった義時の地位が不安定であったことも、また事実であろう。このことが、時政・義時の父子関係を大きく規定していく。

頼朝の親衛隊長

伊豆で挙兵した頼朝は、石橋山合戦で敗北するも房総で再起し、鎌倉入り、富士川合戦、佐竹攻めなどを経て東国武士の糾合に成功する。しかし、その権力基盤は実のところ脆弱であった。

第一章で述べたように、頼朝は確かに河内源氏の嫡流を主張し得る貴種であったが、その政治的資産は二十年間の流人生活でほとんど失われていた。父義朝の郎党だった武士たちは四散し、頼朝との主従の絆は既に失われていた。三浦氏や千葉氏は義朝の恩に報いるために馳せ参じたわけではなく、現実的な利害に基づいて頼朝軍に参加した。

初期の頼朝勢力は、東国の有力武士たちが頼朝を推戴するかたちで成り立っていた。頼朝は東国武士たちの利害調整を行う調停者にすぎず、彼らの上に超然と君臨していたわけではない。

頼朝が東国武士たちから主導権を奪うには、直属の武力が必要だった。頼朝はその一環として、治承五年（一一八一）四月に「寝所祗候衆《しんじょしこうしゅう》」を組織した。武芸に優れ、信頼できる武士を十一人選び、頼朝の寝所を警備させたのである（『吾妻鏡』）。いわば親衛隊である。

この「寝所祗候衆」の中に江間四郎、すなわち北条義時の名が見える。他のメンバーを見てみると、結城《ゆうき》朝光《ともみつ》（小山政光の子、十四歳）、和田義茂《よしもち》（義盛の弟）、梶原景季（景時の子、二十歳）、三浦義連《よしつら》（義澄の弟）、千葉胤正《たねまさ》（常胤の子）など、有力御家人の子弟が目立つ。義時も十八歳である。本郷和人氏が説くように、頼朝より若い彼らを幹部候補生として養成する意図もあったと考えられる。時政ら頼朝より年長の御家人たちを御するのは難しいので、第二世代を子飼いの武将とすることで権力基盤を固めようとしたのだろう。

本郷和人氏・細川重男氏らによると、こうした子飼いの武将たちが後に「家子《いえのこ》」と呼ばれるようになったという。『吾妻鏡』によれば、頼朝期の御家人には、門葉《もんよう》・家子・侍という序列があった。門葉は源氏一門を指す。そして家子は源氏一門に準ずる存在で、一般御家人たる侍より上位の存在だった。一例を挙げれば、家子の結城朝光は門葉の足利義氏《よしうじ》と対等の家格を有し、対等の立場で書状を出すことが認められている（『吾妻鏡』宝治《ほうじ》二年閏十二月二十八日条）。

興味深いことに、結城朝光が自身の家格を証明するために提出した家子・侍のリストによれば、北条義時は「家子専一」、つまり家子の筆頭だという。『吾妻鏡』は北条氏の覇権が確立した時代に編纂された歴史書だから、北条氏を称揚する傾向が強い。それゆえ義時が「家子専一」だったという『吾妻鏡』の記述にも曲筆の疑いがないわけではない。けれども、頼朝の義弟である義時が「家子専一」として位置づけられたのは、さほど不自然ではない。

本来、武家の棟梁にとって最も頼みになる存在は一門である。しかし一介の流人であった頼朝にとって、多くの源氏一門は潜在的なライバルであった。頼朝に従順な門葉は足利氏・平賀氏ら一部に留まる。門葉に全幅の信頼を寄せられない頼朝は、家子に大きな期待をかけた。特に義弟たる義時が頼朝に重用されたのは当然だろう。その意味で義時は頼朝の親衛隊長と言えるかもしれない。時政の後継者としての立場を確立していない義時にとっても、頼朝に近侍する立場は大きな武器となった。

ただし、家子たちが「親衛隊」的なまとまりを持っていた徴証は見られない。第三章で説いたように、北条義時は千葉常胤・和田義盛・比企能員・三浦義澄らとともに範頼軍に参加して、西国に出陣している（125頁）。義時は頼朝の側を離れているわけで、必ずしも頼朝の親衛隊長とは言えない。親衛隊をも投入しなければならないほど頼朝の懐事情が厳しかったと考えることもできなくはないが、家子を他の御家人と分けて軍事編成している証拠がない以上、苦しい解釈である。

第三章で指摘したように、頼朝は平家追討に向かった義時らに書状を送って鼓舞したが（132頁）、この時も義時を特別扱いしているわけではない。義時だけでなく小山朝政・小山宗政《むねまさ》・中原親能・葛西清重・加藤景廉・工藤祐経《すけつね》・宇佐美祐茂《すけもち》・天野遠景・仁田忠常・比企朝宗《ともむね》・比企能員の計十二人に書状を出している。義時は有力御家人の一人ではあったが、御家人筆頭ではないし、頼朝の最側近というわけでもない。頼朝が最も信任した側近武将は梶原景時である。

まだ二十二、三歳の若者にすぎない義時が平家追討戦で顕著な活躍を示すはずもない。彼は将来性を期待されていたにすぎないのである。

2　頼朝の側近へ

鎌倉での義時

先述のように、平家追討戦の主役の座を義経軍に奪われた範頼軍は、華々しい武勲を挙げることができなかった（140頁）。範頼軍に参加していた義時も例外ではない。豊後に上陸する際、義時が下河辺行平・渋谷重国らとともに先陣を切った程度である。

元暦二年（一一八五、八月に文治に改元）三月に平家が滅亡した後、範頼軍は九州で戦後処理を行った。範頼は文治元年九月二十六日に京都に戻り（『玉葉』）、十月二十日には鎌倉に帰還している（『吾妻鏡』）。十月二十四日に鎌倉の勝長寿院で盛大な落慶供養が行われたが、範頼はもとより「北条小四郎義時」も参加している。おそらく義時も範頼と同時期に鎌倉に帰還したのだろう。

以後、義時は原則として鎌倉で活動していたようである。『吾妻鏡』を読む限り、義時は頼朝の側近くに仕え、その政務を補佐している。たとえば文治四年（一一八八）七月に頼朝嫡男の頼家の着甲始《ちゃくこうはじめ》の儀（武士の男子が初めて鎧を身につける儀式）が行われたが、この時、義時は頼朝の御簾《みす》を上げる役を務めている。頼朝の側近くに仕え、その政治手腕を目の当たりにしたことは、義時の政治家としての成長に大きく寄与したと思われる。

義時が頼朝側近として存在感を増していった一因として、時政が半ば引退状態であったことが挙げられる。前章で論じたように、文治元年十一月、時政は義経挙兵に伴う京都政界の混乱を収拾するため上洛した（145頁）。時政は京都守護として京都の治安回復に貢献したが、その強権的な支配によって朝廷と軋轢を起こした。結局、時政は翌二年四月には鎌倉に帰還する（152頁）。後任には一条能保が就いたので、事実上の更迭である。

以後、時政が鎌倉で幕政に関与した徴証はほとんど見られない。文治五年四月に鎌倉で時政の三男である時連《ときつら》（のちの時房）が元服した際も、義時・政子は出席しているが、時政の姿は見えない。同年六月、北条時政は本拠地である伊豆国北条に願成就院《がんじょうじゅいん》を建立し、奥州征伐の成功を祈願している（『吾妻鏡』）。不遇の時政は伊豆に引っ込み、時々鎌倉に出仕するような状況だったのかもしれない。

関幸彦氏や落合義明氏は、京都守護として独断専行の多かった時政が第二の義経となることを、頼朝が警戒した、と推測している。この推定が正しければ、時政は頼朝の不興を買い、失脚しかかっていたことになろう。現に時政は、頼朝の舅でありながら官職すら得ていなかった。時政から義時への実質的な代替わりが行われていたのではないだろうか。

山本幸司氏が指摘するように、頼朝の性格には二面性がある。頼朝は情愛深く涙もろい人物で、不遇の流人時代に支援してくれた人たちの恩に報いている。しかし頼朝が自然な人間的感情を発露する対象は、女性や僧侶、弱小武士など頼朝の地位や生命を脅かす可能性のない人間に限定された。長年の流人生活の中で、頼朝は猜疑心の強い人物になっていたのだ。頼朝にとって時政は大恩ある舅であったが、それゆえにこそ警戒の対象だったと言える。

時政との関係

そもそも頼朝と時政との仲は、以前からさほどしっくりいっていなかった。確かに伊豆での挙兵時における時政の貢献は大きいが、三浦氏や千葉氏など、より有力な武士が頼朝の傘下に入ると、時政の発言権は低下した。時政にしてみれば面白くなかったはずで、頼朝と衝突することもあった。有名なところでは亀《かめ》の前《まえ》事件が挙げられる。

寿永元年(一一八二)八月、政子は男児(のちの頼家)を出産した。ところが政子の妊娠・出産中、頼朝は密かに愛妾の亀の前を伏見《ふしみ》広綱《ひろつな》の屋敷に囲い、しばしば通っていた。十一月、北条時政の三番目の妻(政子の継母)である牧の方が政子にこのことを伝えた。政子は激高し、牧の方の父である牧宗親に命じて広綱の屋敷を破壊させた。広綱と亀の前はほうほうの体で大多和義久《おおたわよしひさ》の屋敷に逃げ込んだ。

これを知った頼朝は義久の屋敷を訪れ、牧宗親と伏見広綱を呼び出した。広綱に報告させた後、宗親に申し開きをさせた。しかし宗親は上手く弁明できなかった。怒った頼朝は宗親を以下のように叱責した。「政子を尊重するのは良い心がけだ。しかし今回のような件では、表向きは政子の命令に従いつつ、こっそり私に伝えるべきだろう。すぐに広綱の屋敷に行って破壊するとは何事だ」と。さらに頼朝は自ら宗親の髻《もとどり》を切ったという。

髻とは頭髪を頭上に集めて束ねた部分のことで、冠や烏帽子を固定するのに用いた。この時代、成人男性が人前で頭頂部を露出することは恥とされており、頭に被り物をするのが習わしであった。したがって髻を結うことは成人男性の証でありマナーである。髻を切られるのは、現代で言えば下半身露出に等しい恥辱であった。宗親は泣いて逃亡したという。

北条時政は自分の舅にあたる宗親に対する頼朝の理不尽な仕打ちに怒り、一族を連れて伊豆へ帰った（『吾妻鏡』）。これは鎌倉殿たる頼朝への公然たる反抗であり、謀反と解釈されても不思議ではない。この事件の結末は『吾妻鏡』に記されていないので、最終的に時政にどのような処分が下されたのかは分からない。おそらく、どこかの時点で、後ろめたい気持ちを持っていた頼朝が赦免したのだろう。だが京都守護に抜擢されるまで、時政の目立った政治的活動はなく、冷遇されたと見られる。

この亀の前事件で興味深いのは、時政が伊豆に下った時、義時がこれに同行しなかった点である。義時は頼朝の「家子専一」として、父時政よりも主君頼朝の意向を重視したのである。頼朝は直ちに義時を召し出し、時政に同調しなかったことを称賛している（『吾妻鏡』）。こうした時政と義時との微妙な関係は、時政が軽視され義時が重用されていく中で顕在化していった。

幕府重臣へ

文治五年（一一八九）七月に奥州合戦が起こると、義時は頼朝が率いる大手軍に参加した。しかし義時の具体的な活動は『吾妻鏡』に記されていない。頼朝に近侍して、前線には出なかったのだろう。

建久元年（一一九〇）十一月に頼朝が初めて上洛した際は、先陣の随兵の一人として従っている。十二月一日に頼朝が右大将拝賀のため後白河法皇の院御所に参った時も、随兵の一人として付き従っている。

鎌倉帰還後も、義時は頼朝の側近くに仕えた。それだけでなく、幕府重臣という扱いを受けるようになった。建久三年六月、頼朝は鎌倉において永福寺《ようふくじ》の造営を開始したが、その責任者は「江間殿」、すなわち義時であったという。

同年八月九日、頼朝の次男である千幡《せんまん》（のちの実朝《さねとも》）が誕生したが、その時に六名の御家人が守り刀を献上している。『吾妻鏡』は六人の筆頭に「江間四郎殿」の名を記している。また建久四年三月に頼朝が下野国那須野および信濃国三原野の狩倉《かりくら》（狩猟場）に出発した際、弓馬の道に優れ、信頼できる二十二人の御家人を選抜しているが、その筆頭に「江間四郎」の名が見える。後述する富士野の巻狩《まきがり》でも、お供した数十人の御家人の筆頭に「江間殿」の名が挙げられている。

むろん『吾妻鏡』は北条義時を顕彰する性格を持つので、その記述を鵜呑みにはできない。頼朝存命時に義時が早くも御家人筆頭であったと断定することには慎重でありたい。ただ建久年間から義時の存在が『吾妻鏡』でアピールされるようになるのは、一定の事実を反映していると思われる。義時は建久元年には二十八歳になっている。年齢・経験から見て、もはや実質的な北条氏当主であり、幕府の重臣という待遇を受けるのは自然である。

この時期、時政の立場にも変化が見られる。時政は千幡の乳父になったことで、表舞台に復帰した。だが本格的な復権には至らず、北条氏の中心人物はなお義時であった。

姫の前との結婚

建久三年（一一九二）九月、義時は姫《ひめ》の前《まえ》という女性と結婚した。この結婚について、『吾妻鏡』は詳細に解説している。姫の前という女性は、比企朝宗《ともむね》（頼朝の乳母である比企尼の実子）の娘で、非常に評判が高かった。幕府に出仕しており、頼朝のお気に入りの女官だったという。もちろん、たいへんな美人だったからである。

義時は姫の前に懸想《けそう》し、この一、二年、何度も何度も手紙を送ったが、相手にされなかったという。振られ続ける義時を見かねた頼朝が助け舟を出した。「決して離婚はしない」という誓約書を取ったうえで結婚してあげなさいと、姫の前に対して頼朝が命じたのである。その結果、二人は結婚したという。

義時の長男金剛《こんごう》（のちの泰時《やすとき》）は寿永二年（一一八三）に誕生しているので、姫の前との結婚が初婚ということではない。しかし泰時の母については、頼朝に仕えた阿波局《あわのつぼね》という女官であるということしか分かっていない（『系図纂要』）。さほど身分が高くなかったようで、側室という扱いだったと考えられる。義時は姫の前を正室として迎えたのだろう。

義時の恋愛を成就させるために頼朝が一肌脱いだことから、頼朝の義時に対する親愛の情がうかがえる。けれども、頼朝は単なる好意から介入したのではなく、政治的な思惑を有していたと思われる。

頼朝の嫡男たる頼家の乳父は比企能員（比企尼の養子）であり、比企尼の次女（河越重頼室）・三女（平賀《ひらが》義信《よしのぶ》室）も頼家の乳母となっていた（『吉見系図』）。頼朝は、頼家の母方の叔父である義時と比企一族を結びつけることで、頼家の後ろ盾を強化しようとしたのだろう。建久四年十月、義時の新造の屋敷を頼家が訪れている（『吾妻鏡』）。もちろん頼朝の指示によるものであろう。

3　曾我事件の衝撃

富士野の巻狩

建久四年（一一九三）五月、駿河国富士野において巻狩が催された。巻狩とは、狩場にいる鹿・猪などを多くの人や犬によって取り囲み、徐々に包囲網を縮めながら獲物を追いつめて射止める、すなわち巻き込んで狩る大規模な狩猟である。

武士にとって狩猟は、近隣の武士との親睦を深める遊興であると同時に、馬に乗って獲物を射殺す（騎射）技術を磨く軍事訓練でもあった。前述のように、頼朝は建久四年に、下野国那須野、信濃国三原野、そして今回の富士野と、立て続けに巻狩を行っている。平和が続き弛緩しつつあった御家人たちの気を引き締め、主従関係を再強化する意図があったのだろう。

しかし富士野の巻狩には、前二者との異同があった。那須野と三原野では、選抜された二十二人の御家人だけが射手として弓矢の携帯を許可された。他の御家人は獲物の鳥獣を追い立てる役を担った。これに対し、富士野の巻狩では多数の御家人が射手として参加した。

頼朝の出発に先駆けて、五月二日に北条時政が駿河国に下向し、巻狩の準備を進めた。時政は狩野宗茂《かのうむねしげ》（工藤茂光の子）とともに駿河・伊豆の御家人を動員して、宿舎などを設営している（『吾妻鏡』）。これは当時、時政が駿河・伊豆守護だったからと考えられる。

頼朝は五月八日に鎌倉を出発し、十五日に富士野に入った。翌十六日、嫡男頼家が鹿を射た。弓の名手である愛甲季隆《あいこうすえたか》がサポートしたおかげであるが、頼朝は大いに喜んだ。鹿を射止めたことを山の神に感謝するため、神事を行い、義時が神にささげる餅を用意した。頼朝は梶原景高《かげたか》（景時の次男）を使者に立てて、頼家の手柄を鎌倉の政子に報告した。しかし政子は「武士の嫡男が原野の鹿や鳥を狩るのは当たり前で、わざわざ使者を出すほどのことではないでしょう」と言い放ったという（『吾妻鏡』）。

だがこれは、親馬鹿の頼朝と冷静沈着な政子の対比を示す逸話ではない。民俗学者の千葉徳爾氏が指摘するように、年若い頼家が初めて鹿を射止めたことは、彼が山の神に祝福されたことを意味する。すなわち、頼家が頼朝の後継者として幕府の頂点に立つことを、神も認めたことを示している。

そのことを踏まえると、富士野の巻狩じたい、頼家を次の鎌倉殿として御家人たちに周知させるために開催されたと言えるだろう。多数の御家人が射手として参加することを認めたのも、巻狩という疑似軍事演習において、頼家と御家人たちが体験を共有することで主従の絆を深めることを目的にしていた、と考えられる。

ちなみに政子の冷淡な対応については、頼朝の政治的意図を理解できなかったとの評価もある。しかし最近、坂井孝一氏が、頼家が鹿を射止めたことを貶《おとし》めるために後世に創作された逸話ではないか、と推測している。傾聴に値する指摘だろう。

曾我兄弟の仇討ち

ところが、この巻狩で大事件が発生する。狩猟も終わりに近づいた五月二十八日の深夜、曾我十郎祐成《そがじゅうろうすけなり》・同五郎時致《ごろうときむね》の兄弟が夜襲を行い、頼朝側近の工藤祐経を討ったのである。祐経は兄弟の父である河津三郎祐泰（182頁）の仇敵であり、親の仇を討ったのだ。

さて、祐経が親の仇とはどういうことか。事の発端は頼朝挙兵以前に遡る。伊東祐親と工藤祐経の血縁関係は複雑だが、ともに工藤一族であり、同族にあたる。両者は伊豆の伊東荘・河津荘をめぐって対立していた。真名本『曾我物語』によれば、祐経が上洛している隙に祐親は祐経の所領を奪ってしまった。それだけではない。祐親は娘の万劫《まんごう》を祐経に嫁がせていたが、これを離縁させて土肥遠平と再婚させてしまう（180頁）。

所領ばかりでなく妻も奪われた祐経は、深い恨みを抱いて祐親・祐泰親子の殺害を図る。安元二年（一一七六）のことである。祐親の暗殺には失敗したが、祐親の嫡男である祐泰を殺すことに成功した。曾我兄弟（一万《いちまん》と筥王《はこおう》）はこの祐泰の子であり、祐親の孫にあたる。『吾妻鏡』によれば、二人は当時、五歳と三歳であった。

一万・筥王の母は相模武士の曾我祐信《すけのぶ》と再婚し、連れ子の二人は曾我兄弟として成長する。そして第二章で触れたように、兄弟の祖父である伊東祐親は頼朝に敵対して捕らえられ、自害した（72頁）。兄弟は強い後ろ盾を失ってしまったのである。一方、長い在京経験を持ち芸能に秀でた工藤祐経は頼朝に重んじられ、有力御家人へと台頭する。

一万は十三歳の時に元服し、継父祐信の一字をとって「曾我十郎祐成」と名乗った。筥王は筥根権現（箱根神社）で修行していたが、建久元年（一一九〇）、十七歳の時に北条時政を烏帽子親として元服し、「曾我五郎時致」と名乗った。兄弟は那須野の狩りで祐経を狙ったが果たせず、富士野の狩りで機会をうかがった。そして祐経の宿所に侵入し、酒に酔って寝入っている祐経を討ち取ったのである。

曾我事件の黒幕は誰か

曾我事件は単なる親の仇討ちではない。その背後には政治的な陰謀が見え隠れしている。なぜなら、頼朝を護衛する武士が多数殺され、頼朝自身の命も危うかったからである。また、曾我事件直後の六月には常陸の有力御家人である多気義幹《たけよしもと》が謀反の嫌疑で失脚している。『吾妻鏡』は、義幹と対立していた八田知家（159頁）の謀略だと説くが、曾我事件と関連する政変と思われる。

『吾妻鏡』によれば、曾我時致は工藤祐経を討った後、頼朝の御前に向かって走ったという。頼朝は自ら剣を取って応戦しようとしたが、大友能直《おおともよしなお》に制止され、小舎人童《こどねりわらわ》（雑用係）の五郎丸が時致を捕らえたという。また真名本『曾我物語』も、時致が頼朝の宿所に押し入り、怪力の童である五郎丸に捕らえられたと記す。捕らえられた時致は尋問に対し「頼朝を討って後代に名を残したかった」と答えている。

曾我兄弟は祐経を討った後、十人の武士を討ち取っており（いわゆる「十番切り」）、何としても頼朝のところまで行くという兄弟の執念が感じられる。これらに従えば、曾我兄弟は祐経のみならず頼朝の暗殺も考えていたことになる。

弱小御家人曾我氏の継子にすぎない曾我兄弟が頼朝暗殺などという大それたことを計画するはずはないから、黒幕の存在が想定される。戦前から唱えられてきたのが、北条時政黒幕説である。

前述のように、曾我兄弟のうち、弟の筥王は時政を烏帽子親として元服した。烏帽子親とは、元服儀式の際に烏帽子を被せる役のことである。烏帽子親と烏帽子子は実際の血縁関係がなくてもこれに準ずるものとされ、疑似的な親子関係を結んだ。筥王は、僧侶となって実父の菩提を弔うべきという継父・母の命に背いて元服するため、時政の庇護下に入ったのである。これは、時政の最初の妻が伊東祐親の娘（筥王の伯母）だった縁による。

しかも『吾妻鏡』によれば、兄の祐成は以前より時政に参勤していたという。祐成はまだ頼朝の御家人として認められていなかったというから、実質的に時政の家人と見てよい。とすると、時政が筥王（時致）の烏帽子親になったのも、祐成が主君である時政に頼んだからであろう。曾我兄弟はいずれも時政の家人と言えよう。既述の通り、時政は富士野の巻狩の責任者であり、下手人と舞台を事前に用意できた。暗殺劇を企画するのに最も都合のよい立場である。

しかし、時政に暗殺実行の機会・手段があるとして、動機は何か。同じ伊豆の有力御家人として競合関係にある工藤祐経を排除するのはともかく、頼朝を殺害するメリットが時政にあるだろうか。確かに時政は頼朝に疎んじられていたが、頼朝を討つことで展望が拓けるわけではない。頼家が次の鎌倉殿になれば、時政は頼家の外祖父として権勢をふるえるかもしれないが、頼家はまだ元服も遂げておらず、先行きは不透明である。頼家の成長を待つのが順当であり、代替わりを急ぐ理由はない。

最近、伊藤邦彦氏は、時政は頼朝・頼家の同時殺害を図っていたとする新説を唱えた。時政は頼家の同母弟である千幡（のちの実朝）の乳父であり、千幡を鎌倉殿に擁立するつもりだったというのだ。けれども坂井孝一氏が批判するように、一歳に満たない千幡を擁立するのは現実的ではない。伊藤氏は時政が範頼を中継ぎにするつもりだったと推測するが、両者は格別親しくない。

時政黒幕説の弱点は、曾我事件後、時政が処罰を受けた形跡がないことにある。後述するように、事件によって時政はかえって復権したように見える。時政が曾我兄弟の仇討ちを援助したとは考えられない。

動機だけを考えると、範頼の方が怪しい。頼朝が急死すれば、幼い頼家ではなく、範頼が次の鎌倉殿になっても不思議はない。南北朝時代に成立した歴史書『保暦間記《ほうりゃくかんき》』によれば、富士野で頼朝が討たれたという誤報に接して狼狽する政子に対して、範頼が「私がいれば幕府は安泰です」と慰めたために、野心を疑われたという。

前章で触れたように、曾我事件後の八月に、範頼は謀反の疑いをかけられ、流罪となる(169頁)。『吾妻鏡』の書きぶりは、範頼が黒幕であると暗示するかのようである。慎重な範頼が頼朝暗殺のような大胆不敵な陰謀を計画するとは思えないので冤罪だろうが、範頼が疑われやすい立場にあったことは否定できない。

結局、曾我事件の真相は不明と言う他ない。黒幕など存在せず、曾我兄弟が暴走しただけかもしれない。だが重要な点は、事実はどうあれ、頼朝ら幕府首脳部が曾我事件を頼朝暗殺の陰謀と認定したことにある。必然的に事件の首謀者・関係者の追及が行われ、幕府は大きく揺らぐことになる。

曾我事件の波紋

建久四年(一一九三)五月の曾我事件は、戦時体制から平時体制へと移行しつつあった幕府内部に大きな波紋を投げかけた。範頼の粛清でも事態は収拾せず、政変が続いた。

同年十一月、安田義定の嫡男である義資が、永福寺薬師堂供養の際に聴聞所《ちょうもんところ》(お経を聞くところ)にいた女官に艶書(恋文)を投げ入れたという罪で斬首となった(『吾妻鏡』)。女性問題で死刑というのは、あまりに過酷な刑罰であり、言いがかりをつけて誅殺したというのが実態であろう。

遠江守・遠江守護の義定も息子の義資に連座して失脚、所領を没収された。翌建久五年八月には義定は謀反を企てたとの罪で斬首された(『吾妻鏡』)。前述したように、安田義定ら甲斐源氏は元来、頼朝から独立した勢力であった(76頁)。義定は木曾義仲とともに上洛し、範頼・義経が西上すると義仲から離反して頼朝に属した(112頁)。しかし平家追討戦の時点では、義定は同盟軍的立場だったと考えられる。頼家への代替わりを控える頼朝にとって、源氏一門筆頭とも言える高い家格を持つ義定・義資父子は脅威であり、罪を捏造して排除したのである。

頼朝による源氏一門粛清は、結果として時政を利した。義定が帯びていた遠江守護職は、時政のものになった。時政は伊豆・駿河・遠江という東海三ヵ国を掌握したのである。

曾我事件を契機に、頼朝は頼家のライバルになり得る源氏一門を排除する一方で、頼家の外戚である北条氏を保護する方針に転換した。頼朝は並行して大姫入内工作を進めており、源氏将軍家と北条氏の関係が強化された。こうした流れの中で時政は復権した。なお、義時も安田義定の屋敷跡を拝領している。

建久四年十二月、失脚した多気義幹の弟の弘幹《ひろもと》が、頼朝の命令を受けた八田知家によって討たれた。『吾妻鏡』によれば、時政の命を狙ったことが露見したからだという。曾我事件後、頼朝と時政が共同歩調をとって、頼家への権力移行の準備を進めていたことがうかがわれる。

4 晩年の頼朝と義時

頼朝再度の上洛と義時

前章で説明したように、頼朝は建久六年（一一九五）二月に家族同伴で二度目の上洛を行った。義時も随行している。在京中の頼朝は、内裏や寺社などをしばしば訪れているが、義時はほぼ例外なく随兵として付き従っている。

頼朝一行は六月二十五日に京都を発ち、鎌倉に向かった。二十八日には美濃国青墓《あおはか》宿（現在の岐阜県大垣市青墓町）に到着した。ここに飛脚が到来し、武蔵の御家人である稲毛《いなげ》重成《しげなり》の妻が危篤であると報じた。重成は頼朝から駿馬を賜り、急いで故郷に向かったという（『吾妻鏡』）。稲毛重成の妻は時政の娘、義時の妹である。彼女は七月四日に亡くなった。義時が頼朝に従って鎌倉に戻ったのは同八日のことであるから、義時は彼女の死に目には会えなかっただろう。同十日、「北条殿・江間殿」、すなわち時政・義時は彼女の喪に服すため、伊豆に下った。一ヵ月後、二人は鎌倉に戻っている。

義時にとって妹の死は辛かったろうが、姫の前との夫婦生活は順調であった。姫の前との間には、建久四年に朝時《ともとき》、同九年に重時《しげとき》を儲けている。長男泰時は建久五年に十三歳で元服し、義時の後継者として幕府行事に参加するようになっていた。

さて、ここで問題となるのは時政と義時の関係である。時政が伊豆で逼塞《ひっそく》している間に義時は幕府重臣の地位を確立した。時政が復権したからと言って、今さら義時を押しのけるわけにはいかない。北条氏の当主が二人いては困るので、結果的に義時は江間家という別家を立てるかたちになったと考えられる。いわば、北条時政・江間義時の並立である。文治五年(一一八九)に時政と牧の方との間に政範が誕生しており、この政範が時政の後継者候補として期待されていただろう。

頼朝の死と義時

『吾妻鏡』は、建久七年(一一九六)正月から、頼朝が亡くなる建久十年正月までの記事を欠いている。このため、頼朝の最晩年の様子はよく分からないし、頼朝に近侍していただろう義時の動静も不明である。

頼朝の死因は、一般に落馬と言われている。『吾妻鏡』建暦《けんりゃく》二年(一二一二)二月二十八日条によれば、建久九年に稲毛重成が相模川橋を新造した際、頼朝が橋の落成供養に参列し、その帰りに落馬したという。重成は亡妻の追善供養のために橋をかけたとのことで（『鎌倉大日記』）、重成の妻が政子の妹であるため、頼朝も出席したのだろう。義時は妹を失い、さらに妹の追善のための橋供養において主君であり義兄である頼朝を失ったのである。その悲痛はいかばかりであったろうか。

それにしても、武家の棟梁である頼朝が落馬したのはいささか不審であるし、『吾妻鏡』の記事の欠失も何やら怪しい。中世人も奇異に思ったようで、『保暦間記』は頼朝の死について「これを老死というべからず。ひとえに平家、その外多くの人を失い、あるいは親族等を亡ぼせし霊怨、因果歴然の責なり」と説き、義経や安徳天皇の怨霊によって殺されたと主張している。現代でも「頼朝は実は暗殺されたのだ」といった説を唱える小説家がいる。

ただ『猪隈関白記《いのくまかんぱくき》』（近衛家実《いえざね》の日記）は、頼朝は飲水病（糖尿病）だったと記しており、元木泰雄氏は落馬事故の負傷が原因で亡くなったのではなく病死であり、落馬も病気の影響であると主張している。従うべき見解であろう。頼朝の死を「変死」としてことさら疑う必要はない。

ところで、『吾妻鏡』の「頼朝将軍記」が未完に終わっているのはなぜだろうか。「頼朝将軍記」の完成前に幕府が滅亡してしまった、という見解もあるが、頼朝最晩年の動向を意図的に隠蔽したという説が有力である。同書は北条氏が幕府の実権を握った鎌倉後期に編纂されており、北条氏にとって何か隠したいことがあったのだろう。

ここで参考になるのが、江戸初期に編纂された豊臣秀吉の一代記である、小瀬甫庵《おぜほあん》の『太閤記』である。この『太閤記』も、秀吉の最期を叙述していない。英雄のみじめな最期を描きたくないということもあろうが、江戸幕府を憚ったのではないかと言われている。家康に秀頼を託した秀吉の最期を描写すると、秀頼を滅ぼし天下を簒奪《さんだつ》した家康の悪辣さが浮かび上がってしまうからである。

『吾妻鏡』が頼朝最晩年の三年分の記事を省いたのも、同様の事情からではないだろうか。最晩年の頼朝が最重視したのが、頼家への権力継承であることは間違いない。最後の三年、頼朝は頼家を次の鎌倉殿として周囲に認めさせるために、様々な施策を行ったであろう。そうした頼朝の取り組みを叙述することは、北条氏が頼朝の遺志に反して頼家を殺し、幕府を乗っ取ったことを露呈することにつながる。ゆえに『吾妻鏡』は記述を避けたのだろう。『吾妻鏡』は頼家の元服記事すら載せていない。頼家が頼朝の正統な後継者であった事実を抹消しようとする同書の姿勢は明白である。

この空白の三年間に、北条氏は権力を伸長させたと推測される。頼家の外戚たる北条氏を支援することが頼朝の方針だったからである。だが頼朝は北条氏のみを頼家の支柱と考えていたわけではない。梶原景時や比企氏に対しても、頼家の権力基盤となることを期待していた。けれども頼家支持勢力の結束は十分ではなく、頼朝の急死によって空中分解してしまう。次章では頼朝没後の幕府内の権力闘争を、北条時政・義時父子がどのように勝ち抜いていったかを見ていこう。

第六章　父との相克

1　梶原景時の変

頼家の嗣立

建久十年（一一九九、四月に正治《しょうじ》に改元）正月、源頼家は父である頼朝の急死にともない、鎌倉殿の地位を継いだ。正月二十日に朝廷の臨時除目《じもく》で頼家が左近衛中将に任じられたのである（『明月記《めいげつき》』『猪隈関白記』）。本来なら頼家は父頼朝の喪に服さなければならないのに、異例の任官が行われたのは、朝廷を主導する源通親が特例措置をとったからである。五位のまま中将に昇進する「五位中将」も摂関家の子弟のみに許される特別待遇である。通親が源氏将軍家に好意を持っていたことは明らかであろう。

さらに朝廷は正月末、頼家に対し、御家人を率いて「諸国守護」を行うことを命じた（『百錬抄』『吾妻鏡』）。朝廷は頼朝に国家的な軍事警察権を委任したが、頼朝の死を受けて、その権限を頼家に与えたのだ。この世襲によって、鎌倉殿の国家的役割が確定した。

二月四日、幕府政所にて吉書始《きっしょはじめ》（業務開始の儀式）が行われた。政所別当の大江広元、政所令の二階堂行政、問注所執事の三善康信、侍所《さむらいどころ》別当の和田義盛、侍所所司（次官）の梶原景時らが参列した。頼家政権が頼朝時代のスタッフをそのまま引き継いでいることが判明する。

興味深いのは、それ以外の人物として、北条時政・三浦義澄・八田知家（198頁）・比企能員が吉書始に参加している点である。三浦義澄は幕府の長老として、八田知家は頼朝側近として、北条時政・比企能員は頼家の縁者として参列したのだろう。

頼家政権発足直後の二月、京都で三左衛門《さんざえもん》事件という政変が起こった。一条能保・高能《たかよし》父子の遺臣が源通親を襲撃しようとした罪で捕らえられたのである。これにより、頼朝の縁戚であった一条家ら親幕派公卿が失脚し、通親の権力が一層強化された。この政変については、老獪《ろうかい》な通親に頼家政権が翻弄されたとの評価もあるが、通親に幕府を敵視する意図がなかったことは前述の通りである。この政変によって、頼朝死後も継続していた三幡入内工作が頓挫したとの見解も出されているが、失敗の直接の要因は三幡の早世である。

十三人の宿老

鎌倉幕府の準公式歴史書である『吾妻鏡』は、頼家は側近の専横を放置し、頼朝以来の老臣を軽視したため、御家人たちの反発を買い、見限られたと記す。しかし『吾妻鏡』は、北条氏が鎌倉幕府の実権を握った時代に成立した歴史書だから、北条氏と対立した頼家をことさらに悪く描いた可能性がある。

土地の境界争いに際し、頼家が各々の言い分をまともに聞こうとせず、絵図の中央に墨を一直線に引き、「土地が広いか狭いかは、お前たちの運次第だ」と言い放ったという『吾妻鏡』に載る有名な逸話も、いかにも作り話めいており、信用しがたい。『吾妻鏡』の記述に依拠して頼家＝暴君と決めつけるべきではない。

頼家と有力御家人たちとの対立の起点として知られているのが、いわゆる「十三人の合議制」である。『吾妻鏡』によれば、建久十年四月十二日、幕府において「諸訴論の事、羽林《うりん》（頼家）直に聴断せしめ給うの条、これを停止せしむべし」という決定がなされたという。そして今後は、北条時政・義時、大江広元、三善康信、中原親能、三浦義澄、八田知家、和田義盛、比企能員、安達盛長、足立遠元、梶原景時、二階堂行政の十三名が「談合」して政務運営を行うことになったとされる。

従来、右の制度は、頼家の独断専行を抑止し、有力御家人たちの合議をもって幕府の決定とする政治制度として理解されてきた。だが、前掲の絵図に直線を引いた話も、同制度導入以後の事件であり、頼家が良くも悪くも政治的意思を発揮した事例は散見される（『吾妻鏡』だけでなく頼家発給の文書も残っている）。また、十三人全員が集まって合議を行った実例は確認されていない。近年の研究によれば、「十三人の合議制」とは、十三人のうちの数名が評議し、その結果を頼家に提示したうえで、頼家が最終的判断を下す政治制度であったという。すなわち、禁止されたのは十三人以外の御家人が訴訟を頼家に取り次ぐことだったのである。

様々な人間が好き勝手に訴訟を持ち込めば幕政は混乱する。その意味で、十三人の宿老は必ずしも頼家の権力を掣肘する存在とは言えず、むしろ年若い頼家を補佐するために選出されたと言える。当初から頼家と有力御家人たちが対立していたと見るべきではない。

ところで十三人の構成はどのようなものか。大江広元・三善康信・二階堂行政・中原親能は頼朝の独裁を支えた文士である。足立遠元は武士だが公文所寄人の経験があり（123頁）、実務能力を評価されての起用であろう。三浦義澄・和田義盛は相模三浦一族である。八田知家・梶原景時は頼朝側近の立場からの参加だろう。ただし義盛・景時は侍所の別当・所司の立場からの参加でもある。安達盛長は流人時代から頼朝に仕えた股《こ》肱《こう》の臣だが（22頁）、比企尼の長女を妻としているので、比企派として参加したのだろう。

親子で参加しているのは北条時政・義時だけである。義時は唯一、三十代で十三人の宿老に入っており、異例の抜擢と言える。義時が頼朝側近であったこと、また江間家という別家を立てていたことが選出理由だろうか。

坂井孝一氏は、時政・政子が比企氏に対抗するために義時を強引に押し込んだのではないか、と推測している。足立遠元の娘は時政の二番目の妻であり（一番目が伊東祐親の娘、三番目が牧の方）、遠元は北条派の可能性がある。一方で遠元は武蔵武士なので、同じ武蔵武士である比企氏とは馴染みがある。比企能員・安達盛長・足立遠元が派閥を形成すると、時政はかなり不利である。だが義時を加え、さらに縁戚関係の三浦氏を引き込めば、時政にも勝機が見えてくるのである。そうした多数派工作の結果として義時が加わった可能性は確かにある。

坂井説の当否はさておき、義時の立場は微妙である。十三人の宿老は、大別すれば頼朝独裁を支えた側近の武士・文士と、東国の有力御家人の二種によって構成される。先述の通り、宿老制の導入は必ずしも頼家の権力を制約するものではないが、頼朝独裁によって押さえつけられてきた有力御家人層の巻き返しの側面を有することは事実である。義時は頼朝側近の一人であると同時に、東国武士の利益を代弁する立場でもあった。

義時がどこまで明確な戦略を持っていたかは定かではない。だが結果的に義時は、時政と共同歩調をとり、東国武士の利益を代表する態度を示しつつ北条氏権力の拡大を図った。その過程で大江広元ら吏僚層とも連携していく。

梶原景時の滅亡

十三人宿老制成立から半年後の正治元年（一一九九）十月二十五日、源頼朝の烏帽子子であった結城朝光が頼朝を追慕して、「忠臣は二君に仕えずというが、頼朝様の御遺言に従って出家しなかった。今となっては後悔している」と御家人たちに語った。すると二十七日、北条政子の妹で阿野《あの》全成（頼朝の異母弟、78頁）の妻である阿波局が「梶原景時があなたの発言を謀反の表れと頼家様に讒言し、あなたを討とうとしています」と告げた。

仰天した朝光は朋友の三浦義村に相談した。義村は他の御家人たちに呼びかけて、連名で梶原景時の弾劾状を作成した（なお比企能員も署名している）。翌二十八日、義村らは大江広元に弾劾状を渡した。広元は「景時の讒訴《ざんそ》は問題だが、頼朝様の側近だった者を処罰してよいものだろうか」と逡巡《しゅんじゅん》し、事態の平和的解決を模索した。だが十一月十日、和田義盛に強く迫られ、広元は弾劾状を頼家に取り次ぐことを約束した。十三日、頼家は景時に弁明を求めたが、景時は一言も抗弁することなく一族郎党を率いて本拠地である相模国一宮（現在の神奈川県高座郡寒川町）に退去した。

この潔い態度が評価されてか、梶原景時は十二月九日にいったんは鎌倉に帰還する。だが和田義盛・三浦義村を中心に評議が重ねられた結果、十八日に景時を鎌倉から追放するという処分が決まった。翌正治二年（一二〇〇）正月十九日夜、景時は子息らを連れて一宮をひそかに離れた。この行動が謀反を起こすために上洛したものとみなされ、幕府は討伐軍を派遣した。しかし討伐軍が到着する前に、景時一行は駿河国清見関《きよみがせき》（現在の静岡市清水区）で現地の武士たちに討たれた。

また甲斐源氏の武田有義《ありよし》（信義の子）は景時と同心して上洛しようとしていたという嫌疑をかけられ、弟の信光《のぶみつ》の攻撃を受けて逃亡、行方不明となった。『吾妻鏡』によれば、景時は有義を将軍に擁立しようとしていたというが、いささか疑わしい。

この事件には謎が多い。そもそも景時が本当に朝光を讒訴したかどうかも定かではない。『吾妻鏡』を読む限りでは、この政変に時政・義時が積極的に関与した徴証はない。表面に出てきているのは、むしろ侍所で景時と主導権争いをしていた和田義盛の方である。だが前述したように、騒動の火付け役となった阿波局は政子の妹であり、景時らが襲撃を受けた駿河国の守護は政子の父の時政である。石井進氏が推測したように、事件そのものが梶原景時を追い落とすための北条氏の陰謀とも考えられる。

なお『愚管抄』は、景時が頼家の「一の郎等」であることを誇り、他の御家人を侮ったために彼らから排斥されたと説く。また『玉葉』は、御家人たちに憎まれていた景時は、「頼家様の弟の千幡（のちの実朝）を擁立しようとする謀反の動きがあります」と頼家に讒言したものの、それが虚偽であることが露見し、鎌倉から追放されたと記す。

梶原景時が同僚を陥れようとしたのか、むしろ彼こそが陰謀の犠牲者なのか。いずれとも判断しがたいが、少なくとも彼が御家人集団から浮き上がっていたのは間違いなかろう。

ただそれは、景時の性格よりも、鎌倉殿側近という彼の立場に起因するものである。頼家は父頼朝のように独裁的な幕政運営を望んだが、それは有力御家人の既得権を侵すことにつながる。景時が頼家の右腕たらんとすれば、他の有力御家人との衝突は不可避であった。

梶原景時の政治的な人脈にも問題があった。本郷和人氏が指摘するように、景時は当時の朝廷における最大の実力者であった源通親と親しかった。九条兼実は日記『玉葉』において、景時の死を喜んでおり、自らの政敵である通親と景時との関係を踏まえての記述と解される。大江広元が景時弾劾をためらったのも、彼もまた通親と親密だったからだろう。

しかも景時は頼朝に掛け合って、治承・寿永の内乱において平氏寄りだった城長茂(96頁、161頁)・藤原隆衡《たかひら》(秀衡の息子)らの命を救ったことがあった。景時の死から一年後、彼らは敵討ちのため幕府に反旗を翻している。

朝廷と深く結びつき、旧平氏系武士に強い影響力を持つ景時の姿は、かつての源義経のそれに重なる。東国武士たちが景時に反発するのは自然なことだった。同じ頼家支持勢力である比企氏との提携すら実現できなかった点は、景時の致命的な失策である。

慈円（173頁）は『愚管抄』において、腹心である景時をかばいきれなかったのが頼家の最大の失策であったと論じている。景時の滅亡が頼家にとって打撃であったことは疑いない。しかし、頼家の最大の後援勢力は比企氏であり、比企氏が健在であれば頼家の権力は維持される。次節では比企氏の動きを見ていこう。

2 比企氏の変

比企氏の勢力

比企氏は頼家と最も深い関係を有する一族である。『吉見系図』によれば、頼朝の乳母である比企尼には三人の娘がいた。長女の丹後内侍《たんごのないし》は惟宗広言《これむねのひろこと》との間に島津《しまづ》（惟宗）忠久《ただひさ》（156頁）・若狭《わかさ》忠季《ただすえ》の二人を儲けた。彼女は安達盛長と再婚して娘を産み、その娘は源範頼と結婚した。

次女の河越尼は河越重頼と結婚して娘を産み、その娘は源義経に嫁いだ。三女は伊東祐清（祐親の次男）に嫁ぎ、頼朝に敵対した祐清が死んだ後、源氏一門の平賀義信と再婚している（194頁を参照）。

こうした比企氏の通婚関係からは二つの特徴が見られる。第一に、源氏一門との結婚である。義経、範頼、義信と婚姻関係を結んでいる。

第二に、東山道・北陸道への勢力扶植である。比企氏・安達氏・河越氏は武蔵に勢力を持ち、秩父平氏（66頁）の惣領格である河越氏は特に有力である。河越重頼は義経の縁者として誅殺され、秩父平氏の惣領の地位は畠山重忠に移ったが、河越尼は罪に問われることなく、後家として河越荘を支配した。平賀義信は武蔵国の国司と守護を兼ねている。

ところで、もともと京都で生活していた比企氏が武蔵下向後、すぐに現地に溶け込み、勢力を伸ばせた理由は従来よく分かっていなかった。最近、山野龍太郎氏が、比企郡の有力武士である三尾谷《みおや》氏の娘と比企能員が結婚し、この婚姻関係を通じて武蔵に地盤を築いたことを明らかにしている。

上野の守護は比企氏である。比企氏滅亡後は縁者の安達氏が上野守護になっており、安達氏も上野に影響力を持っていた可能性がある。信濃国は平賀氏の本拠であり、比企氏が守護である。武蔵・上野・信濃には、比企氏とその縁者の勢力が及んでいたことになる。

しかも、木曾義仲滅亡後、比企尼の実子である（比企尼の夫である比企掃部允の弟とする説もある）朝宗が北陸道勧農使《かんのうし》（守護の前身といわれる）として派遣されていた。比企氏滅亡後に若狭氏・島津氏が若狭国の、平賀氏・島津氏が越前国の、朝宗の娘（姫の前）が産んだ北条朝時が越中・越後国の守護に任じられている。当時の慣習では、犯罪人・謀反人の所領などの財産を没収した場合、被没収者の一族に給与することが多い。比企氏滅亡後に比企氏の縁者が若狭・越前・越中・越後の守護に任じられていることから、これら北陸道諸国の守護は比企氏ないしその縁者であったと見られる。

石井進氏らが推測するように、比企氏は義仲の勢力圏を、頼朝からそのまま委ねられた可能性がある。東国武士との婚姻関係を通じて、比企氏は東山道・北陸道に強大な勢力を築いていたのである。能員も娘を笠原親景《かさはらちかかげ》（信濃）、中山為重《なかやまためしげ》（武蔵）、糟屋有季《かすやありすえ》（上野）に嫁がせ（『吾妻鏡』）、影響力の拡大に腐心している。

比企氏は、頼朝周辺の源氏一門と東国武士を結びつける役割を担っていた。そして頼朝は、そんな比企氏に頼家の後見を託したのである。前章で言及した通り、比企能員は頼家の乳父である。政子は能員の屋敷で頼家を出産している。比企尼の次女、三女は頼家の乳母となり、成長した頼家は能員の娘と結婚した。

本来の頼朝の構想では、比企氏を介して義経・範頼と頼家を結束させるつもりだったのだろう。義経・範頼を粛清したことで、この構想は破綻したが、東国各地の有力御家人と婚姻関係を持つ比企氏に頼家を後見させることで、頼家の権力基盤の安定化を図る方針は継続した。

北条氏と比企氏の対立

頼朝の意図は、北条氏と比企氏が結合して頼家を支えることにあったが、景時滅亡後、両者は鋭く対立した。両者の対立は「ポスト頼家」をめぐる意見の相違にあった。頼家の弟である千幡を後見する時政は、頼家の後継として千幡を望んでいた。一方、比企能員の娘の若狭局は頼家の子である一幡を産んでおり、能員は一幡を後継者に考えていた。

従来、頼家の嫡男は一幡と考えられていた。しかし坂井孝一氏は、頼朝が頼家の正室に選んだのは源氏一門の賀茂《かも》（足助《あすけ》）重長《しげなが》の娘であり、彼女が産んだ公暁《こうきょう》こそが頼家の嫡男であったと主張している。この説が正しければ、比企能員は頼朝の遺命に反するかたちで、自分の外孫を次期鎌倉殿に就けようと画策したことになり、比企氏への反発は歴史学界が従来想定していた以上に大きかっただろう。

正治二年（一二〇〇）四月、北条時政が遠江守に補任され、従五位下に叙された。頼朝時代、国司に就任できるのは源氏一門に限られた。時政が国司に任命されたことは、彼が源氏一門に準ずる地位を与えられたことを意味する。この家格上昇は比企氏への対抗であろう。

時政が遠江守への任官を果たせたのは、時政の娘、頼朝の後家である政子の後押しがあったからと考えられる。政子は若い頼家を後見する立場にあり、頼家や幕府宿老に対し一定の影響力を行使できたのだろう。たとえば政子は、曾我事件に連座して失脚した岡崎義実（169頁）の救済を頼家に働きかけている（『吾妻鏡』）。

時政は多数派工作も進めていたと思われる。梶原景時滅亡後、老齢の安達盛長が病死し、景盛《かげもり》に代替わりした。景盛は比企尼の長女である丹後内侍の息子であるが、後述する比企氏の変では北条方についており、どこかの時点で北条氏に寝返ったと考えられる。

景時事件より前の話ではあるが、『吾妻鏡』正治元年八月条によれば、頼家が安達景盛の妾を奪ったうえ、景盛を誅殺しようとしたところ、政子が仲裁して事を収めたという。にわかに信じがたい話である。頼家の横暴を強調し、安達景盛が比企氏を裏切り北条氏に与したことを合理化するために創作・脚色された逸話であろう。

また、三浦義澄も景時滅亡直後に病没している。義澄嫡男の義村は北条義時と従兄弟の関係にあり、この代替わりによって北条氏と三浦氏の接近が進んだと考えられる。しかも年齢・実績の両面から幕府最長老と言える義澄が亡くなったことで、十三人の宿老の生き残りのうち、時政は最年長かその次あたりの長老（足立遠元・二階堂行政の正確な年齢は不詳）の立場に浮上した。勢力も考慮すれば、時政が御家人筆頭と言っても過言ではない。時政が幕政を主導し得る条件が整いつつあった。

阿野全成の死

しかし幕府の最高権力者はあくまで鎌倉殿たる頼家であり、時政が頼家を排除して幕政を牛耳ることは不可能であった。頼家は建仁《けんにん》二年（一二〇二）七月、従二位に叙され、征夷大将軍に宣下された。これによって頼家の権威は一層上昇した。

そして頼家・比企氏は、北条氏の勢力伸長に対して反撃を行っている。それが阿野全成事件である。

先述のように阿野全成は頼朝の異母弟で、阿波局を娶《めと》っていた。つまり北条時政の娘婿である。そして全成・阿波局は千幡の乳父・乳母でもあった。彼らは頼家に代わって千幡を将軍にする陰謀をめぐらしていたと思われる。しかし建仁三年（一二〇三）五月、先手を打った頼家は軍勢を派遣して阿野全成を謀反人として捕らえ、常陸国に配流した。六月には全成は下野国で八田知家に誅殺され、その子頼全《らいぜん》も翌七月に京都で殺された。

頼家は阿波局も逮捕しようとしたが、頼家の実母にして阿波局の姉である政子によって阻まれた。しかしながら、千幡の後ろ盾であった阿野氏が謀反の罪で滅ぼされたことは、千幡の立場を著しく悪化させた。頼家が得点を稼いだと言えよう。また八田知家が全成を誅殺していることから、知家を比企派に引き込むことに成功したと推察される。

頼家がこのまま年齢を重ねていけば、若い頼家を後見するという名目で幕政に関与している政子の影響力は次第に低下していく。ひいては北条氏の権力が後退することになる。頼家・比企氏の有利は明白である。

ところが同年七月、頼家が重病を患い、八月末には危篤状態に陥った。年若い頼家の急病は、関係者すべてにとって予想外だった。そして翌九月には比企氏の変が起こる。

比企能員を謀殺

比企氏の変とはどのような事件だったのか。『吾妻鏡』によれば、頼家の危篤を受けて幕府内で後継者問題が話し合われ、日本国惣守護と関東二十八ヵ国の惣地頭の地位を頼家嫡子の一幡が、関西三十八ヵ国の惣地頭の地位を頼家の弟の千幡が継承するという、分割相続に決定した。これに不満を持ったのが、頼家の舅、そして一幡の外祖父たる比企能員である。九月二日、能員は娘の若狭局を通じて分割相続を阻止するよう頼家に働きかけ、頼家は病床に能員を招いて、北条氏討伐の計画を話し合った。

ところが、障子越しにこの密事を耳にした北条政子は父時政に急報した。時政は比企氏討滅について大江広元の消極的支持をとりつけ、薬師如来像供養にかこつけて能員を自邸に招いた。密事が漏れているとも知らぬ能員は、「危険です」「せめて甲冑を」という一族の制止を振り切って僅かな供を連れて北条邸に出向き、その場で天野遠景・仁田忠常に殺されてしまった。能員の死を知った比企一族は一幡の御所に楯籠もったが、政子の命を受けた大軍に攻められ、一幡ともども滅亡した（小御所合戦）。

五日、多少病気が良くなった頼家は息子と舅の死を知り激怒し、時政討伐を和田義盛・仁田忠常に命じた。けれども義盛が北条方についたため失敗し、七日には政子の命により頼家は出家させられた。なお、対応をためらっていた仁田忠常は北条派の加藤景廉に誅殺された。頼家は二十九日には伊豆の修善寺に護送、幽閉された。そして翌元久《げんきゅう》元年（一二〇四）七月十八日、頼家は修善寺で亡くなった。二十三歳であった。

以上が、『吾妻鏡』が記す比企氏の変の概要だが、どうにも不自然な点が多い。政子が障子越しに密談をたまたま立ち聞きするなど、まるで安手のサスペンスドラマのようで、とても事実とは思われない。慈円（173頁）の『愚管抄』によれば、頼家は大江広元邸で倒れて、そのまま寝込んだというから、比企能員・北条政子が頼家の側にいた、時政が広元に相談したという『吾妻鏡』の叙述は非現実的である。加えて、謀反を計画中の比企能員が丸腰同然で敵の屋敷に乗り込むということも考えにくい。

実は『愚管抄』が語る比企氏の変は、『吾妻鏡』のそれとはまったく異なる。頼家は病が重くなったので、八月晦日に出家して一幡への家督継承の準備を進めた。しかし九月二日、一幡の外祖父である能員の権勢が高まることを恐れた時政が能員を呼び出して謀殺し、さらに一幡を殺そうと軍勢を差し向けた。一幡はようやく母の若狭局が抱いて逃げ延びたが、残る一族は皆討たれた。やがて病気が癒えた頼家は事件を聞いて激怒、太刀を手に立ち上がったが、政子がこれを押さえ付け、修禅寺に押し込めてしまった。十一月になって一幡は捕らえられ、北条義時の手勢に刺し殺されたという。また頼家も、翌年七月十八日に北条氏の刺客によって修善寺で暗殺された。

つまり、『愚管抄』に従えば、頼家と能員が時政討伐を企てたのではなく、時政が能員討伐を企てたということになる。こちらの方が真相に近いだろう。永井晋氏は、比企能員の娘婿で比企氏の変で戦死した糟屋有季の遺族から慈円が聞き取りを行った可能性を指摘している。

頼家が病死した場合、嫡男の一幡が跡を継ぐのが当然である。たしかに一幡はまだ六歳と幼いが、千幡とて十二歳にすぎず、長子の一幡をさしおいて弟の千幡を跡継ぎにしたり、分割相続したりする正当性は希薄である。分割相続の話は『吾妻鏡』の創作だろう。

一幡が鎌倉殿になれば比企能員は自動的に外戚として権力をふるえるのだから、能員には挙兵の動機がない。勢力挽回のために政変を仕掛ける必要があったのは、むしろ時政の方である。

真犯人は時政ではないかと疑い出すと、同時代史料である『猪隈関白記』の記事が気になってくる。この日記によれば、建仁三年九月七日朝に、幕府の使者が京都に到着し、「去る九月一日に頼家は病死したので、頼家の弟の千幡を征夷大将軍に任命してほしい」と奏上している。この「頼家が死んだので千幡を将軍に」という話は、藤原定家《ていか》の日記『明月記』や白川業資《しらかわなりすけ》の日記『業資王記』などにも記述されており、幕府が頼家の死を朝廷に報告したのは確実である。

後鳥羽院はこれを受け入れて千幡に実朝の名を与え、従五位下・征夷大将軍に叙位任官しているが、問題はタイミングである。頼家死去の報（実際はまだ生きていた）が京都に届いたのは九月七日、すなわち頼家が失脚したその日である。石井進氏が指摘したように、当時の使者の移動スピードを考慮すると、この使者は九月の一日か二日に鎌倉を発っている。したがって時政は決起前に使者を京都に派遣していた公算が高い。

もっとも、早馬を用いれば二日に比企一族を滅ぼした後に使者を送ることも可能だろう。その場合でも、迅速に朝廷工作を行った手回しの良さを考えると、時政が以前から挙兵を計画していたことは確実である。比企能員の陰謀を北条時政が事前に察知して返り討ちにしたのではなく、時政こそが陰謀の仕掛け人だったのである。

北条政子・義時の立場

比企氏を滅ぼすだけでなく、最終的に将軍頼家と一幡を殺すところまで突き進んだのは、それだけ北条氏が追い込まれていたことを意味する。小御所合戦の参加者の中心は、伊豆の武士、そして北条氏と縁戚関係にある平賀朝雅《ともまさ》（義信の嫡男で牧の方の娘と結婚）・三浦義村・畠山重忠といったところである。むろん突然の動員であるから、小御所合戦で北条方についた者以外にも北条氏支持勢力はいただろうが、広がりを欠くものであったことは否めない。時政の多数派工作は奏功せず、結果として一幡の家督継承が決まった。窮地に立った時政は乾坤一擲《けんこんいってき》、クーデターに踏み切ったのである。

このクーデターには政子の協力が不可欠であった。小御所攻撃が政子の命令によってなされたことからも分かるように、鎌倉殿である頼家が危篤状態のため政子は鎌倉殿代理の立場にあった。政子の支持によって時政のクーデターは正当化されたのである。

北条政子は「我が子を殺した冷酷な母親」と非難されることが多い。しかし病床の頼家は死後の往生を願って出家しているように、自らの病死を覚悟していた。政子らも頼家が早晩亡くなることを確信していたはずだ。時政の挙兵は頼家の病死を前提にしたものであり、頼家の奇跡的な回復は想定外の事態であった。政子も頼家が亡くなると思ったからこそ比企氏討伐・千幡擁立に同意したのだろう。つまり時政・政子・義時の目的は、あくまで比企氏討伐であり、頼家追い落としではなかった。

一幡への代替わりが行われれば、将軍生母という政子の立場は失われる。北条氏の権力も低下する。自身の立場と実家北条氏の地位を守るため、政子は苦渋の決断を下したのである。

比企氏を滅ぼし、千幡を擁立した時点で、頼家が蘇生しても、もう取り返しがつかない。政子には頼家を追放する以外の選択肢はなかった。頼家の暗殺に政子が関与したかどうかは明らかでない。しかし政変から暗殺まで一年を要していることを考慮すると、北条氏内部でも頼家を殺すかどうかで意見が分かれ、長く議論が続いたのだろう。政子は何とか頼家を生かそうとしたと信じたい。政子は頼家の子である公暁を保護しているからである。

比企氏出身の姫の前と結婚している義時も、複雑な心境で戦いに臨んだだろう。比企氏滅亡後、姫の前を離縁している。

前述のように『愚管抄』によれば、義時の家人が一幡を殺している。しかし『吾妻鏡』では小御所合戦で一幡が死んだと記している。北条氏顕彰の性格を持つ『吾妻鏡』は、逃げた一幡を義時がわざわざ探し出して殺したとは書けなかったのだろう。幼く、しかも政子の孫にあたる一幡を殺したことは、義時らにとって後ろ暗いことだったのである。

3　時政の失脚

時政は幕府執権に就任したか

建仁三年（一二〇三）九月十日、実朝は政子の御所から時政の名越《なごえ》邸に移った。ところが政子の妹の阿波局が、牧の方を実朝の母親代わりにするのは不安であると政子に伝えた。政子も同意見であり、義時らを派遣して実朝を連れ戻した。狼狽した時政は弁明したが、実朝の成人までは政子が養育することになったという（『吾妻鏡』）。

右の逸話は、後述する牧氏事件から逆算し、牧の方が実朝に対して悪意を持っていたことを強調するために創作された可能性がある。ただ、実朝をめぐって、時政・牧の方と義時・政子との間で意見対立や主導権争いがあったことは認めてもよいだろう。

政子との不協和音があったにせよ、以後の幕政を主導したのは、比企氏討伐・千幡擁立の立て役者たる時政であった。十月八日、実朝は時政の名越邸で元服した。翌九日には将軍家政所始が行われたが、総責任者は政所別当となった時政であった。

政所始が行われたから将軍家政所下文を発給する体裁は整ったわけだが、以後も政所下文は発給されなかった。本来、政所は三位以上の公卿でないと設置できない家政機関だったからであろう（この時点の実朝は従五位下）。これについては頼家も同様である。頼家は鎌倉殿就任直後に政所始を行っているが、将軍家政所下文を発給するようになるのは、正治二年（一二〇〇）十月に従三位に昇叙してからである（ただし政所職員らが連署して略式の政所下文を発給することはあった）。

では、将軍家政所下文を発給できない実朝政権は、代わりにどのような文書を発給したのか。頼家の場合は袖判下文を発給したが、幼い実朝にはそれも困難である。そこで後見役の時政が単独署名で文書を発給した。新恩給与や本領安堵といった鎌倉殿の権限を、時政が代行したのである。

一般に時政は、鎌倉幕府の初代執権に就任したとされる。よく知られているように、時政以降、歴代の北条氏当主は執権に就任するが、同時代史料で時政を「執権」と表現したものはない。この時点で「執権」という幕府の役職が成立していたとは考えられない。義時ですら、執権に就任したかどうかについては議論がある。

そもそも時政の権限と、泰時（義時長男）以降の執権の権限は異なる。泰時以降の執権は、将軍を補佐する常設の役職だが、時政は幼少の実朝の権限を代行しているにすぎない。鎌倉殿の代理だから、その権限は絶大であるが、実朝が成長すれば返さなくてはならない一時的な権限である。

この時期は時政だけでなく、大江広元も政所別当であった。時政が従五位下に対し広元は正五位下であり、位階は広元の方が上であった。幕府の役職だけで見れば、時政の地位は御家人筆頭とは言えない。時政が幕政を領導できたのは、もっぱら実朝の外祖父・後見人という立場によるものだった。その地位とて、頼朝後家にして実朝生母たる政子と決定的に対立すれば、雲散霧消しかねない。時政の権力基盤は、実は不安定なものだったのである。

北条政範の死

元久元年（一二〇四）八月四日、実朝の結婚相手が正式に決定した。京都の公家、坊門信清《ぼうもんのぶきよ》の娘である。信清は後鳥羽上皇の母方の叔父にあたり、後鳥羽の近臣であった。

ところで『吾妻鏡』によれば、実朝の正室には当初、足利義兼《よしかね》の娘が決まっていたが、実朝がこれに難色を示し、京都から嫁を迎えることになったという。実朝の京都志向、王朝文化への憧れとして説明されることが多いが、実朝はまだ十三歳である。実際には時政の意向が強く働いたと思われる。時政と牧の方との間に生まれた娘が坊門忠清《ただきよ》（信清次男）

に嫁いでおり、このつながりによって縁談が進んだと見るのが自然だろう。

加えて、実朝と東国武士の娘を結婚させることを忌避する気持ちがあったのだろう。足利義兼（既に死没）の妻は政子の妹で、足利氏と北条氏は縁戚関係にある。とはいえ、門葉（源氏一門、185頁を参照）として高い家格を誇る足利氏が第二の比企氏にならないとは限らない。比企氏と北条氏も縁戚関係で結びついていたのだから。

最大の目的は、源氏将軍家・北条氏と後鳥羽院との関係強化であろう。建仁二年（一二〇二）に源通親が亡くなった後、後鳥羽院が朝廷の全権を掌握しており、朝幕関係を安定化させるには後鳥羽本人への働きかけが不可欠であった。北条氏には田舎武士の印象が根強いが、大姫入内工作に見えるように、頼朝時代から北条氏は朝廷への接近を図っていた。建仁三年十月三日には時政・牧の方の娘婿である平賀朝雅が上洛して京都守護に就任しているが（『吾妻鏡』）、これも時政による朝廷との関係強化の一環であろう。さらに言えば、幼い実朝の権威を高めるには、後鳥羽院の後ろ盾が必要だったと思われる。

元久元年十月十四日、坊門信清の娘を迎えるため、多くの御家人が上洛した。その中に、北条政範の姿があった。政範は時政と牧の方との間に生まれた男子である。政範はこの年の四月に十六歳の若さで従五位下・左馬権助に叙任されている。四十二歳の義時がこの年に従五位下・相模守であるから、政範の優遇は明らかだ。北条氏当主である時政の後継者としての位置づけであろう。

既述の通り、義時は江間家という分家を立てたと見られるが（204頁）、これは時政・義時父子がともに幕府の中枢に席を占めるための便宜的な措置であった。義時の思惑では、時政が早晩引退することで二頭体制は解消され、義時の系統に一本化されるはずであった。しかし政範が時政の後継者として高い官位を得たら、政範が北条氏嫡流となり、義時は庶流に転落する。義時にとって到底容認できない事態であろう。

ところが十一月五日、在京中の政範が早世する。京都への旅行中に病を得て、そのまま亡くなってしまったのだ。時政・牧の方の悲嘆は尋常でなかったという（『吾妻鏡』）。時政にとって政範の急逝は精神的打撃のみならず、政治的打撃であった。既に七十歳近い高齢の時政が後継者を失ったのである。時政・牧の方と義時・政子との綱引きにおいて、前者が不利に傾くのは必定である。このままでは時政政権のレームダック化は避けられない。焦燥にかられた時政は権謀術数による権力の維持を図り、暴走していく。

畠山重忠の乱

政範の死という悲劇はあったが、実朝の婚儀の準備は京都で順調に進んだ。ところが、思いもよらぬ事件が発生する。

元久元年（一二〇四）十一月四日、京都の平賀朝雅の屋敷で酒宴が行われたが、畠山重《しげ》保《やす》と朝雅の間で口論が生じた。重保は、武蔵の有力武士で幕府創業の功臣として人望厚い畠山重忠の嫡子である。周囲の止めが入り、その場は収まったが、朝雅は恨みを忘れなかった。

翌二年六月二十一日、朝雅は牧の方を通じて「畠山重忠に謀反の意思あり」と時政に讒訴した。寵愛する牧の方に頼まれた時政は、畠山重忠父子の誅殺を考え、息子の義時・時房に相談したが、両人は「重忠は頼朝様から厚い信頼を受けた忠臣で、父上の娘婿として比企氏討伐でも活躍しました。軽率に殺しては後悔することになります。本当に謀反を企てているのか確かめてからでも遅くはないでしょう」と反対し、物別れに終わった。

だが帰宅した義時のところに、牧の方の使者である大岡時親《おおおかときちか》が訪れ、「牧の方を継母と軽んじ、重忠をかばうつもりか」と詰問したため、義時は重忠討伐に消極的に同意した。結局、義時・時房・和田義盛らが重忠討伐のために出陣することになる。

この頃、畠山重保は親戚の稲毛重成に招かれて鎌倉に来ていた。だが重成は時政の娘婿であり（203頁）、時政の指令に従って重保をおびき寄せたのである。二十二日の朝、謀反人を討つべく由比ヶ浜に集まれとの命を受けた重保は三人の家人とともに由比ヶ浜に駆けつけたが、時政の指示を受けた三浦義村の軍勢によって討たれてしまった。

第二章で触れたように、治承・寿永の内乱の初期、重忠は平家方として衣笠合戦で三浦義明を討っている。重忠が頼朝に降参した際、三浦一族は重忠を殺そうとしたが、頼朝に止められた（67頁）。この時の遺恨を、三浦義村・和田義盛らはまだ忘れていなかった。時政は敵討ちに燃える三浦一族を利用して重忠を討とうとしたのである。

さて、鎌倉で謀反が起きたので急ぎ馳せ参じよと稲毛重成から連絡を受けた畠山重忠は、兵を率いて鎌倉に向かったが、二俣川《ふたまた》の付近（現在の神奈川県横浜市旭区）で重保が殺されたこと、自分が謀反人として討伐されようとしていることを知った。本拠地に引き返して態勢を立て直すべきとの意見を退け、「逃げるところを討たれた梶原景時のような末路をとりたくない」と幕府の大軍に真っ向から突撃し、華々しい戦死を遂げた。

重忠を討った後、鎌倉に帰還した義時は、「重忠の弟や親戚のほとんどは他所にいて、重忠に従っていたのは僅か百人余り。やはり重忠が謀反を企てたという話は偽りだった」と時政をなじった。重忠は冤罪だったという評判が広まり、窮地に陥った時政は、重忠を陥れた罪で重成を殺した。トカゲの尻尾切りで責任回避を図ったのである。

以上のように、『吾妻鏡』は事件の原因を平賀朝雅の畠山重保への怨恨に求め、若い後妻の言いなりになる時政を戯画的に描くが、実際にはより政治的な対立があったと思われる。幕政を牛耳る時政が鎌倉での権力闘争に対応するには、鎌倉に近い武蔵・相模の武士団を押さえておくことが望ましい。時政は三浦一族との提携で相模への影響力は確保したが、比企氏の地盤であった武蔵の掌握はまだ不十分だった。

平賀朝雅は父義信（218頁）から武蔵守を引き継いでおり、時政は娘婿の朝雅を通じて武蔵への影響力浸透を図った。しかし時政・朝雅が武蔵の武士団を掌握するためには、武勇に秀で声望が高く、しかも秩父平氏の惣領として武蔵国の在庁官人を統率していた畠山重忠を排除する必要があった。ゆえに重忠を謀反の嫌疑で葬ったのである。

だが、時政のあまりに強引な手法は、御家人たちの強い反発を呼んだ。重忠討伐の論功行賞は、将軍実朝の実母である政子によって取り仕切られ、時政は蚊帳《かや》の外に置かれた。もともと政子・義時姉弟は、継母の牧の方と折り合いが悪かったが、今回の事件を契機に両者は完全に決裂した。

牧氏事件

追いつめられた北条時政・牧の方は思い切った賭けに出た。『吾妻鏡』によれば、実朝を廃し平賀朝雅を将軍にしようと考えたのである。同書は、牧の方が策謀をめぐらしたと記すが、鵜呑みにはできない。政子・義時姉弟が父親に反逆した印象を和らげるため、牧の方を「悪女」として描き、すべての責任を彼女に押しつける意図が感じられる。現実には時政が陰謀を主導したと考えられる。

平賀氏は清和源氏義光流の武士（信濃源氏）である。朝雅の父である義信は平治の乱において源義朝（頼朝の父）の東国への逃避行にも付き従った忠臣である。義信は治承・寿永の内乱が起こると、地理的関係から当初は木曾義仲に協力するも、その後、頼朝に従った。義信は頼朝に厚遇され、門葉の首座、すなわち御家人筆頭に列せられた。義信は源範頼よりも上位に位置づけられたのである。

息子の平賀朝雅も武蔵守に加え京都守護の要職を占めていた。しかも上洛直後に伊勢・伊賀で勃発した三日《みっか》平氏《へいし》の乱（平家残党の蜂起）を首尾よく鎮圧し、後鳥羽院の信任も厚かった。朝雅を将軍に、という時政の案はそれなりに現実性のあるものだった。

ただ、時政が具体的にどのような手順で朝雅を擁立するつもりだったのかは判然としない。まさか実朝を暗殺するわけにはいかないので、実朝を出家させる、あるいは実朝を追放する、京都に送る、といったところだろうか。いずれにせよ、実朝の身柄を確保する必要がある。おそらく時政は、政子に無断で実朝を自邸に招いたのだろう。義時・政子はこれを拉致・監禁と判断し、時政の行動を謀反と認定したと思われる。

閏七月十九日、政子の命を受けた長沼宗政《ながぬまむねまさ》、結城朝光、三浦義村・胤義《たねよし》、天野政景《まさかげ》らが実朝を時政邸から連れ出し、義時邸に入れた。時政が動員した御家人たちは、形勢不利と見て義時邸に走り、実朝を護衛した。孤立した時政は出家した。

翌二十日、六十八歳の時政は伊豆国北条に下った。『吾妻鏡』を読むと、時政が自発的・平和的に下向したかのようだが、『明月記』によると頼家と同じように幽閉されたという。実際には義時は力ずくで時政を追放、幽閉したのだろう。時政は以後二度と復権することはなかった。

また『吾妻鏡』によれば、時政の引退にともない、義時は執権に就任したというが、執権という幕府の役職が成立していたか疑わしい。父時政に刃を向けた義時を正当化するための曲筆ではないか。

義時は大江広元・安達景盛らと協議したうえで、京都に使者を派遣し、在京御家人に朝雅討伐を命じた（『吾妻鏡』）。京都に届いた朝雅討伐命令書には実朝の花押が据えられていたという（『明月記』）。二十六日、在京御家人が後鳥羽院の御所に集結した。この日、朝雅は院御所に来ていたが、追討の情報を知って自邸に戻った。武士たちが朝雅邸を攻撃したため、朝雅は逃走したが、追撃され討ち取られたという（『吾妻鏡』『明月記』）。

幕府の内紛の巻き添えで、自身の近臣である朝雅が突然討たれたことに、後鳥羽院は衝撃を受けただろう。幕府に京都の治安維持を全面的に委任することの危険性を痛感したはずだ。坂井孝一氏が推測するように、後鳥羽が「西面の武士」と呼ばれる直属武力を編成するきっかけは、朝雅誅殺にあったと思われる。

義時の時代へ

比企氏の変の時と同様に、牧氏事件でもやはり政子が命令を下している。義時には、同僚である御家人たちに命令を下す権限がないからである。頼朝後家・実朝生母たる政子は緊急事態において将軍権力を代行することができた。義時・政子姉弟が、父である時政に逆らうことができたのは、このためである。また、三浦一族が時政ではなく義時に味方したことも大きかった。

時政の権力の源泉は、実朝の後見役という地位にある。その時政が実朝の地位を否定することは自殺行為である。政子と協調し、実朝を抱え込むことに成功した義時の作戦勝ちと言える。

『吾妻鏡』は、重忠の首を見た義時が、重忠との長年の親交を思って涙を流したと記す。同書は狡猾な時政と誠実な義時を対比的に叙述するが、額面通りには受け取れない。義時の父時政に対する反抗を正当化する意図が感じられるからである。

重忠・朝雅の死後、紆余曲折を経て、承元《じょうげん》四年（一二一〇）には義時の弟である時房が武蔵守に就任した。以後、武蔵国は北条氏の権力基盤になった。重忠を抹殺した時政の謀略の果実を、義時は享受しているのである。現実には義時も重忠を排除する必要を認めていたのではないか。無実のはずの重忠の遺族を義時が救済した形跡は認められない。結果的に義時は、父時政に汚れ仕事を押しつけ、利益だけを受け取った。義時が最初からすべてを仕組んでいたとは思わないが、父と友との板挟みに遭って義時は苦悩したという『吾妻鏡』の主張にも疑問が残る。

ともあれ、時政追放によって、義時は時政に代わる御家人筆頭として幕政を運営することになった。牧氏事件直後に宇都宮頼綱《うつのみやよりつな》（時政と牧の方との間に生まれた娘と結婚していた）が謀反を企てているという噂が流れた際も、義時が中心となって事態の収拾にあたっている。建永《けんえい》二年（一二〇七）六月に天野遠景が幕府に恩賞を申請した時も、まず義時に嘆願書を提出し、義時の許可を得たうえで大江広元が実朝に嘆願書を披露している（『吾妻鏡』）。

しかし、義時の権力行使は控えめなものだった。坂井孝一氏が指摘するように、義時の文書発給は時政のそれに比べて圧倒的に少ない。時政が実朝後見役だった二年弱で発給した文書は、二十六通現存している。これに対し、牧氏事件後から実朝が将軍家政所下文を発給するようになるまでの四年間に義時が発給した文書は、わずか五通しか現存していない。

加えて、義時は時政と異なり、牧氏事件後に政所別当に就任した形跡が確認できない。

『吾妻鏡』にも記述がないし、略式の政所下文に義時が署名している事例も見られない。義時は幕府の役職につかず、実朝・政子を陰から支えるかたちをとったと考えられる。

　義時は、性急に自身への権力集中を進めて反感を買った父時政を反面教師として、慎重に幕政に関与したと考えられる。牧氏事件当時、義時は四十三歳である。老い先短い時政と違って、慌てて権限を拡大する必要はない。政治実績を積み上げて、徐々に権力を強化すればよいと思ったのだろう。己の権力欲のために父親を追ったという非難を避ける意味もあったのかもしれない。

　けれども、義時がいくら自己抑制に努めたとしても、彼が幕府の実権を握っていることは衆目の一致するところであった。頼朝の時代、頼家の時代、時政の時代を経て、義時の時代が始まろうとしていた。

第七章　「執権」義時

1　実朝との関係

実朝の自立

建仁三年（一二〇三）に将軍に就任した時、実朝は十二歳にすぎなかった。よって北条時政が政治を代行した。時政失脚後は、政子・義時が実朝を補佐する体制に移行し、実朝が自身の政治的意思を発揮する余地は乏しかった。

しかし実朝は、成長するにつれ、将軍として自ら権力をふるうようになる。大きな画期は、承元三年（一二〇九）にある。この年、実朝は正四位下から従三位に昇叙した。これにより、実朝は公卿として正式に政所を開設することができるようになった。実際、この時期から、実朝は将軍家政所下文を発給するようになる。それ以前から実朝は袖判下文などを発給していたが、数は少ない。義時や政所職員が文書を出していた。以後、重要な決定は将軍家政所下文によって示されるようになり、将軍親裁が本格化する。

なお実朝が公卿に列した数ヵ月後に、義時は政所別当に就任する。今後、政所に権力が集中することを見越して、政所に基盤を置くことにしたのだろう。

将軍家政所下文の主な用途は、地頭職補任による所領給与と譲与安堵（親子間などでの財産相続の許可）、すなわち新恩給与と本領安堵である。こうした御恩は将軍と御家人の主従関係の根幹をなすものであり、将軍固有の権能だった。

『吾妻鏡』の記事を見ても、承元三年以降は、実朝が自ら決断したと思しき事例が増える。承元三年三月、高野山が自らの荘園である備後国太田荘（現在の広島県世羅郡世羅町）の年貢を地頭が納めないと幕府に訴えてきた。第四章で論じたように、幕府が設置した地頭を、公家・寺社などの荘園領主は勝手に解任できない（147頁）。このため、地頭が不法行為を犯した場合、荘園領主は幕府に訴え出るのである。

太田荘の地頭は三善康信だったが、高野山の使者と康信の代官は実朝の御前で口論となった。怒った実朝は両人を追い出し、審理を差し置いた。『吾妻鏡』には「直に仰せ下されし」とあり、実朝自身の判断であったことが分かる。三善康信は十三人の宿老（212頁）にも選ばれたことがある幕府の重鎮であり、その康信が関わる訴訟を、実朝は北条義時・大江広元らの補佐を得ずに裁定に臨んでいる。坂井孝一氏が指摘するように、実朝による将軍親裁の好例である。

実朝は訴訟だけでなく、政策にも取り組んでいる。承元四年三月には、武蔵国の大田文《おおたぶみ》（国単位で作成された国内の公領・荘園別の田地面積、領有関係などを記載した土地台帳）の作成を指示し、同国の国司の業務に関する規程を制定している。これは同年正月に北条時房が武蔵守に就任したことを受けての措置だろうから（240頁を参照）、義時の関与もあると思われる。しかし武蔵国は関東御分国（将軍家の知行国）の一つであり、実朝が知行国主である。基本的には実朝の命令と見るべきだろう。

この他、実朝は承元四年から二、三年の間に、交通政策や寺社保護政策などを矢継ぎ早に打ち出している。

義時と実朝

よく知られているように、実朝は和歌・蹴鞠《けまり》などの王朝文化に傾倒した。実朝は後鳥羽院の従兄妹である坊門信清の娘と結婚し、信子や侍女たちから京都での和歌の隆盛を聞いて、興味を覚えたとされる。和歌をたしなむ御家人たちと歌会を開き、承元三年（一二〇九）七月には自作の和歌三十首を歌人として名高い藤原定家に送り、その評価を求めた（『吾妻鏡』）。

『吾妻鏡』によれば、北条義時は実朝の貴族趣味を快く思わなかったという。承元三年十一月、義時は「弓馬の事（武芸）」を忘れないよう、実朝を諫めた。そこで実朝は、四日に小御所東面の小庭で、切的《きりまと》を射る競技を行った。和田常盛《つねもり》（義盛の嫡男）らの壮士が的を射た。七日、負けた側が勝った側を酒宴でもてなしたところ、酔っ払って大騒ぎになった。この時、義時・大江広元は「武芸を重視し朝廷を守護していけば、幕府は長く安泰でしょう」と戒めたという。

また建暦《けんりゃく》三年（一二一三、十二月に建保《けんぽう》に改元）九月には、頼朝以来の御家人である長沼宗政が「今の将軍は和歌・蹴鞠ばかりに熱中して、武芸を疎かにしている。女性ばかり重用して勇士がいない」と批判している。こうした『吾妻鏡』の記述から、文弱で政治に無関心、厭世的な実朝像が形作られていった。

しかし、『吾妻鏡』は北条氏による幕府支配を正当化する歴史書なので、頼家・実朝に対しては否定的であり、その点は割り引いて考える必要がある。そもそも和歌や蹴鞠は貴族社会で必須の教養であった。実朝は、和歌・蹴鞠を盛んに行っていた後鳥羽を理想の統治者とみなし（ただし後鳥羽は武芸も得意としていた）、彼に倣って帝王学を身につけようとしたのである。北条時房（義時の弟）・泰時（義時の長男）らも実朝の歌会に参加しており、義時が和歌を毛嫌いしていたとは考えにくい。

とはいえ、実朝の成長にともない、義時と実朝との間に軋轢が生まれたのも事実である。切的騒動の一週間後、義時は、自身に仕えている「年来の郎従」のうち、功績のある者を御家人に準じた地位にしてほしいと実朝に申請している。御家人である義時の郎従は、実朝から見れば家来の家来、つまり陪臣にすぎない。その陪臣が御家人扱いということになると、義時の地位は一般御家人より明確に上になる。義時は自身の権威の拡大を狙ったのである。

実朝はこれを却下した。却下は義時にとって不名誉なことであり、北条氏顕彰の色彩が強い『吾妻鏡』があえて記していることから、この逸話は事実であろう。

ただ、実朝の却下の理由は興味深い。陪臣を御家人扱いすると、後世において、当初の事情を知らない陪臣の子孫が誤解して、北条氏を飛び越して幕府に直接奉公しようとするだろうから望ましくない、というのだ。義時の思い上がりを叱責するのではなく、北条氏にとっても不利益であると、義時の面目を立てた説得を行っているのである。叔父である義時への配慮が感じられる。

守護制度改革の失敗

義時が郎従について申請した数日後、守護制度についての議論が幕府で行われた。諸国の守護が治安維持活動を怠っているため、群盗が蜂起して荘園・公領が困っている、という訴えが国衙から出されたのである。守護は終身職のため、既得権に甘えて業務を怠るのだろうから、任期を定めて交替制にすればよいのではないか、という意見が出された。

国々の事情を調査し、職務怠慢の守護を解任すればよい、という提案もあった。しかし反対意見もあり、容易に結論は出なかった。

そこで、まず近国に対して、守護職補任の最初の「御下文」を提出させ、守護職の由来について調査することになった。翌月、下総の千葉成胤《なりたね》、相模の三浦義村、下野の小山朝政ら近国の守護が証拠資料を提出した。彼らは、先祖代々の由緒を主張した。先祖が在庁官人などの立場で治安維持活動を行っており、その実績を踏まえて頼朝から守護に任命された、というのだ。幕府創設前から彼らは守護的な活動を行っているため、守護職は純粋な新恩ではない。だから幕府が勝手に没収できない。また偉大なる頼朝による守護職補任の決定をたやすく覆すべきではない。このような結論に至り、守護制度改革は頓挫した。

守護交替制は守護職の任免権を幕府が掌握するというものだから、幕府創設以来の有力御家人の既得権を脅かす。だから千葉氏らは強く反発したのである。逆にこの政策を推進したのは誰か。『吾妻鏡』は明示していないが、有力御家人の力を押さえることで誰が得するかを考えれば、実朝・義時ということになろう。かつては実朝＝傀儡《かいらい》のイメージがあったため義時と考えられた。だが実朝の積極的な政治姿勢を踏まえれば、右の政策に実朝の意志を想定すべきである。調査には、侍所の和田義盛、政所の中原仲業《なかなり》・清原満定《みつさだ》も関わっている。義時の独断では彼らは動かなかっただろう。

2　和田合戦

和田義盛の訴え

承元三年（一二〇九）五月十二日、和田義盛は実朝に、上総介任官の推薦を願い出た。御家人が官職を得る場合、将軍の許可を得て、将軍を通じて任官を申請する必要があるからだ。実朝は母の政子に相談したが、政子は「侍（一般御家人）が受領（国司の筆頭官）になることは、頼朝様の時代に禁じられている」と反対した。それでも義盛は二十三日に大江広元に嘆願書を提出した。政子の反対もあって事はなかなか進まなかったが、十一月二十七日には実朝が義盛に対応を約束し、しばらく待つよう命じた。

ところが承元四年六月、後鳥羽上皇に仕える北面の武士（院の親衛隊）である藤原秀康《ひでやす》が上総介に任命されてしまった。建暦元年（一二一一）十二月、義盛は上総介任官の希望を撤回した。上総介任官を希望し、しばらく待つように命じられていたのに、自分から辞退するのは「上（実朝）の計らい」を軽んじるものである、と『吾妻鏡』は批判している。

しかし『吾妻鏡』は、後の和田合戦から逆算し、義盛の傲慢をことさらに強調しているように見える。院近臣である藤原秀康が上総介に任官した以上、当分は上総介になれないだろうから、撤回するのは自然である（ただし、山本みなみ氏は、甥である秀康が上総介に任官したことに義盛は強い不満を持ったと推測している）。実朝への当てつけとみなすのは、北条氏寄りの『吾妻鏡』の恣意的な解釈と見られる。現に、実朝と義盛との関係が悪化した形跡は確認できない。義盛の孫である朝盛《ともも り》は実朝の側近だった。

義盛が上総介を望んだのは、北条氏への対抗意識からだろう。前章で指摘したように、頼朝時代、国司に就任できるのは源氏一門に限られた。その後、北条氏や大江広元らも国司に任命されたが、他の御家人は任命されていない。

幕府創設時の重鎮はほぼ亡くなっており、実力・経験を考慮すると、義盛は最長老の御家人であった（義時より十六歳年長）。三浦一族の惣領は和田義盛ではなく三浦義村だったが、義盛は義村より年長であるし、侍所別当として御家人を統括する任に当たっていた。

建暦三年の正月、毎年恒例の垸飯《おうばん》（御家人が主君である将軍に食事を献じる年頭儀礼）が行われたが、正月一日に大江広元、二日に北条義時、三日に北条時房、四日に和田義盛が務めている。垸飯の順番は年ごとに多少変動するが、おおむね幕府内の序列を示すものと考えられている。義盛は北条氏に匹敵する有力御家人として重んじられていた。

けれども官職から見ると、受領の北条一族に対し、義盛は左衛門尉《さえもんのじょう》にすぎない。左衛門尉は一般御家人が任官できるありふれた官職なので、義盛は受領を望んだのであろう。高齢の義盛としては、子孫のために和田氏の家格を上げておきたいという算段もあったと思われる。その試みは失敗したが、義時が義盛を警戒したことは疑いない。

泉親平の乱

建暦三年（一二一三）二月、幕府を震撼させる大事件が勃発した。千葉成胤が謀反の計画が進行中であることを幕府に通報したのである。安念《あんねん》という信濃の僧侶が鎌倉甘縄《あまなわ》の成胤邸を訪れ、謀反への協力を求めたが、成胤は安念を捕らえて義時に差し出した。

安念が白状したことで、謀反計画の全容が明らかになった。首謀者は信濃の御家人である泉親平《いずみちかひら》（親衡）であり、頼家の遺児を将軍に擁立し義時を討つというものだった。主要参加者百三十余人、協力者二百人に及ぶ大規模な計画で、次々と関係者が逮捕された。関係者の中に信濃武士が多いことから、かつて信濃を支配していた比企氏に連なる残党による陰謀だとする見解もある。

ただ、この謀反には謎も多い。

親平は『尊卑分脈』によれば信濃源氏らしいが、関連史料もなく実像はまったく不明である。有力な御家人とは思えない。そんな親平が多くの御家人を糾合することができるだろうか。幕府は親平を捕らえようとしたが、親平は合戦の末に逃亡し、行方不明になった。幕府が真剣に捜索した形跡は見られず、この点も不審である。園田成朝《しげとも》など、後に赦免された関係者も散見される。

擁立された頼家の遺児については、後世の編纂物に基づき栄実《えいじつ》（一幡、公暁の異母弟）に比定する説もあるが、『吾妻鏡』には名前の記載はない。安念への尋問には拷問も伴っただろうから、その供述は実際の計画にだいぶ尾ひれがついたものと考えられる。

問題は、関係者として捕縛された者の中に、和田義盛の子である義直《よしなお》と義重《よししげ》、さらに甥の胤長《たねなが》が含まれていたことである。三月八日、義盛は鎌倉に馳せ参じ、実朝に対面して義直・義重の赦免を願い出た。実朝はこれまでの義盛の功績を鑑みて二人を釈放した。

さらに翌日、義盛は一族九十八人を引き連れて御所の南庭に列参し、大江広元を通じて胤長の赦免を要求した。ところが実朝は、今度は拒否した。胤長は謀反の中心人物だから許せないというのだ。実朝も謀反に関しては半信半疑だったろうが、これだけの騒動になってしまった以上、和田一族を完全に赦免するわけにはいかないと判断したと思われる。義盛の子は許し、甥は許さないというのは、実朝苦心の落としどころであろう。

しかし北条義時はこれに乗じて、義盛を挑発した。胤長の身柄を預かっていたのは義時の家人の金窪行親《かなくぼゆきちか》・安東忠家《あんどうただいえ》であったが、胤長を二階堂行村《ゆきむら》に引き渡す際、わざわざ縛った胤長の姿を和田一族に見せつけたのである。胤長は陸奥国岩瀬郡《いわせ》（現在の福島県岩瀬郡）に流された。甥を守れなかった義盛は面子をつぶされ、深い憤りをおぼえた。以後、義盛は御所への出仕をしなくなった。抗議の意を示したのだ。『吾妻鏡』は、この件をきっかけに義盛が「逆心」を抱くようになったと記す。

義時の挑発

三月二十五日、和田義盛は胤長が所有していた荏柄《えがら》前（現在の神奈川県鎌倉市二階堂）の屋敷地の拝領を実朝に願い出た。将軍御所の警備につく時に便利だからという理由である。前述の通り、犯罪人・謀反人の所領などの財産を没収した場合、被没収者の一族に給与することは当時の慣例でもあるから（220頁）、この願いは聞き届けられ、義盛は喜んだ。

ところが四月二日、胤長の屋敷地は、なぜか北条義時に与えられることになった。義時は金窪行親・安東忠家に恩賞として分け与え、屋敷を守っていた義盛の代官を追い出した。明らかに義時による挑発である。これにより、義盛の「逆心」はいよいよ強まったと『吾妻鏡』は記す。

四月十五日、和田朝盛が出奔した。義盛が挙兵すると思い、主君実朝と祖父義盛の板挟みとなり、出家して京都に向かったのである。だが朝盛は武勇に優れていたため、義盛は義直を派遣して朝盛を連れ戻した。さらに二十四日、義盛は年来帰依してきた伊勢国の僧侶を追放した。しかしそれは表向きのことで、実際には戦勝祈願のために伊勢神宮に派遣したのだという噂が流れた。

二十七日、実朝は使者を派遣して、和田義盛に謀反の噂について尋ねた。もちろん義盛は否定したが、朝比奈義秀《あさひなよしひで》らの勇士が集まっており、兵具を調えていた。報告を受けた実朝は再び使者を派遣して、義盛に自重を促した。だが義盛は「実朝様への反逆の意思はないが、若者たちが義時の傍若無人に怒っており、止めることができない」と返答した。

以上は『吾妻鏡』の叙述であるが、いささか劇的すぎるように思える。ここまで緊迫した状況なら、実朝・義時の側から攻撃してもおかしくないが、実際には和田合戦は義盛側の先制で始まっている。義盛が軍勢を集めていたのは事実だろうが、平和的解決の道も残っており、水面下で交渉が続いていたのではないだろうか。

和田合戦の勃発

五月二日、和田義盛らは百五十騎で挙兵した。『吾妻鏡』によれば、八田知重《ともしげ》（知家の子）が近隣の義盛邸に軍勢が結集していることに気づき、大江広元に通報した。広元は御所に向かったが、同じ頃、三浦義村も義盛の蜂起を義時に報告した。義時は少しも動揺することなく御所に向かい、まず政子と実朝夫人（信清の娘）を避難させた。同日申の刻（午後四時ごろ）、義盛軍が御所に押し寄せてくると、北条泰時らが防戦したが、和田方の朝比奈義秀が門を破って南庭に侵入し、御所に火を放ったため、実朝・義時・広元は頼朝の墓所である法華堂《ほっけどう》に逃れた。なお義時邸も攻められたが、義時の家人たちが奮戦して守り切った。

けれども藤原定家の日記『明月記』によれば、実朝は大江広元の急報によって法華堂に逃れ、政子・実朝夫人も広元・三浦義村の知らせによって逃れている。山本みなみ氏らが指摘するように、『吾妻鏡』の記述は、義時が実朝・政子の退避に貢献したと主張するために、『明月記』の記述を脚色したものと考えられる。

『明月記』によれば、広元が駆け付けた時、将軍御所の警備は手薄で、実朝は宴会を開いており酔っぱらっていたという。また前述のように、義時の初動は遅い。義盛を挑発した割には無策で、機敏に対応できていない。おそらく実朝・義時は、義盛が将軍御所を攻撃することを想定していなかったのだろう。

この時展開されている政治抗争は基本的に北条義時と和田義盛の対立であり、義盛は義時邸を攻撃すると、義時は考えていたのではないか。比企氏の乱をはじめ、これまで鎌倉で発生した政変において将軍御所が襲われた事例はない。そこに義時の油断があったと思われる。

だが義盛にしてみれば、将軍実朝を自らの手中に収めなければ、大義名分が得られず、反乱軍の汚名を着せられてしまう。真っ先に将軍御所を攻撃した戦略は正しい。

和田義盛が実朝確保に失敗したのは、同族の三浦義村が北条方に寝返ったからである。『吾妻鏡』によれば、義村は挙兵に同意し、御所の北門を固めるよう命じられていたにもかかわらず、約束を破って義時についた。これによって御所を包囲して実朝を捕らえる義盛の目算は崩れ、義時は虎口を脱した。後代に成立した説話集ではあるが、『雑談集《ぞうたんしゅう》』や『古今著聞集《ここんちょもんじゅう》』も、義村の衝撃的な裏切りを和田合戦の核心として重視している。

義村が叔父の義盛を裏切ったのはなぜか。『明月記』は、両者が以前から対立関係にあったと指摘している。三浦一族の惣領である義村にしてみれば、自分よりも威勢をふるう義盛の存在が面白くなかったのだろう。義村が義時と従兄弟の関係ということも、大きく作用したと見られる。

和田氏の滅亡

和田勢は懸命に戦ったが、兵馬の疲れが限界に達し、いったん鎌倉沿岸部の由比ヶ浜まで退却した。翌三日の寅の刻（午前四時ごろ）、南武蔵の有力御家人で淡路守護も務めていた横山時兼《よこやまときかね》（時広の嫡男）が娘婿の波多野盛通《もりみち》、甥の横山知宗《ともむね》らを率いて腰越まで進み、やがて和田勢に合流した。

横山時兼の叔母が和田義盛の妻となっており、時兼の妹は常盛（義盛嫡男）の妻であった。横山氏はこの縁戚関係に基づいて義盛に味方したと考えられる。

第四章の奥州合戦の説明で触れたように、横山氏の祖である経兼は源頼義に従って前九年の役に参戦している（160頁）。すなわち横山氏は河内源氏譜代の家人である。時兼は奥州合戦で藤原泰衡の梟首に関わるという重要な役割を果たしている。畠山重忠の滅亡後、時兼は武蔵で最大規模の御家人になったと考えられる。北条時房が武蔵守となり（246頁）、武蔵で勢力を拡大していることに危機感をおぼえ、義盛に加担したという側面もあろう。

さて『吾妻鏡』によれば、和田義盛と横山時兼は五月三日に挙兵すると約束していたという。義盛は時兼を待たずに開戦したことになる。実朝・義時側の戦争準備が整っていないうちに将軍御所を攻めた方が得策と判断したのだろう。事実、義時の対応は遅れた。しかし、三浦氏の裏切りによって実朝の確保には失敗したのである。

時兼の合流により、和田勢は三千騎に膨れ上がったと『吾妻鏡』は記す。いささか誇大な数字に思えるが、ともかく和田方は援軍によって盛り返し、攻勢に転じた。和田方の中核は、和田一族と、横山氏ら武蔵武士、土屋《つちや》義清《よしきよ》ら東相模の武士たちだったようである。

鎌倉近隣の武士が中心であり、ゆえに義盛は迅速に軍勢を集めることができた。また彼らは幕府創設を支えた御家人たちであり、北条氏の専制への反発が強かったと考えられる。

辰の刻（午前八時ごろ）、曾我・中村・二宮・河村など西相模の武士が鎌倉に到着した。和田方と北条方のどちらにつくか迷っていたところ、法華堂に陣取る実朝が自らの花押を据えた動員命令書を送り、彼らを北条方につかせた。将軍実朝の存在が北条方の切り札であったことが分かる。『愚管抄』も、実朝が積極的に指揮をとったことが勝利につながったと記している。

巳の刻（午前十時ごろ）、北条義時・大江広元は連名で武蔵以下近国の御家人に対し、逃亡した和田方残党の掃討を命じている。命令書には実朝の花押が据えられていたという。この時点では和田方はまだ敗北したわけではないが、武士たちを味方につけるため、北条方の優位を強調したものと考えられる。ここでも実朝の権威を最大限に利用している。

義盛は再び御所を攻撃しようとしたが、鎌倉の主要街道は既に北条方に押さえられており、御所に近づけない。このため、由比ヶ浜と若宮大路で激戦が繰り広げられた。和田勢の必死の猛攻に北条方も難渋したが、和田方の主力武将である土屋義清が流れ矢に当たって戦死したことで北条方の優位が確定する。勝敗が決したのは酉の刻（午後六時ごろ）で、和田義盛・義直・義重らが戦死し、和田常盛・朝盛、横山時兼らは敗走して行方をくらましたという(『吾妻鏡』)。常盛・時兼らも結局逃げ切れず自害し、和田氏とその与党は滅亡した。なお、流罪となっていた胤長も九日に斬られている。

翌四日、和田方の首が片瀬《かたせ》川の川辺にさらされたが、その数は二百三十四にものぼったという。一方、幕府軍の負傷者は千余人というから、双方とも千人以上の兵力を動員した大規模な合戦だったと見られる。今まで見てきたように、頼朝死後、幕府では内紛が相次いだが、その中でも和田合戦は最大の内戦だった。権力の中枢にいた北条義時があえて大勝負を望むとは思えず、和田義盛の大規模な蜂起は義時の想定を超えていたと思われる。だが義時は、危機を乗り切ったのである。

義時が得たもの

『吾妻鏡』は北条義時の長男である泰時の奮戦を強調しているが、これは同書の北条氏顕彰によるもので、藪本勝治氏が指摘するように鵜呑みにはできない。『明月記』によれば、千葉成胤が精鋭を率いて鎌倉に到着して義盛勢を攻撃し、敗走する義盛勢の退路を三浦義村が断ったことで、決着がついたという。現実には千葉成胤・三浦義村の活躍が勝因だったのであり、北条氏の功績はそれほど大きくない。

しかし幕府軍の実質的司令官は北条義時であったから、和田合戦の勝利は義時の権力拡大に結びついた。『吾妻鏡』によれば、建暦三年五月五日、義盛に代わって義時が侍所別当に就任したという。義時は政所別当と侍所別当を兼ねることになったのだ。これによって「執権」職が確立したと一般に言われている。

前章で指摘したように、義時が執権という役職に就いたかどうかは疑わしい（239頁）。しかし、この時に義時が掌握した権力が、義時の子孫に世襲されていくことは確かである。和田合戦の勝利は北条氏が覇権を確立するうえで大きな一歩だった。

翌六日には、義時の家人である金窪行親が侍所の次官である侍所所司に就任した。かつて梶原景時が就任した役職である。以前試みて果たせなかった、「年来の郎従」を御家人扱いすることに、義時は成功したのだ。繰り返しになるが、義時の家人、実朝の陪臣にすぎない行親が侍所所司として御家人を統括するということは、義時が一般御家人の上に立ったことを意味する（248頁）。北条氏は別格の御家人になったのである。

ただし高橋秀樹氏は、和田合戦を契機に、三浦義村の存在感が増すこと、義時と義村の連携関係が強化されたことを指摘している。和田合戦最大の功労者である義村の権力が伸長するのは当然であり、北条氏一人勝ちというわけではなかった。義時は義村を取り込むことで幕政を安定化させたとも言える。

戦後処理、論功行賞は北条義時・大江広元が主導した。義盛らの所領を没収し、戦功を立てた者に分け与えたのである。義時自身も鎌倉の背後に位置する山内荘などを獲得した。他にも北条一族、三浦一族、大江広元らが多くの所領を得た。

以後、北条義時・大江広元が中心となって幕府行政を推進していく。この時期、広元は政所別当の地位を嫡子親広《ちかひろ》に譲っていたが、いわば後見の立場で政所に関わり続けた。義時は三浦義村を軍事面のパートナーとし、大江広元を行政面のパートナーとして、盤石の体制を築いた。

3 後継者問題

政所別当増員の意味

鎌倉幕府政治史を北条氏による簒奪の展開で捉える通俗的な歴史観に照らせば、和田合戦の勝利によって、義時は政治の実権を実朝から奪ったかに見える。だが義時が勝利できたのは、実朝を手中に収めていたからで、鎌倉殿・将軍としての実朝の権威は軽視できない。実朝を傀儡化しようとすれば、実朝の補佐役たる義時の正当性が問われることになる。実朝を尊重し、その権威を利用しつつ、実朝の独走を牽制するという、難しい舵取りが求められた。

事情は実朝も同様であって、義時を排除することはできないが、彼に全権委任するわけにはいかない。たとえるならば、足利義昭と織田信長の関係であろうか。緊張をはらみつつも、両者は協調関係を保った。

実朝による将軍権力強化の試みは、建保四年（一二一六）に本格化する。坂井孝一氏が指摘するように、前年に地震などの天変地異が続いたことがきっかけと見られる。この時代、天変地異の発生は為政者の不徳によると考えられており、天災を契機に善政が行われた。建保四年四月九日、実朝は三浦義村・三善康信・二階堂行光《ゆきみつ》・中原仲業を奉行として、御家人たちの訴訟を終日扱った。また十月五日には御家人たちの直訴を聞いたという。これらは善政の象徴的行為であり、同時に将軍自らが裁定を主導する将軍親裁への意欲の表れでもあった。

こうした将軍親裁に連動するかたちで、政所別当が増員されている。建保四年四月以降、将軍政所下文に九人の政所別当が署名するようになった。従来は五人だったので、倍近い増員である。新たに加わったのは大内惟信《これのぶ》（平賀朝雅の甥、信濃源氏）、源頼茂《よりもち》（源頼政の孫、摂津源氏）、源仲業、大江広元である。五味文彦氏は政所別当の増員を将軍権力強化のための方策と論じた。

これに対し、政所別当の増員は政所の機能強化に必ずしも結びついていない、という批判もある。惟信・頼茂・仲業は御家人であると同時に後鳥羽院の近臣でもあり、しばしば在京したため、鎌倉で将軍家政所下文の発給に関与する機会に乏しかった。名前を連ねているだけで、別当として積極的・実質的に活動していたわけではなかったのである。別当が九人になってからも、政所は義時・広元を中心に運営されていたと考えられる。

けれども、増員に意味がなかったとは言えない。惟信・頼茂は武門源氏の一門、仲業は宇多源氏の血を引く文士で、これまで政所別当に就任してきた御家人よりも身分が高い。彼ら院近臣を政所別当として従える実朝の権威は増大した。

義時は実朝の官位上昇を批判したか

院近臣を政所別当に任命することを可能にしたのが、実朝の官位上昇である。実朝は建保四年（一二一六）六月に権中納言に任官している。それまでの実朝は公卿（三位以上）ではあったが（244頁）、右近衛中将・美作権守を帯びるにすぎず、散位（22頁）の公卿だった。権中納言に任官したことで、実朝は現任の公卿となり、権威が高まった。

実朝の官位上昇は、当然、後鳥羽上皇の意向によるものである。後鳥羽院は実朝を後押しすることで、実朝を通じて幕府を掌握するという構想を持っていたのだろう。後鳥羽院の近臣が実朝の政所別当になったことも、両者の緊密な関係を示す。

一般に、朝廷に接近する実朝の貴族化路線に対しては、北条義時らの御家人は反発を持っていたと考えられている。よく引き合いに出されるのが、『吾妻鏡』に載る、急速な官位昇進に対する義時・広元の諫言記事である。

建保四年九月十八日、義時は広元を招いて、実朝が近衛大将への昇任を望んでいることへの疑問を語った。亡き頼朝は任官の話が出るたびに固辞して子孫に幸運を譲ろうとしたのに、実朝はまだ若いにもかかわらず急速に官位を昇進させている。それを見た御家人たちも、京都で朝廷に仕えているわけでもないのに高い官職に就いている。自分が諫めても怒りを買うだけだから、広元の方から諫めてもらえないか、と。広元は、摂関家の子息でもないのに、権中納言・左近衛中将という高官に昇ったのは身分不相応だ、と応じた。

義時の依頼を受けた広元は二十日、将軍御所に参って実朝を諫めた。子孫の繁栄を望むのであれば、征夷大将軍以外の官職を辞し、もっと年を重ねてから近衛大将に任官すべきだ、というのである。これに対し実朝は「源氏将軍家は私の代で絶えるだろうから、高い官位を得て、将軍家の家名を上げておきたいのだ」と述べて、広元の諫言を退けたという。この記事に従えば、官位を求めて朝廷にすり寄る実朝や御家人たちの姿勢を、義時・広元は苦々しく見ていたことになる。

しかし最近、坂井孝一氏が指摘したように、右の『吾妻鏡』の逸話は、いささか疑わしい。元木泰雄氏が明らかにしたように、頼家の時点で源氏将軍家は摂関家並みの家格を獲得していた。実朝の昇進は当初から摂関家子弟と同等のスピードで進んでいる。建保四年にいきなり権中納言に任官しているので強烈な印象を与えるが、これは和田合戦の影響で昇進が一時足踏みしていたからだろう。後鳥羽による実朝の支援という背景があるにせよ、実朝の官位上昇は半ば既定路線であり、今になって義時・広元が問題視するのは不自然である。

　そもそも北条義時自身が、翌建保五年に右京権大夫に任官している。右京権大夫は京官(163頁)であり、本来は在京義務があるが、義時は鎌倉にいながら京官に任官した。既に京官の在京義務は形骸化しており、義時はそれを批判するどころか、自身も形骸化の流れに乗っていた。

　前掲の逸話が重視された背景には、近代、ことによっては近世にまで遡る「公武対立史観」がある。退廃・堕落した貴族を質実剛健な武士が打ち破り、新たな政治の担い手となった、という見方である。だが義時は必ずしも朝廷の権威を否定しておらず、対朝廷協調路線の実朝を、東国独立路線の義時が批判したという構図は描けない。

　実朝が源氏将軍家の断絶を予言する右の逸話は、あまりにもできすぎである。実際には実朝が暗殺された後、その非業の死を説明するために創作されたものだろう。身分不相応な高位高官を求めたことが滅亡につながった、という認識である。源氏将軍断絶を必然視する物語の存在は、幕府を簒奪した北条氏にとって都合のよいものであった。

親王将軍擁立構想

建保年間、幕政は安定していたが、一つ大きな問題が残されていた。実朝の後継者が不在であるという問題である。坊門信清の娘が嫁いで十二年の歳月が流れたが、二人の間には一人の子どもも生まれなかった。にもかかわらず、実朝は側室を持とうとしなかった。坂井孝一氏は、彼女の従兄妹である後鳥羽上皇への遠慮があったと推測している。

では頼家の遺児である公暁・禅暁《ぜんぎょう》らはどうか。彼らは既に出家しているものの、還俗して将軍になることは可能である。しかし、彼らが将軍後継者に位置づけられた形跡はない。結果的に頼家を抹殺してしまった北条政子・義時にとって、公暁らを将軍として上に戴くという選択肢はなかったのだろう。

他の選択肢としては、源氏一門の中から将軍を立てることが考えられる。だが、この案を検討し始めると、有資格者が多くなりすぎてしまう。大内惟信・源頼茂はもとより、足利氏や武田氏も候補になり得る。深刻な派閥抗争が勃発することが予想される。さらに言えば、既に源氏一門と同格以上の立場にいる北条氏が今さら源氏一門の風下に立つことは、義時にとって許容できない。

ここで実朝・政子・義時らは発想を転換した。後鳥羽院の皇子を次期将軍として迎えるという案を思いついたのである。すなわち親王将軍擁立構想である。

建保六年（一二一八）正月十五日、北条政子が弟の時房を連れて熊野詣に行くことが決定した。政子は二月四日に鎌倉を出発し、やがて京都に入った。『吾妻鏡』は、四月十四日に在京中の政子が従三位に叙せられたこと、十五日に後鳥羽院に招かれたが恐れ多いと断ったこと、二十九日に鎌倉に帰還したことのみを記す。

けれども実際には、政子は京都で政治工作を行っていた。熊野詣は上洛の口実であったと見られる。『愚管抄』によれば、政子は京都で卿二位《きょうのにい》（後鳥羽院の乳母である藤原兼子《けんし》）と対面し、将軍後継問題について話し合ったという。卿二位は、自分が養育していた後鳥羽皇子の冷泉宮頼仁《れいぜいのみやよりひと》親王の鎌倉下向に協力することを約束した。

かつては北条氏が親王将軍擁立工作を推進し、実朝は蚊帳の外であったかのように考えられていた。しかし頼仁親王の母は、実朝の正室の姉妹であり、同工作に実朝が関与していたことは確実である。

政治意欲みなぎる後鳥羽院が自身の皇子をみすみす北条氏の傀儡にするはずもない。上横手雅敬氏らが指摘するように、親王将軍下向は実朝の後見を前提にしたものだったと考えられる。この年、実朝は権大納言・左近衛大将に任官し、父頼朝の官位にほぼ並んだ。これも、親王将軍の後見役にふさわしい権威を実朝に与えるための後鳥羽の配慮であろう。出家の身である政子を従三位に叙したのも、後鳥羽院の好意の表れである。政子が鎌倉に戻った後、十月十三日には従二位に昇叙された。政子が政治交渉に尽力したことへの恩賞と言える。

いささか同床異夢のきらいもあるが、親王将軍は後鳥羽・実朝・義時三者にとってメリットがあった。自分の皇子を将軍に就ければ、後鳥羽院の幕府への影響力は強まる。実朝は将軍を退き後見役となることで、政治的影響力を維持しつつ行動の自由を得る。後鳥羽が和歌などに熱中するのは、譲位して上皇になり、天皇としての職務から解放されてからである。後鳥羽を模範とする実朝も、儀式など将軍としての公務から自由になり、文化活動に力を入れたかったのだろう。上洛して後鳥羽と対面することも可能になる。

義時にとっては、親王将軍誕生は無条件で歓迎できるものではない。これまでも朝廷は幕府に経済的負担や守護・地頭の個別的停止などを要求しており、今後ますます干渉が強まる恐れがある。だが後継者を確定し、頼家の遺児や源氏一門の野心の芽を摘んでおく方が優先された。それに、見方を変えれば、親王将軍は後鳥羽とのパイプになり得るので、逆に幕府から朝廷へ申し入れをする際に有益かもしれなかった。

この時点で、二十七歳の実朝が早晩亡くなることを想像していた者は誰もいなかったのである。

4 将軍暗殺

実朝の急激な官位昇進

実朝は建保六年(一二一八)正月に権大納言に任官し、三月に左近衛大将に任官した。さらに十月に内大臣、十二月に右大臣と、急ピッチで昇進した。古活字本『承久記《じょうきゅうき》』はこれを「官打ち」と解釈し、昔はこの説が有力であった。官打ちとは、身分不相応に高い官位を与えることで、その人の命を縮める呪詛のことである。

しかし、これは実朝の悲劇を知る後世の人間の結果論的解釈にすぎない。『金槐和歌《きんかいわか》集《しゅう》』に載る実朝の和歌「山は裂け　海は浅《あ》せなむ　世なりとも　君にふた心　わがあらめやも」は、後鳥羽への忠誠を詠んだものである。後鳥羽に忠実な実朝を呪い殺す必要はない。

実朝の急激な官位昇進は、彼が間もなく将軍を辞任することが予定されていたからだろう。引退前に、親王将軍の後見役にふさわしい身分に達しておく必要があったと考えられる。

十二月二十日、実朝は右大臣としての政所始を行った。実朝は御所にこもって政所には姿を見せず、政所で行われた垸飯の儀（251頁を参照）をふくめ、儀式はすべて義時が差配している（『吾妻鏡』）。実朝は義時としか会っていない。岡田清一氏は「あたかも義時が将軍代行の感さえある」と述べ、実朝の政治意欲の減退を推測している。しかし、将軍辞任を控えた実朝が政所始に興味を持たないのは当然だろう。

翌二十一日、右大臣拝賀の儀式を明年正月に鶴岡八幡宮で行うことが決定された。拝賀とは叙位・任官を感謝するため、拝礼する儀式のことである。本来は上洛して内裏や院御所で行うべきものだが、鎌倉で行われることになった。京官の在京義務は形骸化しており、以前から実朝は任官の拝賀を鎌倉で行っている。

今回の右大臣拝賀は従来の拝賀よりもはるかに大規模なもので、多数の公家が京都から参列することになった。右大臣拝賀は公武協調を宣伝するための一大イベントであり、親王将軍推戴の下準備の意味も持っていたと考えられる。鎌倉に下ってきた坊門忠信（実朝の義兄）らは幕府の様子を視察する任務も帯びていたのだろう。

公暁、実朝を暗殺する

建保七年（一二一九、四月に承久に改元）正月二十七日、拝賀の儀式が鶴岡八幡宮で行われた。『吾妻鏡』によれば、昼間は晴れていたものの、夜になって雪が降り、一晩で二尺（約六〇センチ）余りも積もったという。拝賀の行列は酉の刻（午後六時ごろ）に御所を出た。多数の公家・御家人に加え、随兵一千騎という大規模な行列だった。八幡宮での拝礼を終え、退出しようと社前の石段を下っている時、実朝は突如殺害された。犯人は頼家の遺児である公暁だった。

公暁は元久二年（一二〇五）に鶴岡八幡宮の第二代別当である尊暁《そんぎょう》のもとに入室し、彼の門弟になっている。政子の計らいによるものである。建暦元年（一二一一）には出家して上洛、園城寺《おんじょうじ》で修行を続けた。北条氏は比企氏と血縁のない公暁の命を取らなかったが、かといって政治に関わらせるわけにはいかない。ゆえに仏門に入れたのであろう。実際、頼家の遺児はみな出家している。

建保五年に鶴岡八幡宮三代別当の定暁が亡くなると、公暁は鎌倉に呼び戻され、鶴岡八幡宮四代別当に就任した（『吾妻鏡』）。政子は公暁に対し、将軍に就任できない代償として、鎌倉宗教界の頂点の地位を用意したのである。

だが公暁は現状に不満であった。『吾妻鏡』や『愚管抄』によれば、実朝を討った公暁は三浦義村に使者を送り、「私が征夷大将軍になるつもりだから、その準備をせよ」と伝えたという。しかし義村はこれに従うふりをして、北条義時に通報するとともに、家人を遣わして公暁を討たせた。右の記述によれば、公暁は実朝に代わって将軍たらんとする野心から暗殺を行ったことになる。世が世なら、自分が将軍になっていたはず、と公暁は考えていたのだろう。

実朝に子どもはいなかったから、実朝が死ねば、頼朝と政子の孫にあたる二十歳の公暁は確かに将軍の最有力候補である。親王将軍擁立の噂を耳にし、慌てて暗殺を決行したのかもしれない。

しかし、いくら血筋は申し分ないとはいえ、現将軍を暗殺した者がすんなり次の将軍に就任するというのは難しい。公暁が将軍の地位を目指していたとしたら、単独で実朝暗殺に動くとは考えにくい。事前に有力御家人の支持を得ているはずだ、というのが通常の発想である。ここに「黒幕説」が生じる余地が生まれる。

北条義時黒幕説

昔から言われてきたのが、北条義時黒幕説である。この義時黒幕説に従えば、義時はひそかに若く血の気が多い公暁をそそのかして実朝を殺させたうえで、盟友の三浦義村を動かして実行犯の公暁を始末した、ということになる。

『吾妻鏡』によれば、義時は実朝の側近くで剣を捧げ持つ役を務める予定だったが、実朝が鶴岡八幡宮を参拝する直前、急に体調不良を訴え、実朝側近の源仲章《なかあきら》に役目を替わってもらい、自邸に戻っている。そして仲章が代役を務めていることを知らない公暁一味は、義時を殺すつもりで誤って仲章を殺害している。義時黒幕説に従えば、暗殺計画を事前に知っていた義時が仮病で難を逃れた、さらには自身が狙われたと装うことで黒幕であるという事実を隠蔽した、という解釈になろう。

けれども『愚管抄』は、義時と勘違いして仲章を殺したと記すのみで、義時が自発的に退出したとは述べていない。義時は「中門に留まれ」という実朝の指示によって中門付近に控えており、実朝から離れていた。このため命拾いしたのである。

『吾妻鏡』は、義時の突然の体調不良は、義時が創建した大倉薬師堂の「戌神」の化身である白い犬を見たからだ、と説明している。暗殺事件の前年にも、義時は実朝の（右大臣）拝賀のお供をしないよう、夢の中で戌神から告げられていたという。要するに神仏のご加護で義時は助かった、という主張なのである。『愚管抄』の記述が真相であり、『吾妻鏡』の体調不良の話は義時を顕彰するための後世の創作であろう。

そもそも義時の動機が判然としない。『吾妻鏡』が実朝を諫める義時をしばしば描いていることも影響して、公武協調路線の実朝と東国独立路線の義時の対立関係が強調されてきたが、親王将軍擁立に政子が関与している以上、義時も親王将軍に賛成していたはずである。この問題に関して、実朝と義時の間に意見対立はない。

親王将軍が得られる以上、実朝は用済みなので始末された、という説もあるが、親王将軍擁立は後鳥羽院の信頼を受けた実朝の後見を前提にしている。少なくとも、親王将軍下向までは実朝を生かしておいた方が安全である。後述するように、実朝暗殺後、義時らは将軍後継者問題に翻弄させられることになる。実朝暗殺は幕府を動揺させ、北条氏はその対応に苦慮したのである。義時にとって、実朝暗殺は何の利益も生まない。この点で義時黒幕説には無理がある。

公暁の単独犯行か

第二の説は三浦義村説である。実朝を暗殺した公暁が義村に協力を求めた事実から、公暁と義村が事前に共謀していたと推理するものである。作家の永井路子氏が小説『炎環』で提起し、中世史研究者の石井進氏が好意的に取り上げたため、歴史学界でも有名な説である。

実は義村は公暁の乳父であった。しかも当時、義村の子の駒若丸（のちの光村《みつむら》）は鶴岡八幡宮の稚児で、鶴岡八幡宮別当である公暁の門弟だった。公暁と義村は親しい関係にあり、共謀したとしても不思議ではない。

前述したように、公暁の標的は源実朝と北条義時だった。義時が死んだ場合、義時に次ぐ勢威を誇る有力御家人である三浦義村が将軍補佐役の地位に就く公算が高い。義時の死で最も得するのは、義村なのである。

義村は公暁に実朝と義時を殺させ、公暁を将軍に立て、執権北条氏に代わって幕府の実権を握ろうとした。ところが義時暗殺は失敗した。そこで義村は口封じのために公暁を殺した。これが永井氏の推理である。

確かに義時黒幕説より説得力があるが、義村がかくも大それた陰謀を企てるか、という点が引っかかる。前述の和田合戦、後の承久の乱、そして伊賀氏事件においても、義村は幕府の現体制を擁護する姿勢を貫いており、北条氏から政権を奪取する構想や気概を見いだすことはできない。むしろ義村は一貫して政子・義時と協調している。

事前に相談することは陰謀発覚のリスクを高める。陰謀を持ちかけられた人間が密告、通報するかもしれないからである。将軍暗殺という大事を、公暁がたやすく義村に打ち明けるはずがない。実朝・義時を殺した後に、義村に声をかければ協力してくれるだろう、という希望的観測を、公暁は抱いていたのではないか。現実には、義時殺害に失敗したこともあり、義村は応じなかったが。各種黒幕説に決め手がない以上、とりあえずは公暁の単独犯行という説を採るしかないだろう。

それにしても、公暁本人が実朝を討つ必要があったのだろうか。『吾妻鏡』『愚管抄』によれば、公暁は「親のかたき！」と叫んで実朝を討ったという。坂井孝一氏は、親の敵と人々の前で訴えれば、将軍殺害も正当化される、と公暁は考えたのではないか、と推測している。

しかし頼家が死んだ時、実朝はまだ十三歳であり、頼家の殺害を指示したとはとても考えられない。敵討ちの論理で実朝を殺害するという公暁の計画には無理がある。とはいえ、義時が親の敵という主張には一定の正当性があるので、義時殺害に成功していたら、公暁の野望はひょっとすると成就したかもしれない。

ともあれ、義時は和田合戦に続き、再び窮地を脱した。強運の持ち主と言わざるを得ない。

第八章　承久の乱

1　公武関係の悪化

朝幕の摩擦

建保七年（一二一九、四月に承久に改元）正月二十七日に実朝が暗殺されたことで、幕府は将軍を失った。しかも後継者も不在である。後継者をめぐる争いが勃発することが危惧された。『吾妻鏡』によれば、二月十一日、阿野全成（頼朝の異母弟、223頁を参照）の遺児である時元《ときもと》が将軍となるべく駿河で挙兵したという。北条政子の指示を受けた義時は、家人で侍所所司の金窪行親らを派遣して時元を討った。乱は十日ほどで鎮圧された。『吾妻鏡』は時元の謀反とするが、『承久記』は冤罪と記す。永井晋氏は、討手が向けられるのを知った時元がやむなく挙兵したと推測している。

政子・義時は親王将軍を望んでおり、源氏一門の野心を警戒していたので、真相はどうあれ、時元の滅亡は必然だったと言える。二月十三日、政子の命を受けた二階堂行光が上洛し、後鳥羽皇子の六条宮雅成《ろくじょうのみやまさなり》親王か冷泉宮頼仁親王のどちらかを将軍として鎌倉に迎えたいと朝廷に要請した。また十四日には、義時の命を受けた伊賀光季《いがみつすえ》（義時の義兄）が、二十九日には大江親広（262頁）が京都守護のために上洛した（『吾妻鏡』）。

親王将軍下向は朝幕の合意事項ではあったが、実朝暗殺によって状況が急変した。実朝の後見が前提であったのにもかかわらず、当の実朝が亡くなってしまったのである。後鳥羽上皇は下向の延期を通達した。将軍空位期間が続くことは幕府にとっては許容できないので、実質的な下向拒否である。『愚管抄』は、後鳥羽院が「日本国を二つに割ることになる」との懸念から親王将軍を拒否したと記す。実朝が存命ならば彼を介して幕府を制御できるが、実朝不在の状況で親王将軍を下向させれば、幕府の権威が高まり独立志向が強まるだけだ、と後鳥羽は考えたのである。

鎌倉に帰還した行光の復命を聞いた政子は、なおも親王将軍を望み、再び使者を送った。後鳥羽院は拒否姿勢を崩さぬまま、三月に実朝の弔問使として北面の武士（院の親衛隊）である藤原忠綱を鎌倉に派遣した。忠綱は摂津国長江荘・倉橋荘（現在の大阪府豊中市）の地頭を解任するよう要求した。両荘は、後鳥羽が寵愛する伊賀局亀菊《いがのつぼねかめぎく》の荘園であり、地頭は義時だった。後鳥羽は、幕府の足元を見て揺さぶりをかけたのである。愛妾の色香に迷ったわけではなく、幕府を屈服させることが目的だったと思われる。

この問題について北条義時・時房・泰時と大江広元が政子の御所に集まり、協議した。そして、後鳥羽院の要求を拒否することを決定した（慈光寺《じこうじ》本『承久記』）。義時は自身の利権のためというより、幕府の威厳を保つために拒絶することにしたのだろう。政子の使者として時房が千騎を率いて上洛した。将軍不在の状況下で政子が将軍代行を務めていたことが分かる。

『吾妻鏡』は建保七年三月末から改元を挟んで承久元年七月十八日までの記事を欠いているので詳細は不明だが、京都に到着した時房は地頭職停止を拒否し、親王将軍の東下を要求するという強硬な態度を示したようである。幕府は大軍を京都に送って朝廷を恫喝したのである。結局、地頭解任も親王将軍下向も実現しないという膠着状態に陥ったと考えられる。

摂家将軍下向

朝幕の交渉は難航したが、将軍不在による政情不安は、幕府はもとより、朝廷にとっても望ましくなかった。後鳥羽上皇も、いつまでもチキンレースは続けられない。後鳥羽は「皇族はダメだが摂政・関白の子なら良い」と譲歩した（『愚管抄』）。交渉の結果、左大臣九条道家《みちいえ》（兼実の孫）の子である三寅《みとら》（のちの九条頼経《よりつね》）の下向が決定した。三寅はわずか二歳の幼児であり、苦肉の策と言える。

三寅は大納言西園寺《さいおんじ》公経《きんつね》の外孫で、公経の妻は頼朝の妹と一条能保との間に生まれた全《ぜん》子《し》である。つまり公経の妻である全子は実朝の従兄妹にあたる。頼朝の縁者ということで、三寅に白羽の矢が立ったのである。三寅擁立に積極的に動いたのは父の道家ではなく外祖父の公経だったようで、三寅の鎌倉下向には多くの西園寺家関係者が随行している。

三寅は七月十九日に鎌倉に到着し、北条義時の大倉邸に入った。『吾妻鏡』によれば、早速、政所始が開かれたが、幼い三寅に代わって政子が政務を行ったという。いわゆる「尼将軍」である。なお三寅は政子の死後、元服して頼経と名乗り、さらに征夷大将軍に任官している。摂関家出身の頼経を学界では「摂家将軍」と呼んでいる。

実際、『吾妻鏡』の巻首「関東将軍次第」には、頼朝・頼家・実朝に続いて「平政子」の名が見える。ただし同時代史料はもとより、『吾妻鏡』も、政子を「鎌倉殿」「尼将軍」とは呼んでいない。政子は実質的な第四代鎌倉殿ではあったが、女性であるため、鎌倉殿とは名乗れなかった。政子の助言を受けつつ、現実に幕政を運営したのは、義時である。この時期の幕府において最も権威のある文書は、義時の署名のある命令書であった。

三寅擁立にすべての御家人が納得したわけではない。頼朝の縁者と言ってもかなり遠縁であり、幼児にすぎない。北条氏の傀儡と見るのが普通である。当然、反発があった。

三寅が鎌倉に向かう途中、京都では大事件が勃発している。七月十三日、院近臣で在京御家人である源頼茂が将軍の地位を望んで謀反を企んだのである。前章で触れたように、頼茂は摂津源氏の名門であるから（263頁）、三寅よりも自分の方が将軍にふさわしいと思っても不思議はない。

頼茂の計画を知った後鳥羽院は在京武士を動員して、内裏の昭陽舎《しょうようしゃ》に詰めている頼茂を攻撃させた。頼茂は抗戦したが、最後は仁寿殿《じじゅうでん》に籠って火を放って自害した。火事は燃え広がり、大内裏の主要な殿舎や皇室代々の宝物が失われた。先祖代々、大内裏の守護（大内守護）を務めてきた源頼茂の挙兵によって大内裏が焼失するとは、何とも皮肉である。

王権の象徴とも言える大内裏の焼失は後鳥羽に大きな精神的衝撃をもたらしたようで、しばらく病に臥せっている。だが一方で、在京御家人を含む在京武士の戦闘力と忠誠心を目の当たりにして、彼らを駆使して幕府に対抗する自信が芽生え始めたかもしれない。

大内裏再建事業の波紋

実のところ、この時代、大内裏はあまり使われていなかった。天皇は平安宮内裏以外の邸宅（里内裏）で生活することが多く、大内裏はごくたまに即位式などの特別な儀式で使われる程度であった。日常的な政務の場として大内裏は機能していないので、無理に再建する必要はない。

ところが後鳥羽上皇は大内裏の再建にこだわった。再建計画は承久元年（一二一九）末から本格化し、翌二年正月には造内裏行事所《ぞうだいりぎょうじじょ》が設置された。再建には莫大な費用がかかるため、造内裏役という臨時課税が行われた。これは一国平均役《いっこくへいきんやく》という方式で賦課された。一国平均役とは、一国単位で荘園・国衙領に一律に賦課される課役のことである。つまり、「この荘園は納税免除」といった例外を認めないのである。史料上判明する限り、今回の造内裏役は日本全国のほとんどの国を賦課対象としたようである。

けれども、この大増税には、諸方面から大きな反発が巻き起こった。公家・寺社・武士らがあれこれ理由をつけて納税を拒否したのである。このことが後鳥羽院の幕府に対する不満を増幅させたと考えられている。

造内裏役に抵抗しているのは地頭御家人だけではないので、大内裏再建事業が進捗しないのは必ずしも幕府の責任ではない。しかし、かつて建暦二年（一二一二）に閑院《かんいん》内裏を造営した際には、幕府は積極的に協力している。もちろん実朝の意向によるものである。言うまでもなく、里内裏の閑院内裏と、大内裏とでは、規模がまるで違う。だが、実朝時代と打って変わった幕府の冷淡な姿勢に、後鳥羽は憤りを抱いたことだろう。

そもそも大内裏焼失は、実朝暗殺の余波である幕府の内紛に起因する。その意味でも幕府が積極的に再建に協力すべき、と後鳥羽は考えていたのかもしれない。

2 後鳥羽上皇の挙兵

伊賀光季の戦死

承久三年（一二二一）四月二十日、順徳《じゅんとく》天皇（後鳥羽上皇の皇子）は皇子の懐成《かねなり》親王に譲位した（仲恭《ちゅうきょう》天皇）。これは、順徳が上皇として自由な立場から父後鳥羽の倒幕計画に協力するための行為と考えられている。もちろん、後鳥羽院政は継続された。なお同時期に複数存在する上皇のうち、院政を行う朝廷の最高指導者を学界では「治天《ちてん》」「治天の君」と呼ぶ。

そして四月下旬、後鳥羽院は、鳥羽の城南寺《じょうなんじ》（現在の京都市伏見区に所在）の仏事守護を名目に（慈光寺本『承久記』による、古活字本『承久記』は流鏑馬《やぶさめ》とする）、軍事動員を行った。在京御家人や西面の武士のみならず、畿内近国の武士が招集され、二十八日には後鳥羽の院御所である高陽院《かやのいん》に千騎が集結した。

五月十四日、後鳥羽院は京都守護の大江親広（広元の嫡男）を味方に引き入れた。さらに、西園寺公経・実氏《さねうじ》父子など親幕派の公家を監禁した（『吾妻鏡』、古活字本『承久記』）。

後鳥羽の信任厚い北面の武士の藤原秀康は、もう一人の京都守護である伊賀光季に参陣を要請した（慈光寺本『承久記』）。光季の妹の伊賀の方は北条義時の後妻となって、政村《まさむら》を産んでいた。光季は義時の京都代官であり、当然、秀康の誘いを拒否した。

五月十五日、大内惟信（平賀朝雅の甥）・三浦胤義（三浦義村の弟）ら八百余騎が光季の屋敷を襲った。慈光寺本『承久記』によれば、光季配下の武士は八十五騎、しかも逃亡者が続出して、残ったのは光季・光綱《みつつな》父子と二十九騎というから、とても勝負にならない。奮戦空しく、光季は屋敷に火を放って自害した。倒幕の挙兵の狼煙が上がったのである。

目的は倒幕だったのか

間髪を容れず、後鳥羽上皇は北条義時追討の官宣旨《かんせんじ》を発した。官宣旨とは、太政官の上卿（担当公卿）の命令に基づき、太政官の一部局である弁官局が諸国や寺社を宛先として発給する下達文書のことである。ちなみに、この時の官宣旨発給の上卿は内大臣源通光《みちてる》、担当弁官は右大弁《うだいべん》葉室資頼《はむろすけより》、資頼の指示を受けて実際に官宣旨を作成した書記官は右大史三善信直《のぶなお》である。

この官宣旨は五畿七道、すなわち日本全国の守護・地頭に対して、義時の追討を命じている。幼少の三寅を傀儡として専横の限りを尽くし、朝廷を蔑ろにする義時の行動は謀反に他ならない、というのが後鳥羽院の主張である。

要するに、後鳥羽は「幕府を滅ぼせ」とは言っていない。したがって近年、長村祥知氏らが、後鳥羽の目的はあくまで打倒義時であり倒幕ではない、と主張している。長村氏は、後鳥羽が本当に倒幕を考えていたのなら、鎌倉殿である三寅、あるいは後見人の政子の名を討伐対象として挙げたはずである、と説く。

しかしながら、既に批判があるように、幼児の三寅や女性の政子を討伐対象とするのは不自然である。彼らの命を取るということは、およそ想定しがたい。義時の名前しかないから倒幕を意識していない、とは言い切れないだろう。

ただ、倒幕か否かという論争そのものが、あまり生産的でないように感じられる。現実の歴史で幕府が勝利した以上、後鳥羽の「真意」など分かりようがないからである。

官宣旨の文面を素直に読む限りでは、長村氏が指摘するように、倒幕の意図は感じられない。だが、それは当然だろう。挙兵段階で後鳥羽が倒幕を公言するはずがないからである。

後鳥羽は従来から存在した北面の武士に加えて、親衛隊たる西面の武士を創設するなど（239頁）、軍事力強化に余念がなかった。御家人でなく身分も低い藤原秀康の受領への抜擢などはその典型である（250頁を参照）。けれども長村氏が明らかにしたように、西面の武士の大半は小規模な武士であり、在京武士の主力は西国守護を中心とする在京御家人であった。大内惟信・三浦胤義らの在京御家人に依拠して挙兵する以上、倒幕を声高に叫ぶわけにはいかない。

慈光寺本『承久記』によれば、藤原秀康に誘われた三浦胤義は「兄の義村に『兄弟二人で日本国を支配しよう』と手紙を送って味方につければ、たやすく義時を討てる」と語ったという。古活字本『承久記』も、「日本国の惣追捕使」に任命すると約束すれば義村は寝返ると請け合う胤義を描く。

義時を討つには、義時に次ぐ幕府の実力者である三浦義村を引き込むことが必須である。そして義村を釣るエサとしては、幕府執権の地位が最良だろう。義時に代わって幕府の実権を握れる、と持ちかけるのである。義時の専制に不満を持つ有力御家人の協力が不可欠である以上、幕府廃止などとは口が裂けても言えないのだ。

では、後鳥羽は幕府の存続を認めるかのように語りながら、現実には倒幕を考えていたのだろうか。率直に言って、そうした「本心」を推測する行為は不毛だと思う。

戦後処理のあり方は、どのように勝ったかによって規定される。後鳥羽方が圧勝した場合、後醍醐天皇の「建武の新政」のように幕府廃止に帰結したかもしれない。そうではなく、幕府軍優勢の状況を三浦義村ら東国御家人の土壇場の寝返りによって覆したとしたら、幕府は存続し、東国御家人に配慮した戦後処理が行われただろう。後鳥羽がどのような政治構想を持っていようと、それが実現できるかどうかは勝ち方に左右される。後鳥羽自身、考えを深く詰めていなかったかもしれない。だから後鳥羽は倒幕まで視野に入れていたかどうかと、内心をあれこれ詮索しても仕方ないのだ。

院宣は発給されたか

さて、『承久記』諸本によれば、後鳥羽上皇は七通の院宣を東国の有力御家人に送り、義時を討つよう命じたという。慈光寺本『承久記』は院宣の文面まで引用し、武田信光・小笠原長清・小山朝政・宇都宮頼綱《よりつな》・長沼宗政・足利義氏・北条時房・三浦義村の八人に送ったと記す。

長村祥知氏はこの記述に着目し、現存する官宣旨とは別に、院宣も発給されたと説く。長村氏は、東国の有力御家人は院宣で、全国の不特定多数の武士は官宣旨で動員するという二段構えの戦略を想定している。

しかし、長村説には疑問も多い。慈光寺本『承久記』は『承久記』諸本の中では成立が最も古いと考えられているが、それでも成立は一二三〇～四〇年頃と推定されており、承久の乱後である。同時代史料で、後鳥羽院が義時追討の院宣を発給したと記すものはない。実は、「院宣と官宣旨の二通が発給された」と記している史料は軍記類を含めて一点も存在しない。慈光寺本『承久記』は院宣のみを引用し、前田家本『承久記』は現存する官宣旨のみを引用している。二種類の義時追討文書が発給されたことを示す積極的な根拠を、長村氏は提示していない。

西田友広氏が批判するように、慈光寺本『承久記』は実在する官宣旨を素材に脚色を加え、院宣を創作したと考えられる。改変の動機はいろいろ想定できるが、一つには院宣の方が分かりやすいからだろう。官宣旨の発給には内大臣源通光、右大弁葉室資頼、右大史三善信直と複数の人物が関わっている。宛先も「五畿内・諸国」となっており、抽象的である。これに比して、院宣の発給に関わっているのは後鳥羽院の無双の寵臣である葉室光《みつ》親《ちか》ただ一人で、宛先も八人の御家人であり、非常に具体的・明瞭である。

文面の違いも大きい。実在する官宣旨は、官宣旨特有の難解な表現を多用しており、意味をとりにくい。一方の院宣は、源実朝暗殺に伴う源氏将軍断絶→三寅下向→義時の専横と、承久の乱に至る経緯を簡潔に説明しており、理解しやすい。あたかも慈光寺本『承久記』読者のために、〝おさらい〟をしているかのようである。

やはり慈光寺本『承久記』の院宣は、乱後に首謀者の一人として斬首された葉室光親の存在感を強調するために、作者によって創作されたものと解釈すべきだろう。

ただ、『承久記』が挙げた勧誘対象の有力御家人については、一定の事実を反映していると思われる。義時の弟である時房の名前も見える点は興味深い。時房は建保六年(一二一八)に政子とともに上洛した際(268頁)、後鳥羽院の鞠会で蹴鞠を披露している(『吾妻鏡』)。こうした縁を利用して後鳥羽は時房を取り込もうとしたのかもしれない。

三浦義村の貢献

後鳥羽上皇の挙兵は、承久三年(一二二一)五月十五日に伊賀光季、そして西園寺公経が鎌倉に送った飛脚によって、早くも十九日には政子・義時の把握するところになった。『吾妻鏡』によれば、義時追討の官宣旨を帯びた使者が鎌倉にやってくると知った義時はその捜索を命じ、藤原秀康に仕えている押松丸《おしまつまる》を捕らえ、官宣旨や東国武士のリストなどを押収したという。

この押松捕縛の話は、細部に違いはあるものの『承久記』にも見える。しかし、この逸話からは、いささか劇的に脚色された印象も受ける。押松を拘束し、義時追討の官宣旨を握りつぶしたことを幕府方の勝因として重視する見解もあるが、過大評価に思える。官宣旨は広範囲にばらまかれており、義時が朝敵となったという事実は、いずれ東国御家人たちに知られる。押松を捕らえたからといって、情報を隠しきれるはずがない。

そもそも後鳥羽方は関東への密使として押松だけを送ったわけではない。三浦胤義は兄の義村のもとに使者を送り、同十九日に使者は「義時を討てば恩賞は望みのままである」という後鳥羽院の言葉を伝えている（『吾妻鏡』）。他にも後鳥羽方の使者が多数、鎌倉に入り込んでいただろう。

既に後鳥羽方は京都で挙兵しているのだから、勧誘工作を徹底的に秘匿する必要はない。極端に言えば、たとえ寝返る者が一人もいなかったとしても、東国御家人たちが互いに疑心暗鬼に陥れば、鎌倉幕府は内部崩壊する。そこに後鳥羽の狙いがあったと見られる。

こうした後鳥羽のもくろみを粉砕したのは、実は三浦義村である。義村は使者を追い返すと、胤義の書状を持って義時邸に赴いた（『吾妻鏡』）。義時に次ぐ実力者である義村が離反せず、義時を支える姿勢を示したことは、御家人たちの動揺を抑えるうえで大きな役割を果たした。義村は牧氏事件でも和田合戦でも実朝暗殺事件でも政子・義時を支持しており、今回もその行動原理を貫いたのである。

北条政子の演説

三浦義村の支持を取り付けた北条義時は、政子の御所に御家人たちを招集した。そして、政子が有名な演説を行った。『吾妻鏡』の該当部分を現代語訳してみよう。

政子が御家人たちを御簾のもとに招き、安達景盛を通じて語った。「皆、心を一つにして聞きなさい、これが私の最後の言葉です。亡き頼朝公が朝敵（平家）を征伐し、鎌倉幕府を開いてから、官位にせよ俸禄にせよ、御家人に与えた御恩は、すでに山よりも高く海よりも深いものです。恩に報いようというあなたたち御家人の気持ちがどうして浅いことがあるでしょうか（恩返しをしたいと強く思っているはずです）。ところが今、奸臣の讒言によって後鳥羽上皇が、誤った命令を出されました。名誉を重んじる御家人は、早く藤原秀康・三浦胤義たちを討ち取り、三代にわたる将軍（頼朝・頼家・実朝）が残してくださった幕府を守るべきです。ただし上皇に味方したいと思う者は、今ここで申し出なさい」と。すると集まった御家人たちは皆、政子の命に応じ、感動の涙があふれでて、まともに返事をすることができないほどだった。

ここまで素晴らしい名演説、感動的な場面が実際にあったか、やや疑わしいが、政子が御家人たちを右のような論理で説得したことは事実と見てよいだろう。つまり政子は、頼朝から受けた御恩の大きさを御家人たちに思い出させたのである。鎌倉幕府ができたことで武士の地位が向上したことを政子は力説している。なお慈光寺本『承久記』では、実朝（古活字本『承久記』は頼朝とする）のおかげで、武士の京都大番役が三年から半年に短縮されたことを政子は指摘している。

頼朝の御恩に報いるために今こそ戦え、というのが政子の主張である。鎌倉幕府に絶体絶命の危機が訪れた時に、武士社会を支える原理である御恩と奉公を持ち出した政子の政治的なセンスは、さすがというほかない。むろん、頼朝後家の政子が言うからこそ、説得力を持つわけだが。

ただ、政子の演説には一種のトリックがある。本来、御恩と奉公の関係とは、鎌倉殿と御家人という個人対個人の関係を指していた。そうすると、源氏将軍が断絶した時点で、御恩と奉公の関係は消滅してしまうことになる。頼朝の遠縁にすぎない幼児三寅は御家人たちの忠誠の対象として、あまりに軽すぎる。

前田家本『承久記』によれば、藤原秀康から「なぜ鎌倉を離れて京都で朝廷に奉公しているのか」と尋ねられた三浦胤義は、「頼朝・頼家・実朝三代の将軍を失ってからは、鎌倉には自分の主として仰ぐ人はいなくなったからだ」と答えたという。三寅を正統な鎌倉殿と認めない御家人は胤義だけではなかっただろう。だからこそ後鳥羽院は、源氏将軍の断絶を挙兵の好機と認識したのである。

これに対し、鎌倉殿頼朝から受けた御恩を「鎌倉殿に返す」という論理を使えない政子は、代わりに頼朝からうけた御恩を「幕府に返す」よう主張した。政子は、特定個人への奉公を組織への奉公にすりかえた。専門的に言えば、もともとは人格的結合だった御恩と奉公の関係を、制度的結合に変えたのである。これは、御恩と奉公の変質である。

御家人たちがこの論理を受け入れたのは、源氏将軍の有無にかかわらず、自分たちの利益を守るためには幕府が必要だと考えたからに他ならない。後鳥羽の期待に反して、頼朝直系の将軍以外を拒否した胤義のような御家人は、例外的な存在だったのである。御家人たちが政子の演説に感動したのは事実だろうが、それはある種のタテマエである。それに加えて、したたかな現実的判断が働いていたことも忘れてはならない。

3　鎌倉幕府軍の圧勝

幕府首脳部の作戦会議

承久三年五月十九日の夕刻、北条義時の屋敷で幕府首脳部が今後の戦略を協議した。参加者は義時・泰時（義時の長男）・時房（義時の弟）、大江広元、三浦義村、安達景盛らである。

論点は、積極攻勢策か迎撃策か、どちらを選択するかにあった。東海道の要衝である足柄・箱根の両関所を固めて防衛に専念するという意見が強かった。

先の政子の演説に見えるように、幕府は後鳥羽上皇に反逆するのではなく、後鳥羽院の

「君側の奸」を討つという大義名分を掲げている。とはいえ、京都に向かって攻め上れば、「朝敵」のそしりは免れないだろう。義時らが及び腰になるのも無理はない。

けれども広元は「時を移せば東国武士の結束が乱れて敗れるだろう。運を天に任せて早く出撃すべきだ」と主張した。政子の演説によって御家人たちは奮い立ったが、彼らの士気は時間が経てば低下する。官宣旨の内容もいずれは御家人たちの間に広がる。「朝敵の義時さえ討てば我が身は安泰になる」と保身に走る者が出ぬとも限らない。鉄は熱いうちに打て、である。広元の卓見には感心させられる。もっとも、広元嫡男の親広が後鳥羽方についたという情報が既に鎌倉に入っていたので、疑われぬようにあえて強硬論を唱えたのかもしれない。

会議で結論が出せなかったため、義時は鎌倉殿代行の政子に、積極攻勢策と迎撃策の二案を提示し、決断を求めた。政子は「上洛しなければ勝ち目はない」と述べ、武蔵の武士たちが集まり次第、出陣すべきであると説いた。武蔵国は北条氏の強固な政治的・軍事的地盤となっており、鎌倉からも近い。北条氏の影響下にある相模武士・武蔵武士を第一陣とするのが政子の考えだったのだろう。

そこで義時は遠江以東の東海道、信濃以東の東山道の武士たちに飛脚を送り、出陣を命じた。この際、義時は「京都より坂東を襲う」と状況を説明している（以上、『吾妻鏡』）。義時追討命令を「朝廷による倒幕」にねじ曲げ、幕府滅亡の危機を煽ることで東国武士の総動員を図ったのである。

北条泰時の出撃

五月二十一日、一条頼氏《よりうじ》（能保の孫、高能の子）が鎌倉に到着し、西園寺公経が拘束された伊賀光季が自害した、といった京都の深刻な事態を伝えた。動揺した幕府首脳部は再び迎撃策に傾いた。本拠地を離れて不用意に上洛するのは危険ではないか、という意見が出たのだ。鎌倉で謀反が起こることを警戒したのであろう。

これに対して広元は、「上洛を決定しながら、なかなか出陣しないから、迷いが生まれて反対意見が出てしまった。武蔵の武士を待つために時を重ねれば、彼らも心変わりするかもしれない。北条泰時が自身一騎だけでも出陣すれば、東国武士は後に続くだろう」と再び積極策を説いた。

そこで政子は、年老いて病に倒れていた三善康信にも諮問したところ、康信も「大将軍一人でも早く出撃すべきだ」と答えた。広元と康信の意見が一致したことで義時もついに決断し、泰時に出撃を命じた。泰時は二十一日の夜には出陣の支度を整え、二十二日にはわずか十八騎の手勢を率いて出陣した。

広元と康信の意見は、戦場に出ない文士だからこそ吐ける強硬論とも解されるが、頼朝の先例を意識したものと思われる。後白河法皇が義経に頼朝追討の宣旨を与えた時、頼朝は速やかに上洛の意志を示して自ら出陣することで、御家人たちの結束を固めた（143頁）。積極策によって「朝敵」の汚名を吹き飛ばしたのである。

もっとも、泰時の勇敢な出陣が史実かどうかは、疑問も残る。『吾妻鏡』は泰時を知勇兼備の人格者として随所で絶賛しており、割り引いて読む必要がある。藪本勝治氏は、泰時を英雄化するための『吾妻鏡』の脚色と解釈している。いずれにせよ、泰時が頼朝と重ね合わせられているのは興味深い。泰時を頼朝の再来と位置づけることで、北条氏による幕府支配を正当化しているのである。

それにしても、一連の戦略決定の過程で、義時の影は奇妙なほど薄い。「朝敵」と名指しされた義時にしてみれば、自身の意見を積極的に示しづらかったのだろう。想像をたくましくすれば、当事者である義時の考えを広元や政子が代弁した側面もあるのではないか。

圧倒的な兵力差

さて『吾妻鏡』によれば、五月二十二日から二十五日にかけて、東国武士は順次参陣し、京都に向かって進撃した。義時以下の宿老は鎌倉に残留した。年齢的に遠征はつらいということだろう。鎌倉での政変、謀反に備える意味もあったに違ない。

同書は幕府軍の構成を、北条泰時・時房・三浦義村ら東海道軍十万、武田信光・小笠原長清ら東山道軍五万、北条朝時（泰時の異母弟）・結城朝広ら北陸道軍四万、総勢十九万騎と記す。なお慈光寺本『承久記』は東海道軍七万、東山道軍五万、北陸道軍七万と記す。いずれにせよ誇張であろうが、幕府軍有利と見て我も我もと御家人たちが参加し、最終的に数万の大軍に膨れ上がったことは認めてよいだろう。

六月三日、幕府方の東海道軍が遠江に到着したという知らせを受けた後鳥羽方は追討軍を派遣した。慈光寺本『承久記』によれば総大将は藤原秀康、総勢一万九千余騎だという。これを信じるなら、幕府軍の十分の一ということになる。既に大勢は決したと言える。

承久の乱は、本来、東国武士と畿内・西国武士の戦いになるはずであった。にもかかわらず、これほどの兵力差がついたのはなぜか。これは、双方の中核となる武士の動員兵力の差が大きな要因だったと考えられる。

先述の通り、後鳥羽方の主力は在京御家人であるが、その中心は東国出身者である。東国御家人が在京奉公しているのである。野口実氏らが指摘するように、三浦義村が鎌倉で、胤義が京都で活動するといった一族内での分業がしばしば見られた。

しかし東国を本拠とする御家人の場合、当主・嫡流が鎌倉や東国にいることが一般的で、京都にいる一族は所詮傍流である。軍事力・経済力で東国の当主に及ばない。頼朝の旗揚げにも貢献した近江佐々木一族の場合（47、48頁を参照）、嫡流の広綱《ひろつな》（定綱の嫡男）が在京して後鳥羽上皇に仕えたが、これは本拠が京都に近いがゆえの特殊事例であろう。

もっとも大内惟信のように、東国出身で在京活動を中心とする当主もいる。惟信の父である惟義（120頁）は京を囲む摂津・丹波・越前・美濃・伊勢・伊賀の守護を務め、西国守護の統括者的存在であった。惟義が存命だったら後鳥羽方の総大将として起用されていたと思われるが、乱前に亡くなってしまう。跡を継いだ惟信は若く、全軍を統率する立場にはつけなかった。

では畿内・西国を本拠地とする武士に頼ればよいかというと、それもなかなか難しい。治承・寿永の内乱の結果、頼朝を支えた東国武士の勢力が伸長した。東国武士たちは次々と西国の守護に任命された。畿内・西国武士の多くは彼らの下に位置づけられた。河内出身の藤原秀康・秀能《ひでよし》兄弟は後鳥羽院に重用され、破格の官位を与えられたが、軍事的には佐々木・大内氏ら西国守護を中心とする在京御家人よりはるかに弱体であった。

結局、後鳥羽方には大軍を動員・統率できる実力を持った司令官がいなかった。和田合戦のような激戦を経験した者もほとんどいない。ゆえに後鳥羽は、幕府方の内部分裂を狙ったのである。三浦胤義を介して三浦義村を寝返らせる、といった工作によって幕府軍を自壊させることが基本戦略であった。

ただ、この戦略には根本的な矛盾があった。一族分業は常に円滑に機能するわけではない。野口氏らが指摘するように、在京奉公する胤義の官位は義村を凌駕しており、義村の脅威となっていた。後鳥羽方が勝てば、義村と胤義の立場は完全に逆転する可能性がある。こうした事情は、一族で在京活動と在鎌倉活動を分担する他の東国御家人も同様であり、もともと東国御家人たちが説得に応じる確率は低かったと言える。

官宣旨の威力、すなわち朝廷・治天の権威を後鳥羽院が過信した、という説も古くから唱えられている。永井晋氏が論じたように、後鳥羽方には、鎌倉幕府と袂を分かった御家人、鎌倉幕府に怨念を持つ武士が多くいた。

その代表例が三浦胤義である。胤義の妻はもともと二代将軍頼家の妻で、禅暁を産んでいた。だが承久二年（一二二〇）に幕府に暗殺されて妻が嘆き悲しんだため、北条氏を恨んだ胤義は鎌倉を離れ後鳥羽に仕えることになった（慈光寺本『承久記』）。大内惟義・惟信父子も、源氏一門粛清を進める北条氏と敵対せざるを得なかった。比企氏の縁者の糟屋氏、義仲と提携したことで義仲滅亡後に冷遇された近江・美濃源氏など、幕府に不満を持ち後鳥羽の下に馳せ参じた武士は少なくない。

後鳥羽院の周囲には幕府への怒りを語る武士が集まっていた。武士層全体から見ると一部の意見にすぎないのだが、後鳥羽がそうした極論に影響されて「幕府が武士たちに支持されていない」と誤解したのかもしれない。ところが蓋を開けてみたら、幕府方の迅速かつ果断な対応も影響して、東国武士たちは次々と幕府の下に馳せ参じ、畿内・西国武士の動きは鈍く、予想以上の兵力差がついてしまった。後鳥羽の焦燥はいかばかりであったろうか。

幕府軍の快進撃と後鳥羽の動揺

出陣した後鳥羽方は美濃・尾張国境の木曾川・墨俣川を防衛ラインとし、墨俣などに陣を築いた。一方、幕府方の東海道軍・東山道軍は尾張国一宮（現在の愛知県一宮市）で合流し、軍議を開いた。六月五日・六日にかけて行われた戦いで幕府軍は渡河作戦に成功し、藤原秀康・大内惟信・三浦胤義・佐々木広綱らは敗走した。惟信はそのまま行方をくらました。美濃源氏の山田《やまだ》重忠《しげただ》は一人踏みとどまったが、杭瀬《くいせ》川の防衛線も突破され、退却した（『吾妻鏡』）。

慈光寺本『承久記』は、尾張国を攻めるという山田重忠の献策を退けて墨俣で迎撃する消極策を採ったことが後鳥羽方の敗因と説く。しかし圧倒的な兵力差がある以上、重忠の積極策は非現実的で、文学的脚色と見るべきだろう。

後鳥羽方の戦略は、東国で反北条氏勢力を蜂起させたうえで、京都から追討軍を派遣してトドメを刺すというものであった。東国御家人が幕府の下、北条義時の下で一致団結してしまったため、京方の戦略は根底から崩壊した。追討軍の士気が低いのは当然であり、富士川合戦（第二章を参照）と同様に、戦う前から敗北は必然であった。

また慈光寺本『承久記』は、東山道軍の武田信光・小笠原長清が、鎌倉方と京方のいずれが勝つかと様子見をしていたところ、北条時房が美濃・尾張・甲斐・信濃・常陸・下野六ヵ国の守護を恩賞として約束したため渡河したという逸話を載せる。この逸話も史実かどうか疑わしいが、恩賞への期待が鎌倉方武士の戦意を高めたことは間違いない。義時らが迎撃策ではなく上洛を選択し幕府軍を敏速に進撃させたことで、東国武士は敵の所領を恩賞として獲得できるという実感を持てただろう。

六月八日、帰京した藤原秀康は美濃での敗戦を報告した。朝廷は騒然となり、幕府軍の入京を恐れた後鳥羽上皇は比叡山に逃れようとし、西坂本の梶井《かじい》御所に入った。しかし翌九日、「比叡山の武力では東国武士に対抗できない」との返事が届き、入山を拒否された。十日、やむなく後鳥羽院は京都に戻った（『吾妻鏡』）。

同十日、後鳥羽は西園寺公経・実氏父子の謹慎処分を解いている（『吾妻鏡』）。親幕派の西園寺公経を通じて幕府と和平交渉を行おうと考えたのだろう。既に後鳥羽は勝利をあきらめつつあった。

瀬田・宇治の戦い

六月十二日、後鳥羽上皇は軍勢を各地に派遣し、守りを固めた。特に重視したのは宇治・瀬田方面の防衛である。かつて頼朝軍が京都の木曾義仲を攻めた際も、範頼が近江の瀬田、義経が山城の宇治に進撃しており（113頁）、交通の要衝である両所は京都防衛の要でもあった。

慈光寺本『承久記』は宇治・瀬田の合戦に関する記事を欠いている。『吾妻鏡』と古活字本『承久記』では、後鳥羽方の軍勢配置が若干異なる。

両書を読んでいて奇妙に感じるのは、本来、後鳥羽方の中核的な武力として活躍するはずの大江親広・藤原秀康・三浦胤義らの役割が今一つ見えてこない点である。瀬田では山田重忠、宇治では佐々木広綱が主力として機能しているように見える。後鳥羽院は戦局打開のため、高倉範茂《たかくらのりしげ》ら側近の公卿まで指揮官として投入したが、かえって京方の指揮系統を混乱させてしまったのではないか。

一方の幕府軍であるが、北条時房が瀬田、泰時が宇治、三浦義村が淀方面に向かったという。瀬田でも宇治でも橋を渡ろうとしたが、待ち構えていた後鳥羽方に射すくめられ、苦戦した。宇治川の戦いでは、橋上の戦闘を不利と見た鎌倉方が決死の渡河作戦を敢行し、京方を撃破した。ここに戦況は決した。

以上の記述は『吾妻鏡』と古活字本『承久記』に依拠した。野口実氏は、仁和寺の僧侶が書いた記録『承久三年四年日次《ひなみ》記』や歴史書『百錬抄』など、より信頼できる史料の記述も踏まえ、宇治川合戦が実際に「史上稀に見る大激戦」であったと論じている。とはいえ、『吾妻鏡』の記述がすべて事実かどうかは疑わしい。同書は、北条泰時による渡河作戦の名指揮ぶりを強調しており、後世に脚色・創作された〝泰時神話〟の色彩が強い。

瀬田での山田重忠の奮闘も含め、後鳥羽方が善戦したことは疑いない。けれども藤原秀康・三浦胤義らが十分に機能していないようでは、京方が逆転勝利する可能性はなかったのではないだろうか。

後鳥羽上皇と北条義時

六月十五日、藤原秀康・三浦胤義らは京都に戻って瀬田・宇治での敗戦を朝廷に報告し、幕府軍の入京は必至であると語った(『吾妻鏡』)。慈光寺本『承久記』によると、院御所に参上した胤義・山田重忠らが御所に籠って最後の合戦をしたいと望んだところ、巻き添えになることを恐れた後鳥羽上皇によって門前払いにされたという。胤義は死に場所を求め、入京した三浦義村の軍勢に最後の戦いを挑み、自害した。山田重忠も激闘の末に自害したが、藤原秀康は逃亡した（『吾妻鏡』・慈光寺本『承久記』）。

朝廷の最高指導者たる後鳥羽院の無責任さを強調する右の逸話は、いささか出来過ぎに思える。もっとも、後鳥羽が京方の武士たちを切り捨てて保身に走ったことは事実であろう。『承久三年四年日次記』によれば、勅使が京都六条河原で北条泰時ら鎌倉方と対面し、義時追討の官宣旨を撤回すると伝えたという。また京都の治安を守ってくれれば幕府の意向に従うとも語ったという。実質的に全面降伏と言える。

朝廷の命令に誤りがあってはならないから、義時追討命令を撤回するには、それなりの理屈が必要である。『吾妻鏡』には、勅使が「今回の挙兵は『謀臣』が勝手に行ったことで、後鳥羽院の意思によるものではない」と弁明したという記事が見える。実際、後鳥羽はこの種の責任転嫁を行っただろう。

後鳥羽院の祖父である後白河法皇も、頼朝追討命令を出した責任を頼朝から追及された際、「義経に強要された」と弁解している。『承久三年四年日次記』や『百錬抄』によれば、十九日に後鳥羽は藤原秀康らを追討する宣旨を出したという。これまた、頼朝に義経追討院宣を与えた後白河と同じ行動パターンである。けれども不発に終わった義経の挙兵と異なり、大規模な軍事衝突が起こってしまった以上、後鳥羽がトカゲのしっぽ切りによって自らの責任を回避することは不可能だった。

では、幕府の最高指導者である北条義時はどうであったか。勝利を確信し、泰然自若としていたかというと、そうでもないらしい。『吾妻鏡』は次のような話を載せている。義時邸の建物の一つに雷が落ち、一人の人夫が亡くなった。義時は「朝廷に逆らおうとしたら、このような怪異が起きた。滅亡の前兆ではないか」と不安に感じた。これに対し大江広元は、「頼朝公が藤原泰衡を討つために奥州に出陣した時にも落雷がありましたから、むしろ良い結果の前ぶれでしょう」と励ましたという。

これも広元顕彰記事として後世に創作されたのかもしれないが、北条氏の立場から編纂された『吾妻鏡』が義時を英雄視していない点は興味深い。一定の事実を反映しているからこそ、右の記事が収録されたのだろう。すなわち、義時には勝利の確信はなかった。迷いや悩みを抱えながら、吉報を待っていたのである。

以上のように、両軍の最高指導者の資質が明暗を分けたとは必ずしも言えない。後鳥羽の戦略にはもともと無理があり、京方の勝機は少なかったと思われる。長村祥知氏は、一族が京方と鎌倉方に分裂した御家人を網羅的に検出し、武士たちが鎌倉方につくのは必然ではなかったと説いている。しかし、京都に拠点を持ち一族分業を展開する御家人は全体のごく一部ではないだろうか。西国守護などの在京御家人が、日常的な関係が希薄な畿内・西国の武士を大々的に動員することは、困難だったと考えられる。

もっとも、幕府が迎撃策を採用し、時間を浪費していれば、京方が大規模動員に成功した可能性はある（誰が全体の指揮をとるのかという問題は残るが）。その点で義時が最終的に軍勢を上洛させることを決断した意味は大きい。勝ち馬に乗ろうという御家人たちの集団心理によって、鎌倉方は大軍へと膨れ上がった。これが最大の勝因であろう。

4　乱後の公武関係と義時の死

戦後処理の進展

承久三年六月十五日に入京した北条泰時・時房は、翌十六日に京都六波羅の邸宅に移った（『吾妻鏡』）。かつて平家の拠点であった六波羅は、平家都落ち後に源頼朝に与えられ、幕府の京都における拠点となっていた。泰時らは鎌倉に戦勝を報告し指示を仰いだ。そして彼らは京都の治安維持と残党掃討、朝廷との交渉を担った。

二十四日・二十五日には、後鳥羽上皇の側近であった公家・僧侶が合戦の首謀者として連行され、それぞれ有力御家人に預けられた。七月一日、幕府の申請に基づき、朝廷は彼らの処罰を決定した。泰時は御家人らに罪人を鎌倉に護送するよう命じた（『吾妻鏡』）。

七月二日、後鳥羽院に仕えていた四人の武士、後藤基清《ごとうもときよ》・五条有範《ごじょうありのり》・佐々木広綱・大江能範《よしのり》が京都で梟首された。朝廷の許可を得ずに幕府の独断で即刻処刑したのは、彼らが御家人でありながら幕府に逆らったからである（『吾妻鏡』）。

一条能保・中御門《なかみかど》宗行《むねゆき》・葉室光親・源有雅《ありまさ》・高倉範茂ら後鳥羽の側近たちは鎌倉への護送途中で斬首された（『吾妻鏡』・慈光寺本『承久記』・『六代勝事記』）。彼らは貴族なので、当時の慣例では流罪が最高刑である（20、21頁を参照）。しかし幕府は彼らを許さず、私刑のかたちで斬首したのだ。ただし坊門忠信は、亡き実朝の義兄という縁によって除命され、越後国への流罪となり、さらに配流の途中で許され帰京した。

後鳥羽院の孫にあたる仲恭天皇は廃位となり、後鳥羽の兄である守貞《もりさだ》親王（行助入道親王）の子である茂仁《ゆたひと》への譲位が行われた。後堀河《ごほりかわ》天皇である。後堀河はまだ十歳なので、守貞親王が後高倉《ごたかくら》上皇となって院政を開始した。天皇を経験せずに治天の君になるなど前代未聞である。後鳥羽の子孫を即位させないため、幕府が強引に介入したのである。以後、幕府は皇位継承に強く関与するようになる。

後鳥羽院は隠岐に、後鳥羽に積極的に協力した順徳上皇は佐渡に配流された。順徳の兄である土御門上皇は承久の乱に関与していなかったが、自発的に流罪を希望し、土佐に流された（のちに、より京に近い阿波国に移る）。かつて親王将軍候補だった六条宮雅成親王・冷泉宮頼仁親王も流罪となった。後鳥羽の血統を皇位継承候補者から排除するためである。人生で何度も窮地に立たされた後白河法皇でさえ、平清盛や木曾義仲に幽閉されたに留まる。上皇が臣下と戦って敗れて流罪になるなど、未曾有の事態である。治天の君である後鳥羽が実質的に「謀反人」として断罪されたのだ。この断固たる措置は、義時の意向によるものだろう。

さて『吾妻鏡』は、北条泰時が京都での戦後処理を主導したかのように描くが、野口実氏は、現実には三浦義村の役割が大きかったことを指摘している。義時ら幕府宿老が鎌倉に残留した結果、義村は実質的な幕府軍総大将として強い影響力を持った。泰時の舅（義村の娘が泰時に嫁ぎ、泰時嫡男の時氏《ときうじ》を産んでいる）という立場もあり、政治経験豊富な実力者である義村が占領行政に深く関与した。義時が義村を深く信頼していたことがうかがわれる。

承久の乱の歴史的意義

幕府は、京方についた畿内・西国の守護を次々と解任し、新たに有力な東国御家人を任命した。北条一族も八ヵ国の守護職を獲得した。

また、後鳥羽院の経済基盤であった四百ヵ所にものぼる王家領荘園をすべて没収した。興味深いのは、幕府が王家領荘園を我が物とするのではなく、没収したうえで後高倉院に進上している点である。天皇未経験で朝廷の頂点に立つことになった後高倉院を支援するためであろう。幕府は、院政や荘園制といった既存の政治・社会体制を否定しなかった。その意味で承久の乱は「革命」ではない。義時も、かつての頼朝と同様に、朝廷との共存を図ったのである。

とはいえ、幕府は既成の体制を肯定しつつも、着実に権益を拡大していった。後高倉に渡した荘園群に関しては、有事には幕府に返すよう約束させている(『武家年代記裏書』)。形式的には王家領荘園だが、潜在的な支配権は幕府に留保されているのである。平家没官領など旧平家方所領を獲得するに留まった頼朝時代に比べて、幕府の前進は著しい。

さらに幕府は、京方についた公家や武士の所領を没収した。その総数は三千ヵ所を超えた。これらの所領は畿内・西国に多く、戦功のあった東国御家人に恩賞として与えられた。この新恩給与をきっかけに西国に移住した御家人を、学界では「西遷御家人《せいせんごけにん》」という。

現地の慣行・事情を十分に把握せず乗り込んでいった西遷御家人は、しばしば過剰な収奪によって荘園領主や荘民らと軋轢を起こした。貞応《じょうおう》二年（一二二三）、幕府の要請により、朝廷は新補地頭《しんぽじとう》（承久の乱後に新たに設置された地頭）の得分の基準を定めた。これを新補率法という。貞永《じょうえい》元年（一二三二）に幕府が御成敗式目《ごせいばいしきもく》を制定したのも、西遷御家人・新補地頭がトラブルを頻発させたことが一因である。

古典学説に基づく歴史教科書では、地頭による荘園侵略が強調されてきた。しかし、日本全国の多くの荘園において御家人が地頭の職務を行うという構造が成立したことで、荘園制という中世社会の基本体制が安定したという側面もある。要は、潜在的な反乱分子である武士を体制の中に取り込んだのである。

これまでの幕府は、東国武士の利益団体という性格を強く持っており、基本的には朝廷を通じて畿内・西国と関わっていた。しかし承久の乱を契機に、幕府の勢力が本格的に西日本に及び、守護・地頭制が全国的に展開するようになると、全国政権として畿内・西国の武士・公家・寺社と直接向き合わざるを得なくなっていく。

幕府の存在感の増大は、朝廷の地盤沈下に起因するところが大きい。承久の乱の敗戦によって、京方武士の主要人物は殺害・処刑され、朝廷は固有の武力を失った。いわば戦争放棄、戦力不保持を幕府から強要されたのである。

頼朝死後、在京して後鳥羽に仕える御家人が次第に増加し、彼ら在京御家人が承久の乱において京方の中核的武力となった。伊賀季光の戦死、大江親広の造反から分かるように、従来の「京都守護」という仕組みは、朝幕両属的な在京御家人を統制するうえで不十分だった。これを反省した幕府は、再発防止のために、在京御家人が独自に朝廷と結びつくことを禁止した。そして朝廷と畿内・西国武士を監視するために、いわゆる「六波羅探《ろくはらたん》題《だい》」を設置した。

六波羅探題の原型は、北条泰時・時房率いる京都占領軍である。義時死後に泰時・時房が鎌倉に帰還すると、時氏（泰時嫡男）らが六波羅に入った。以後、六波羅には一名もしくは二名の北条一門が探題（北方と南方）として常駐し、幕府の出先機関として機能するようになった。武装解除された朝廷は、京都や畿内の治安維持を六波羅探題に委ねた。

朝廷が幕府の上に立つ体裁は維持されたが、固有の軍事力を持たない朝廷は幕府への従属を強めた。幕府が事実上の皇位継承者決定権を掌握したことは、その端的な例である。公武の力関係は明らかに逆転した。公家や寺社など御家人以外の勢力も、圧倒的な武力という物理的強制力を持つ幕府の支援・裁定を求めたため、結果として幕府は、朝廷が一元的に担っていた全国統治の一部を肩代わりすることになった。

こうした状況は、幕府・義時にとって手放しで喜べるものではなかった。今まで幕府は朝廷からの要求を適度にかわしつつ、御家人の利益を可能な限り保護してきた。けれども統治の責任を負うことになった幕府は、公家・寺社との利害を調整し、また地頭御家人の横暴を規制して善政を志向することを迫られた。むき出しの武力で押さえつけるのではなく、百姓をいたわる「撫民《ぶみん》」の思想が鎌倉時代を通じて徐々に武士たちに浸透していく。諸勢力の対立を調停し百姓を統治する責任は義時ら幕府首脳部、さらには義時の後継者である泰時らに重くのしかかったが、彼らの努力によって幕府は武家政権として成熟し、俗に言う「武家政治」が中世社会に定着していったのである。

北条義時の死と伊賀氏事件

承久の乱後、政務や訴訟に忙殺されていた北条義時であったが、貞応三年（一二二四）六月十二日、病に倒れた。前々から脚気を患っていたが、他の病気も併発し、下痢や嘔吐に苦しんだという（『吾妻鏡』）。義時はそのまま翌日には亡くなってしまい、あまりに突然の死だったため、毒殺の噂も流れた（『明月記』）。しかし六十二歳という年齢は当時としては長寿であり、とりたてて疑うこともないだろう。十八日に葬儀が行われ、頼朝の墓所である法華堂の東の山上に墳墓が設けられたという（『吾妻鏡』）。

しかし、義時の急死は北条氏の御家騒動をもたらした。父義時の死を知った泰時は京都から鎌倉に戻り、六月二十八日に政子の御所に招かれた。政子は泰時を執権に任命することを決め、大江広元も賛同した。ところが、義時の後妻（泰時の継母）である伊賀の方（287頁）が、泰時による家督継承に反対しているという噂が当時鎌倉で流れていた。

風聞によれば、伊賀の方は自分の子である政村を執権職に就けて、兄の伊賀光宗《みつむね》に後見させ、娘婿の一条実雅《さねまさ》（一条能保の息子、義時の招きにより鎌倉で暮らしていた）を将軍に擁立しようとしているという。

七月になると、伊賀光宗とその弟たちはたびたび三浦義村邸に出入りした。義村は北条政村の烏帽子親であり、万が一、義村が政村・光宗と提携すれば幕府は転覆しかねない。憂慮した政子は、十七日の深夜に密かに義村を訪ね、政村・光宗との関係について詰問した。「承久の乱で幕府が勝利できたのは天運によるものだが、半ばは泰時の功績である。天下を平定した義時の後を継ぐのは泰時しかいない」と語り、光宗らと謀反を企てているのでなければ事態の収拾に協力せよ、と迫ったのである。義村は政村に謀反の気持ちはないと弁明するとともに、光宗兄弟の暴走を制止すると誓った。

七月三十日に義時の四十九日の仏事が終わると、政子はこの騒動に決着をつけることにした。翌閏七月一日、政子は三寅を連れて泰時邸に入り、義村以下の宿老を招集した。政子は反乱計画の存在を語り、謀反を防ぐため協力してほしいと呼びかけた。有力御家人たちが泰時を支持したことで、大局は決した。伊賀の方らの陰謀は事前に潰えた。これを学界では「伊賀氏事件」と呼ぶ。

数日後、事件に関与した者の処罰について、政子を中心に協議が行われた。伊賀の方と光宗兄弟は流罪に処し、公卿である一条実雅については朝廷に配慮して京都への送還というかたちをとることにした。しかし、その他の関係者は罪に問わないこととし、北条政村・三浦義村は何のお咎《とが》めも受けなかった。二十三日、一条実雅は伊賀一族（光宗を除く）とともに鎌倉を発った。八月二十九日、伊賀の方は伊豆国北条に幽閉され、光宗は信濃国に流罪となった。一条実雅は京都から越前に流され、伊賀一族は京都から九州に流された（以上、『吾妻鏡』）。

この伊賀氏事件に関しては、永井晋氏が冤罪説を唱えている。伊賀の方・伊賀光宗に政村を執権に擁立する意思はなく、伊賀氏を追い落とすために政子が陰謀をでっちあげたのだという。確かに『吾妻鏡』を読んでいても、謀反の噂が流れているだけで、これを事実だと強く主張している人物は政子一人である。関係者の処罰が最小限に抑えられているのも、冤罪を強く疑わせる。

永井説の当否はさておき、政子に伊賀の方への配慮が欠けていたことは否めず、政子は敵意を持っていたと考えられる。鎌倉殿代理として政子が泰時を執権に任命することは不当な行為ではないが、義時の後家である伊賀の方の頭越しに任命した点には問題がある。義時はおそらく遺言を残さずに急死しただろうから、北条氏の家督後継者を選定する権限は後家の伊賀の方にある。義時が急死した状況下で、執権職への就任は北条氏家督への就任とほぼ同義であるから、本来なら政子は伊賀の方と協議すべきだっただろう。だが政子は伊賀の方を無視したのである。

政子が伊賀の方を後継者選定の場から公然と排除したのは、義時の外戚である伊賀一族の増長を以前から問題視しており、自身の死後（政子は翌年没）、彼らがかつての比企氏のように専横を極めることを恐れたからだろう。その意味で、伊賀氏事件の発生は、伊賀氏や一条実雅を重用した生前の義時に対しても責任が求められる。

牧氏事件で継母の牧の方と対立した経験のある義時ならば、自身の没後に泰時と伊賀の方が対立することは、容易に想定できたはずである。義時は泰時の嫡男としての地位を確立させ、伊賀の方との関係も調整しておくべきだった。けれども義時は何の対策も打たなかった。酷な言い方をすれば、義時は晩節を汚したのである。

義時の達成

北条義時は日本の歴史をどのように変えたのだろうか。一言で述べるならば、源頼朝がやり残した幕府の永続化という事業を完成させ、武家政治を中世社会に定着させた、ということになろう。

創設期の鎌倉幕府は、現代人が思い浮かべるよりも、はるかに脆弱で不安定だった。源頼朝という個人のカリスマによって支えられていたからである。頼朝は源氏一門の粛清を繰り返し、頼朝死後は有力御家人たちが血で血を洗う内紛を繰り広げた。頼朝の急死によって幕府は瓦解の危機を何度もくぐり抜けることになった。北条義時は、頼朝後家である姉政子の協力を得て、数々の権力闘争を勝ち抜き、幕府の最高指導者の地位に立った。

一方、治承・寿永の内乱で一時権威を失っていた朝廷は、後鳥羽院政の開始によって安定化した。鎌倉幕府三代将軍源実朝が後鳥羽に心酔したこともあって、朝幕関係は朝廷優位へと推移していった。もし実朝が長命であったならば、幕府は朝廷の下請けに成り下がったかもしれない。

こうした中、朝幕両属的な御家人が増加していく。一例を挙げれば、頼朝旗揚げ以来の功臣である加藤光員（70頁）は後鳥羽院の西面となり、幕府に無断で検非違使に任官したが、実朝はこれを許容している。自由任官（御家人が鎌倉殿の許可を得ずに任官すること）が厳しく規制された頼朝時代には考えられないことである。在京御家人は後鳥羽の命令でしばしば京都周辺の軍事・治安活動に従事したが、幕府はこれに関与していない。在京御家人を自らの手駒として動かせるという自信が、後鳥羽の挙兵の前提であった。

承久の乱の原因は今なお明らかになっていないが、実朝暗殺事件によって公武協調路線が暗礁に乗り上げたことが背景にあると考えられる。後鳥羽は実朝を通じて幕府を操縦しようとしたが、実朝死後の幕府は後鳥羽に従順ではなかった。義時は王朝権威を軽視していたわけではないが、朝廷からの諸々の経済的要求に対して非協力的であり、御家人たちの権利を擁護する態度を示した。この点、義時の政治姿勢は頼朝・実朝とは大きく異なる。実朝の死を境に幕府の態度が〝反抗的〟なものに一変したことへの不満が、後鳥羽挙兵の最大の動機であろう。承久の乱は治天の権威を過信した後鳥羽の自滅とも解釈できるが、上洛軍を速やかに派遣した義時の決断も高く評価できる。

幕府軍の圧勝によって公武関係は劇的に転換した。もはや朝廷は、幕府の軍事力に依拠しなければ、京中の治安維持すらままならない。幕府との関係強化が朝廷の至上命題となった。幕府が倒壊する可能性は百年にわたり想定すらされず、承久の乱以後の政変は幕府の存続を前提にして勃発した。義時本人の意図はどうあれ、彼の活躍によって、武家が政治の中心を担う武家政治が中近世社会の基調となった。

生まれながらに高い身分を備えた摂家将軍（のちに親王将軍）を擁立することで、源氏将軍三代の時代と異なり、幕府が王朝権威の庇護を得るために朝廷に譲歩する必要はなくなった。北条氏による執権職の世襲、そして「執権政治」は、北条氏の身分・家格ではなく、承久の乱の勝利をはじめとする北条氏の実績によって正当化された。義時の末裔たちが自らの始祖として重視したのは、時政よりむしろ義時であった。

義時とその後裔たちが、御家人たちと隔絶した高い身分を求めなかったのは、「御家人はみな鎌倉殿の家人として平等」という頼朝以来の方針を守り、御家人の利益団体という幕府の性格を維持しているとアピールするためだろう。傲慢になって失脚した時政の失敗に学び、義時は自己抑制に努めた。嫡男泰時はその姿勢をより徹底し、合議制による政治を標榜していくことになる。時代を経るごとに北条氏の専制は強まっていったが、右のタテマエを残すことで御家人たちの不満はある程度抑止された。

義時が敷いた路線が、鎌倉幕府を一世紀にわたって存続させたのである。

主要参考文献

※増補版・文庫版といった形で何度かリニューアルされている本については、基本的に最新の書誌を掲載している。論文も初出時ではなく最新の収録媒体を提示している。

石井進『鎌倉武士の実像　合戦と暮しのおきて』平凡社ライブラリー、二〇〇二年
同右『日本の歴史7　鎌倉幕府』中公文庫、二〇〇四年
伊藤邦彦『鎌倉幕府守護の基礎的研究　論考編』岩田書院、二〇一〇年
同右『「建久四年曾我事件」と初期鎌倉幕府　曾我物語は何を伝えようとしたか』岩田書院、二〇一八年
上杉和彦『大江広元』吉川弘文館、二〇〇五年
同右『戦争の日本史6　源平の争乱』吉川弘文館、二〇〇七年
上横手雅敬『日本中世政治史研究』塙書房、一九七〇年
同右『鎌倉時代政治史研究』吉川弘文館、一九九一年
同右『鎌倉時代　その光と影』吉川弘文館、二〇〇六年
大津雄一『軍記と王権のイデオロギー』翰林書房、二〇〇五年
岡田清一『北条義時　これ運命の縮まるべき端か』ミネルヴァ書房、二〇一九年
奥富敬之『鎌倉北条氏の興亡』吉川弘文館、二〇〇三年
川合康『鎌倉幕府成立史の研究』校倉書房、二〇〇四年
同右『日本中世の歴史3　源平の内乱と公武政権』吉川弘文館、二〇〇九年

同右『院政期武士社会と鎌倉幕府』吉川弘文館、二〇一九年
同右『源頼朝　すでに朝の大将軍たるなり』ミネルヴァ書房、二〇二一年
河内祥輔『頼朝がひらいた中世　鎌倉幕府はこうして誕生した』ちくま学芸文庫、二〇一三年
木村茂光「金砂合戦と初期頼朝政権の政治史」『帝京史学』二九、二〇一四年
五味文彦『増補　吾妻鏡の方法　事実と神話にみる中世〈新装版〉』吉川弘文館、二〇一八年
同右『源義経』岩波新書、二〇〇四年
坂井孝一『曽我物語の史実と虚構』吉川弘文館、二〇〇〇年
同右『源実朝「東国の王権」を夢見た将軍』講談社選書メチエ、二〇一四年
同右『承久の乱　真の「武者の世」を告げる大乱』中公新書、二〇一八年
同右『源氏将軍断絶　なぜ頼朝の血は三代で途絶えたか』ＰＨＰ新書、二〇二一年
同右『鎌倉殿と執権北条氏』ＮＨＫ出版、二〇二一年
佐々木紀一「木曾義仲の挙兵と北陸経略について」『山形県立米沢女子短期大学紀要』五一、二〇一五年
佐藤進一『日本の中世国家』岩波現代文庫、二〇〇七年
清水亮編著『畠山重忠』戎光祥出版、二〇一二年
下向井龍彦『日本の歴史07　武士の成長と院政』講談社学術文庫、二〇〇九年
杉橋隆夫「牧の方の出身と政治的位置」（上横手雅敬監修『古代・中世の政治と文化』思文閣出版、一九九四年）
同右「鎌倉右大将家と征夷大将軍・補考」『立命館文學』六二四、二〇一二年
関幸彦『源頼朝　鎌倉殿誕生』ＰＨＰ新書、二〇〇一年
同右『敗者の日本史6　承久の乱と後鳥羽院』吉川弘文館、二〇一二年
平雅行編『中世の人物　京・鎌倉の時代編　第三巻　公武権力の変容と仏教界』清文堂出版、二〇一四年

高橋修「内海世界をめぐる武士勢力の連携と競合　金砂合戦（佐竹攻め）の評価をめぐって」（茨城県立歴史館編『中世東国の内海世界　霞ヶ浦・筑波山・利根川』高志書院、二〇〇七年）
高橋一樹『中世荘園制と鎌倉幕府　オンデマンド版』塙書房、二〇一三年
同右『動乱の東国史2　東国武士団と鎌倉幕府』吉川弘文館、二〇一三年
高橋典幸編『中世史講義　戦乱篇』ちくま新書、二〇二〇年
高橋秀樹『三浦一族の研究』吉川弘文館、二〇一六年
千葉徳爾『狩猟伝承研究』風間書房、一九六九年
永井晋『鎌倉幕府の転換点　『吾妻鏡』を読みなおす』吉川弘文館、二〇一九年
同右『鎌倉源氏三代記　一門・重臣と源家将軍』吉川弘文館、二〇一〇年
長村祥知『中世公武関係と承久の乱』吉川弘文館、二〇一五年
西田友広「書評　長村祥知著『中世公武関係と承久の乱』」『日本史研究』六五一、二〇一六年
野口実「伊豆北条氏の周辺　時政を評価するための覚書」『京都女子大学宗教・文化研究所研究紀要』二〇、二〇〇七年
同右『坂東武士団の成立と発展』戎光祥出版、二〇一三年
同右『増補改訂　中世東国武士団の研究』戎光祥出版、二〇二〇年
同右『東国武士と京都』同成社、二〇一五年
同右編『中世の人物　京・鎌倉の時代編　第二巻　治承～文治の内乱と鎌倉幕府の成立』清文堂出版、二〇一四年
同右編『承久の乱の構造と展開　転換する朝廷と幕府の権力』戎光祥出版、二〇一九年
野村育世『北条政子　尼将軍の時代』吉川弘文館、二〇一七年（オンデマンド版）
菱沼一憲「源義経の挙兵と土佐房襲撃事件」『日本歴史』六八四、二〇〇五年

同右『源義経の合戦と戦略　その伝説と実像』角川選書、二〇〇五年
同右『源頼朝　鎌倉幕府草創への道』戎光祥出版、二〇一七年
藤本頼人「源頼家像の再検討　文書史料を手がかりに」『鎌倉遺文研究』三三、二〇一四年
古澤直人『中世初期の〈謀叛〉と平治の乱』吉川弘文館、二〇一八年
細川重男『頼朝の武士団　将軍・御家人たちと本拠地・鎌倉』洋泉社歴史新書y、二〇一二年
同右『執権　北条氏と鎌倉幕府』講談社学術文庫、二〇一九年
細川重男・本郷和人「北条得宗家成立試論」『東京大学史料編纂所研究紀要』一一、二〇〇一年
保立道久『義経の登場　王権論の視座から』ＮＨＫブックス、二〇〇四年
本郷和人『新・中世王権論』文春学藝ライブラリー、二〇一七年
美川圭『院政　もうひとつの天皇制　増補版』中央公論新社、二〇二一年
峰岸純夫『三浦氏の研究』名著出版、二〇〇八年
宮内教男「金砂合戦と常陸佐竹氏」（高橋修編『実像の中世武士団　北関東のもののふたち』高志書院、二〇一〇年
宮田敬三『源平合戦と京都軍制』戎光祥出版、二〇二〇年
元木泰雄『平清盛の闘い　幻の中世国家』角川ソフィア文庫、二〇一一年
同右『源義経』吉川弘文館、二〇一九年（オンデマンド版）
同右『敗者の日本史5　治承・寿永の内乱と平氏』吉川弘文館、二〇一三年
同右『源頼朝　武家政治の創始者』中公新書、二〇一九年
安田元久『後白河上皇　新装版』吉川弘文館、一九八六年
同右『北条義時　新装版』吉川弘文館、一九八六年
藪本勝治「『吾妻鏡』の文脈と和田合戦記事」『軍記と語り物』五六、二〇二〇年

同右「実朝暗殺記事にみる『吾妻鏡』の編集方法と成立背景」『灘中学校・灘高等学校教育研究紀要』一〇、二〇二〇年
山野龍太郎「三尾谷氏の政治的動向　比企氏と連携した児玉党一族」『鎌倉遺文研究』四七、二〇二一年
山本幸司『頼朝の精神史』講談社選書メチエ、一九九八年
同右『日本の歴史09　頼朝の天下草創』講談社学術文庫、二〇〇九年
山本みなみ「北条時政とその娘たち　牧の方の再評価」『鎌倉』一一五、二〇一三年
同右「和田合戦再考」『古代文化』六八―一、二〇一六年
渡部泰明編『源実朝　虚実を越えて』勉誠出版、二〇一九年
京都府京都文化博物館編『よみがえる承久の乱』京都府京都文化博物館・読売新聞社、二〇二一年

あとがき

大学で日本史学研究室に入って初めて読んだ史料は『吾妻鏡』だった。日本中世史の基本史料なので、そういう同業者は多いだろう。

『吾妻鏡』を読んでみて驚かされたのは、源頼朝の人間味あふれるエピソードが意外に多く記されていることだ。源義経への「判官びいき」の影響で冷徹なイメージが強い頼朝だが、喜怒哀楽を激しく示す場面も珍しくない。

一方、北条義時はなかなか捉えどころのない人物である。承久の乱に勝利するという日本史の大転換を成し遂げたにもかかわらず、その前半生は驚くほど地味である。しかし逆に、自己抑制に努めた慎重な人物像が浮かび上がってくる。

拙著『陰謀の日本中世史』（ＫＡＤＯＫＡＷＡ）では頼朝・義時の陰謀家としての側面を強調する通俗的なイメージの相対化を図った。だが、そこで言及できたのは、二人の人間性の一側面にすぎない。

ＮＨＫ２０２２年大河ドラマ『鎌倉殿の13人』の時代考証の話をいただいた時は、私自身、十分に把握できているとは言えない二人の人物像、そして歴史的意義を学び直す好機だと思った。その成果発表として、講談社から本書刊行の依頼を受けた。

しかし本書執筆の最中、私の愚行により、『鎌倉殿の13人』の時代考証を降板することになった。多くの方の心を傷つけ、多くの関係者にご迷惑をかけた以上、本書の刊行を断念することも考えた。けれども私は、所詮、日本史の研究・教育普及という活動を通してしか社会に貢献できない。お詫び申し上げるとともに批判されることを覚悟して、あえて江湖に問う次第である。

編集部の励ましがなければ、本書を書き上げることはできなかっただろう。厚く御礼申し上げる。

二〇二一年九月七日

呉座勇一

N.D.C.210.42　328p　18cm
ISBN978-4-06-526105-7

講談社現代新書　2636

頼朝《よりとも》と義時《よしとき》　武家政権《ぶけせいけん》の誕生《たんじょう》

二〇二一年一一月二〇日第一刷発行

著　者　呉座勇一《ござゆういち》　

発行者　鈴木章一
発行所　株式会社講談社
東京都文京区音羽二丁目一二―二一　郵便番号一一二―八〇〇一
電　話　〇三―五三九五―三五二一　編集（現代新書）
〇三―五三九五―四四一五　販売
〇三―五三九五―三六一五　業務
装幀者　中島英樹
印刷所　豊国印刷株式会社
製本所　株式会社国宝社
本文データ制作　講談社デジタル製作
定価はカバーに表示してあります　Printed in Japan

「講談社現代新書」の刊行にあたって

教養は万人が身をもって養い創造すべきものであって、一部の専門家の占有物として、ただ一方的に人々の手もとに配布され伝達されうるものではありません。

しかし、不幸にしてわが国の現状では、教養の重要な養いとなるべき書物は、ほとんど講壇からの天下りや単なる解説に終始し、知識技術を真剣に希求する青少年・学生・一般民衆の根本的な疑問や興味は、けっして十分に答えられ、解きほぐされ、手引きされることがありません。万人の内奥から発した真正の教養への芽ばえが、こうして放置され、むなしく滅びさる運命にゆだねられているのです。

このことは、中・高校だけで教育をおわる人々の成長をはばんでいるだけでなく、大学に進んだり、インテリと目されたりする人々の精神力の健康さえもむしばみ、わが国の文化の実質をまことに脆弱なものにしています。単なる博識以上の根強い思索力・判断力、および確かな技術にささえられた教養を必要とする日本の将来にとって、これは真剣に憂慮されなければならない事態であるといわなければなりません。

わたしたちの「講談社現代新書」は、この事態の克服を意図して計画されたものです。これによってわたしたちは、講壇からの天下りでもなく、単なる解説書でもない、もっぱら万人の魂に生ずる初発的かつ根本的な問題をとらえ、掘り起こし、手引きし、しかも最新の知識への展望を万人に確立させる書物を、新しく世の中に送り出したいと念願しています。

わたしたちは、創業以来民衆を対象とする啓蒙の仕事に専心してきた講談社にとって、これこそもっともふさわしい課題であり、伝統ある出版社としての義務でもあると考えているのです。

一九六四年四月　野間省一

宗教

日本史Ⅰ

1258 身分差別社会の真実——斎藤洋一 大石慎三郎
1265 七三一部隊——常石敬一
1292 日光東照宮の謎——高藤晴俊
1322 藤原氏千年——朧谷寿
1379 白村江——遠山美都男
1394 参勤交代——山本博文
1414 謎とき日本近現代史 野島博之
1599 戦争の日本近現代史 加藤陽子
1648 天皇と日本の起源 遠山美都男
1680 鉄道ひとつばなし——原武史
1702 日本史の考え方——石川晶康
1707 参謀本部と陸軍大学校 黒野耐

1797 「特攻」と日本人——保阪正康
1885 鉄道ひとつばなし2——原武史
1900 日中戦争——小林英夫
1918 日本人はなぜキツネにだまされなくなったのか 内山節
1924 東京裁判——日暮吉延
1931 幕臣たちの明治維新 安藤優一郎
1971 歴史と外交——東郷和彦
1982 皇軍兵士の日常生活 一ノ瀬俊也
2031 明治維新 1858-1881 坂野潤治 大野健一
2040 中世を道から読む——齋藤慎一
2089 占いと中世人——菅原正子
2095 鉄道ひとつばなし3——原武史
2098 戦前昭和の社会 1926-1945——井上寿一

2106 戦国誕生——渡邊大門
2109 「神道」の虚像と実像 井上寛司
2152 鉄道と国家——小牟田哲彦
2154 邪馬台国をとらえなおす——大塚初重
2190 戦前日本の安全保障——川田稔
2192 江戸の小判ゲーム——山室恭子
2196 藤原道長の日常生活 倉本一宏
2202 西郷隆盛と明治維新 坂野潤治
2248 城を攻める 城を守る——伊東潤
2272 昭和陸軍全史1——川田稔
2278 織田信長〈天下人〉の実像 金子拓
2284 ヌードと愛国——池川玲子
2299 日本海軍と政治——手嶋泰伸

日本史Ⅱ

世界史Ⅰ

世界史Ⅱ

日本語・日本文化

105 タテ社会の人間関係　中根千枝
293 日本人の意識構造――会田雄次
444 出雲神話――松前健
1193 漢字の字源――阿辻哲次
1200 外国語としての日本語――佐々木瑞枝
1239 武士道とエロス――氏家幹人
1262 「世間」とは何か――阿部謹也
1432 江戸の性風俗――氏家幹人
1448 日本人のしつけは衰退したか――広田照幸
1738 大人のための文章教室　清水義範
1943 なぜ日本人は学ばなくなったのか――齋藤孝
1960 女装と日本人――三橋順子
2006 「空気」と「世間」――鴻上尚史
2013 日本語という外国語　荒川洋平
2067 日本料理の贅沢――神田裕行
2092 新書　沖縄読本――下川裕治 仲村清司　著・編
2127 ラーメンと愛国――速水健朗
2173 日本人のための日本語文法入門――原沢伊都夫
2200 漢字雑談――高島俊男
2233 ユーミンの罪――酒井順子
2304 アイヌ学入門――瀬川拓郎
2309 クール・ジャパン!?　鴻上尚史
2391 げんきな日本論――橋爪大三郎 大澤真幸
2419 京都のおねだん――大野裕之
2440 山本七平の思想――東谷暁

P